AF465095

PÉKIN

SOUVENIRS DE L'EMPIRE DU MILIEU

PAR

MAURICE JAMETEL

CHARGÉ DU COURS DE LANGUE CHINOISE
A L'ÉCOLE DES LANGUES ORIENTALES

PARIS

PÉKIN

PARIS. TYPOGRAPHIE E. PLON, NOURRIT ET Cie, RUE GARANCIÈRE, 8

SIR ROBERT HART

DIRECTEUR GÉNÉRAL DES DOUANES MARITIMES DE L'EMPIRE CHINOIS
CHEVALIER DE L'ORDRE DE SAINT-GEORGES ET SAINT-MICHEL

PÉKIN

SOUVENIRS DE L'EMPIRE DU M

PAR

MAURICE JAMETEL

CHARGÉ DU COURS DE LANGUE CHINOISE
A L'ÉCOLE DES LANGUES ORIENTALES

PARIS

LIBRAIRIE PLON

E. PLON, NOURRIT ET Cie, IMPRIMEURS-ÉDITEURS

RUE GARANCIÈRE, 10

1887

A

MONSIEUR LOUIS WUARIN

Professeur de sociologie à l'Académie de Genève

Hommage de respect et de reconnaissance

MAURICE JAMETEL.

PÉKIN

INTRODUCTION

Les écrivains chinois ont pris, depuis bien longtemps, la louable habitude de faire précéder leurs ouvrages d'une préface dans laquelle ils démontrent, ou mieux croient démontrer, l'utilité de leurs œuvres. Certes, malgré cette manière de faire, il est plus d'un littérateur jaune qui aurait mieux agi, dans l'intérêt de sa bonne renommée, en gardant pour lui *les fleurs de sa pensée;* mais, malgré cela, la nécessité de présenter au public quelque cause valable retient plus d'un rêveur sur la pente fatale qui conduit à l'imprimerie; cet espèce d'examen de sa conscience littéraire lui permet souvent, au dernier moment, de voir que ses idées n'ont rien de neuf, ou encore qu'elles n'offrent aucun intérêt pour le plus grand nombre.

Puisque mon livre traite de la Chine, je me permettrai d'aborder mon sujet dès la préface, en lui donnant la même tournure qu'une introduction jaune, en en faisant, en un mot, un véritable plaidoyer *pro domo sua.* Et aussi bien, puisque j'ai les mêmes causes que mes collègues des bords de la mer Jaune pour agir de la sorte. Ces derniers ont été amenés, en effet, à exposer au public l'utilité de leurs productions par le peu d'étendue de la carrière ouverte aux littérateurs chinois. Confinés sur la route étroite des idées confucéennes, qu'ils ne cessent de parcourir depuis tantôt vingt siècles, il leur faut, bon gré mal gré, repasser constamment sur les traces de leurs devanciers. De là, pour eux, la nécessité d'essayer de faire accroire aux lecteurs que, tout en suivant à la lettre le précepte de Confucius, qui dit que l'écrivain « doit borner sa tâche à répéter ce qu'ont écrit les anciens sages », ils leurs disent des choses nouvelles. Moi aussi, en racontant mes impressions de voyage dans la capitale des « Fils du Ciel », je refais un travail qui a déjà été fait bien des fois par des plumes plus autorisées que la mienne. « *Pourquoi, alors, n'expliquerai-je pas, moi aussi, sous quel rapport mon travail diffère de celui de mes savants devanciers?* »

Je prie le lecteur de remarquer que cette dernière phrase, qui n'est point de mon cru, est extraite de la préface d'un célèbre ouvrage de philosophie jaune et traduite par moi à son intention.

A mon sens (ici je redeviens Européen, puisque je prends la grande liberté de parler à la première personne, sans m'inquiéter de l'opinion des auteurs d'avant le déluge), à mon sens donc, il n'y a qu'une seule façon d'écrire l'histoire, laquelle, passée à l'état de proverbe, consiste à raconter toujours le contraire de la vérité; tandis qu'il y a deux manières d'écrire les relations de voyage.

La première de ces manières, qui est, du reste, la meilleure, lorsqu'elle a à son service la plume d'un Alexandre Dumas ou d'un Jules Verne, consiste à présenter au public, sous forme de roman, des renseignements, puisés aux meilleures sources, sur des pays lointains que l'auteur n'a jamais vus autrement qu'en rêve ou dans des ouvrages scientifiques.

Malheureusement, cette méthode a donné lieu à bien des abus. Sous prétexte que Disraeli et Anthony Trollope ont parsemé leurs romans, l'un de ducs et de pairs, l'autre de vicaires et de curés bien vivants, alors que le premier n'avait jamais pénétré dans un salon aristocratique, et que le second passait son temps en tout autre compagnie que celle des clergymen[1], de prétendus vulgarisateurs ont inondé littéralement le monde d'ouvrages géographiques, dépourvus de toute valeur scientifique, où ces auteurs ignorants, au lieu de cacher habilement leur manque de savoir sous le manteau de la fiction, se posent en savants, discutant gravement sur l'avenir et les ressources d'un pays dont ils ignorent même souvent la géographie physique élémentaire, celle que l'on apprend sur les bancs de l'école et qu'ils ont oubliée, ne se donnant même pas la peine de la revoir avant de prendre la plume. Et ces vulgarisateurs d'idées fausses poussent si loin

[1] Anthony Trollope l'avoue lui-même dans son intéressante autobiographie. Voir *An autobiography by* Anthony TROLLOPE. Tauchnitz, Leipzig, 1883.

leur habileté professionnelle, qu'ils en sont arrivés à persuader au public que, pour bien juger et apprécier, sans parti pris, un pays et ses habitants, il ne faut ni l'avoir visité ni en connaître la langue.

Je ne me permettrai point de discuter cette nouvelle théorie, fort agréable pour les conteurs qui souffrent du mal de mer; mais je me permettrai de soutenir, pour ma part, que le monde des lecteurs est, Dieu merci, assez vaste pour que chacun y trouve sa place, aussi bien les géographes en chambre que les voyageurs qui passent leur vie sur les chemins plus ou moins bien tracés de notre planète. Ce que je demande est, en somme, fort juste : une petite place au soleil pour les récits de ceux qui passent des années, loin de leur patrie et des êtres qui leur sont chers, à étudier sur place les hommes et les choses, les langues et les lois. Et, pour mener à bien de semblables études, deux conditions sont nécessaires : la connaissance de la langue du pays que l'on veut étudier, et un séjour assez long en ce même pays pour permettre au voyageur de s'imprégner, pour ainsi dire, des idées et des préjugés indigènes, et de se constituer une seconde personnalité, grâce à laquelle il comprendra et appréciera, à leur juste valeur, les événements dont il sera témoin. Parmi les nombreux auteurs qui ont écrit sur la Chine moderne d'excellents ouvrages de vulgarisation, aucun ne réunissait, à ma connaissance, les deux conditions dont je viens de parler : les uns sont des géographes en chambre, les autres des voyageurs que l'attrait de l'inconnu, la facilité des communications, entraînent jusque dans les parages les moins fréquentés du globe. Ces derniers sont, en général, des jeunes gens riches qui aiment mieux dépenser leur argent et leurs loisirs en voyages intéressants et instructifs que s'adonner à la vie oisive des clubs et des coulisses. Mais ces voyageurs ne font que traverser les pays qu'ils visitent; d'où le nom, fort approprié à leur existence vagabonde, de *globe-trotters*, trotteurs du globe, sous lequel les désigne la société anglaise, qui en compte un grand nombre parmi ses membres. Cependant ce sport nouveau possède aussi en France des amateurs très-convaincus, et c'est à eux que nous devons la majeure partie des chefs-d'œuvre qui composent la bibliothèque des voyages de la maison Plon et Cie.

Qui n'a été charmé par la lecture de ces spirituels récits écrits, avec autant de verve que d'entrain, par le marquis de Beauvoir, Maurice Dubard et tant d'autres!

Mais les récits de voyages en Chine écrits par des auteurs connaissant la belle langue de Confucius, et ayant passé de longues années dans le pays où il a vu le jour, sont assez rares, je crois. *Voilà pourquoi je me permets de présenter au public* ces souvenirs de la vie d'un sinologue dans la capitale des Fils du Ciel.

Cette conclusion est tout à fait chinoise, et je l'ai extraite, mot pour mot, d'un célèbre ouvrage jaune.

Pendant mon séjour en Chine, chaque soir je consignais sur mon journal les événements de la journée, en donnant la plus large place aux résumés des conversations que j'avais eues avec les indigènes. Souvent même ces résumés n'étaient qu'une reproduction de notes prises, au cours de mes entretiens, sur un des innombrables calepins dont mes poches étaient toujours amplement pourvues. Lorsque je voulus, dans la suite, extraire les passages intéressants de ce volumineux journal, je ne tardai pas à m'apercevoir que mes entretiens avec les sujets du Fils du Ciel en constituaient la partie la plus curieuse, tant à cause de leur couleur fortement teintée de jaune, que des nombreux renseignements qu'ils renferment. Donner seulement un résumé de ces conversations eût été, dans bien des cas, leur faire perdre cette saveur du terroir qui en constitue le charme, et qui nous permet d'étudier le caractère chinois sous des aspects peu connus. Aussi me suis-je décidé, après de mûres réflexions, à reproduire *in extenso* des conversations en les intercalant dans mon récit, mais en m'abstenant, dans la plupart des cas, de les commenter, préférant laisser au lecteur le plaisir d'en tirer lui-même des conclusions en rapport avec ses goûts et ses sentiments.

Tels qu'ils sont, ces souvenirs de la capitale des Fils du Ciel constitueront, je l'espère, une nouveauté, tant sous le rapport de la forme qu'au point de vue des informations qu'ils renferment, et cela, amour-propre d'auteur mis à part; car, ainsi que je viens de le dire, mon rôle s'est borné simplement à celui d'un sténographe consciencieux. Je puis donc, en offrant ce livre au lecteur, lui répéter les célèbres paroles de Confucius : « Je rapporte les paroles des autres; mais je ne dis rien moi-même [1]. »

[1] *Livres des annalectes*, chap. VII, § 1.

Avant de terminer cette préface, il me reste à expliquer la présence, au commencement de ce volume, du portrait de sir Robert Hart, le plus grand Européen de l'Orient. Si la Chine est aujourd'hui accessible à tous, si les étrangers peuvent comme moi y voyager et y résider, ils le doivent certainement bien plus à l'homme dont je viens de prononcer le nom qu'aux armées ou aux diplomates que l'Europe a envoyés dans ce lointain pays. Tout récemment encore, sir Robert Hart a donné au monde une preuve éclatante de l'excellente et immense influence qu'il exerce sur le monde chinois. En présence de l'impuissance de nos diplomates et de nos cuirassés, dont les efforts combinés n'avaient pu arriver à une solution de la question du Tonkin, le directeur des douanes impériales maritimes chinoises se décida à intervenir entre les belligérants; et, grâce à son habileté, il parvint à rétablir la paix dans l'Extrême-Orient. Son influence y est d'autant plus considérable qu'elle ne fait jamais étalage de sa puissance.

Je n'essayerai point d'exposer ici tout ce que sir Robert Hart a fait en Chine pour la cause de notre civilisation : c'est là une tâche que j'ai déjà accomplie en d'autres lieux; mais je croirais ce livre de notes incomplet si je n'y joignais une courte biographie du *Colbert de la Chine.*

Sir Robert Hart est un enfant de la verte Irlande, cette terre légendaire de la misère, qui fournit néanmoins à l'Angleterre ses officiers les plus braves, ses voyageurs les plus audacieux et ses émigrants les plus entreprenants. A l'âge de vingt ans, le futur directeur des douanes maritimes chinoises partit pour l'Extrême-Orient, en qualité d'élève interprète du service consulaire. Dès son arrivée dans le «royaume des fleurs», le jeune attaché, qui venait de passer avec succès ses examens de sortie à l'Université royale d'Irlande, se livra avec ardeur à l'étude de la belle langue de Confucius, non point comme un savant en *us*, préocuppé avant toute chose des formes de la grammaire, mais au point de vue de la pratique, en homme qui se dispose à jouer un grand rôle dans le pays où il est appelé à vivre. Ses rapides progrès dans la langue chinoise lui valurent, en 1858, d'être appelé à remplir les délicates fonctions d'interprète de la commission alliée, à Canton, où il fut ensuite attaché au consulat anglais, aussi en qualité d'interprète. Il resta peu de temps dans ce poste, et le quitta en 1859 pour devenir sous-directeur du service des douanes chinoises maritimes, qui venait d'être organisé par M. Lay. Lorsque celui-ci quitta la Chine, sir Robert Hart fut appelé à le remplacer, d'abord à titre temporaire, puis à titre définitif.

Depuis l'époque de sa nomination au poste de commissaire des douanes impériales maritimes, sir Robert Hart n'a cessé, non-seulement d'étendre et de perfectionner son service, mais aussi de s'appliquer, en toutes circonstances, à faire profiter le gouvernement chinois de ses relations avec l'Occident. La cour de Pékin, en récompense de ses services, lui a donné, en 1881, le bouton rouge, insigne des mandarins du premier rang; et les gouvernements européens, de leur côté, lui ont conféré des honneurs qui n'ont jamais été mieux mérités. C'est ainsi que le gouvernement français l'a nommé, tout récemment, grand officier de la Légion d'honneur; que la reine Victoria lui a donné la croix de commandeur de Saint-Michel et de Saint-Georges, d'où lui vient la particule de sir qui précède son nom. Et son pays natal a tenu, lui aussi, à prouver au monde qu'en Irlande on peut fort bien être prophète en son pays : en 1881, l'Université royale d'Irlande, dont il a été l'élève, lui a conféré le titre de docteur en droit *causa honoris*.

Et en agissant de la sorte, Empereurs, Rois et Université n'ont fait que rendre à César ce qui appartient à César, et au mérite ce qui lui revient.

PREMIÈRE PARTIE

ARRIVÉE EN CHINE, SHANGHAÏ.

CHAPITRE PREMIER

DE PARIS EN CHINE.

Le paquebot des messageries maritimes *le Yangtze* se balance doucement sur son ancre au milieu d'un véritable firmament terrestre. Tout autour de lui scintillent des milliers d'étoiles, qui ne sont autre chose que les fanaux des jonques des pêcheurs chinois.

Nous sommes déjà en Chine, mais sur ses eaux seulement. Demain, à la pointe du jour, la marée montante nous permettra de passer sans danger la redoutable barre de Vousong, pour remonter jusqu'à Shanghaï, le but de notre voyage et le grand emporium du commerce de l'Extrême-Orient.

Ce retard de la marée me vexe énormément, et j'envoie à tous les diables les mandarins chinois qui se refusent à laisser draguer le banc de sable de Vousong, sous prétexte que c'est un moyen de défense élevé de par les soins de la Providence. Leur respect pour cette malencontreuse barre est même si grand qu'ils l'appellent, dans leur langage imagé, la *barrière donnée par le Ciel*. Si le fétichisme du peuple chinois pour cette barrière est explicable par des raisons stratégiques, mon impatience d'arriver à Shanghaï ne l'est pas moins. Je suis parti de Marseille, il y a tantôt deux mois, pour voir la vraie Chine, celle des bords du fleuve Bleu, et non point la Chine des paravents et des potiches, qui est presque la seule connue en Occident.

Déjà, chemin faisant, j'ai eu l'occasion de m'acclimater petit à petit au monde chinois. Les garçons d'office du bord sont des Célestes, de Canton pour la plupart, ce qui m'a causé une grande déception, car ils ne comprennent pas un mot de mon dialecte pékinois, tandis qu'il m'est aussi difficile de saisir un seul mot de leur jargon cantonnais que de comprendre du turc ou du persan.

A Singapoure, le flot de l'immigration chinoise a déjà acquis assez de force pour donner une apparence jaune aux quartiers de la ville que les sujets du Fils du Ciel habitent de préférence. J'y ai vu en passant une fumerie d'opium, un barbier en plein vent, qui rase la tête en même temps que le menton. Enfin, dans deux ou trois boutiques que j'ai visitées, mon odorat s'est un peu accoutumé à ce parfum *sui generis* qui se dégage de la vie chinoise, qui en constitue, pour ainsi dire, l'âme, mélange de bien des odeurs, où la fumée de l'opium et le musc de l'encre de Chine donnent la note dominante. Mais cela n'était, après tout, qu'un avant-goût de la vraie Chine de la mer Jaune avec ses pagodes bizarres, et partout

Un bruit de sonnettes
Du soir au matin :
Din! din!

Enfin, voici le jour qui commence à poindre. Les fanaux flottants s'éteignent un à un; les étoiles brillent d'un éclat de plus en plus mat, tandis qu'entre le ciel et l'eau, le phare de Gutzlaff, érigé par la main bienfaisante de sir Robert Hart, l'inspecteur des douanes chinoises, cesse, lui aussi, de briller pour céder la place au soleil.

Quelques tours d'hélice, et nous voilà naviguant au milieu d'une eau jaune, toute chargée des alluvions que le fleuve Bleu roule dans son lit pendant un trajet de 3,000 kilomètres. Cet immense torrent de débris est si fort qu'il se conserve intact au milieu de l'Océan, même bien loin de la terre chinoise; et vers la côte japonaise, à dix-huit heures de navigation de Shanghaï, on le retrouve encore avec sa couleur jaune, qui tranche sur la teinte verte des eaux qui l'entourent.

A son embouchure, le fleuve Bleu est si large qu'on se croirait bien plutôt en pleine mer que dans un estuaire. Ce n'est qu'après une heure de navigation que l'on commence à apercevoir la terre ferme. D'abord, c'est un simple trait plus sombre qui souligne l'horizon. Petit à petit, le trait s'accentue, s'élargit, puis perd sa régularité. On aperçoit maintenant des bouquets d'arbres et, dans le lointain, une pagode avec ses étages de toits aux coins relevés. Mais tandis que nous nous rapprochons de la rive méridionale du fleuve Bleu, la mer Jaune s'agrandit et s'arrondit du côté du nord. Sans la vue de nos cartes, nous resterions convaincus que la pleine mer s'étend derrière nous et à notre gauche, tandis que la terre nous entoure déjà de trois côtés. Seul, l'est, — notre côté gauche, — nous apporte encore la brise pure de l'Océan.

Enfin, voici l'embouchure du Houang-pou, cet affluent du fleuve Bleu, dont la grandeur physique est si peu en rapport avec son importance économique que les géographes occidentaux lui substituent volontiers soit la mer, soit son puissant suzerain. C'est ainsi que pour les uns le marché de Shanghaï est situé sur les bords de la mer Jaune, tandis que pour les autres il est traversé et vivifié par le fleuve Bleu.

Ces deux écoles de géographes sont dans l'erreur : Shanghaï n'est baigné ni par les eaux de la mer, ni par celles du *Fleuve,* comme disent les Chinois, mais bien par un des plus modestes affluents de ce dernier, le Houang-pou, dont notre beau navire remonte lentement le cours au moment où j'écris ces lignes.

A droite, un promontoire bas sépare le fleuve de son affluent. C'est à partir de ce point que le lit du Houang-pou se rétrécit et se détache complétement de celui du fleuve Bleu. Encore une petite demi-heure de navigation, et nous voici sous les canons d'un fort construit sur le promontoire. A ses pieds, un village, qui lui donne son nom de fort de Vousong; et un peu au-dessus, les grands bras d'un sémaphore marquent la place de cette maudite barre qui nous a retenus en mer toute la nuit. A un des bras du sémaphore une grosse boule ronde est suspendue. Elle monte ou elle descend, suivant que l'eau monte ou descend sur la barre; et, grâce à elle, chaque capitaine peut savoir d'une façon certaine s'il y a assez d'eau sur « la barrière donnée par le Ciel », pour permettre à son navire de la traverser. Quant au fort, qui sert de complément de défense à la barre, ses bastions, aux formes polygonales, indiquent que son constructeur n'avait point de sang jaune dans les veines, et qu'il avait dû voir le jour sur les bords du Rhin. Les canons sont tous protégés contre les intempéries par de longues caisses de bois, semblables à des cercueils de géants, qui ne nous permettent que d'apprécier leur taille, sans nous laisser voir les détails de leur construction. Un des passagers nous dit qu'ils viennent tous des usines Krupp, le grand fournisseur de canons du marché asiatique, où les Américains ne vendent guère que leurs fusils à répétition, leurs revolvers et eurs mitrailleuses.

Une fois le fort passé, la terre chinoise étend sur les deux rives sa désespérante monotonie. En la voyant, on s'explique mieux l'immobilité de la race qui y vit. La mère qui allaite son enfant le fait toujours plus ou moins à son image. De même la terre, cette grande nourricière du genre humain, exerce sur l'homme une grande influence. Si elle est hérissée de montagnes et labourée par de violents torrents, elle forme des hommes vigoureux, avides de changements, habitués à braver les intempéries et les dangers, dominés par l'esprit d'entreprise, qui s'en vont de bonne heure chercher au loin un climat plus clément et un sol plus maniable. Si, au contraire, elle s'étend en de vastes vallées, toujours remplies d'alluvions, et arrosées par des fleuves aux calmes allures, alors elle donne naissance à ces sociétés de paisibles agriculteurs, qui vivent et meurent dans le même endroit, comme y ont vécu leurs pères et comme y vivront leurs enfants, dont les goûts pacifiques ne se transforment jamais en instincts belliqueux, sûrs qu'ils sont du lendemain, sans avoir à arracher, par la force ou la ruse, leur subsistance à des ennemis.

Il suffit d'avoir remonté le cours étroit du Houang-pou de Vousong jusqu'à Shanghaï, d'avoir vu, pendant sept longues heures, les rizières succéder aux rizières et s'en aller joindre à l'horizon le bleu infini du firmament, pour sentir, avant même de l'avoir appris par l'expérience, que la race qui vit dans ces immenses plaines, où pas un bois, pas une colline ne viennent rompre la monotonie du paysage en y mettant une note mouvementée, doit être uniforme et paisible comme le berceau où elle s'est formée.

Sur la droite, les maisons se resserrent et nous annoncent l'approche d'une grande ville. Mais bientôt les habitations chinoises disparaissent pour faire place à des villas, construites à l'européenne, aux façades blanches, aux élégantes verandahs. Avec une longue-vue, on peut même jeter un furtif coup d'œil dans leur intérieur, et on y rencontre avec regret tout le confort de la civilisation occidentale. Il n'est point jusqu'aux jardins de ces élégantes habitations, aux plates-bandes bien entretenues, aux pelouses tondues avec soin, qui ne vous rappellent bien plus les élégantes villas de Kew et d'Enghien que le pays des clochettes et des paravents.

A cette première déception en succèdent d'autres bien plus cruelles. Trouver l'élégance européenne dans toute sa banalité, là où l'on espérait découvrir quelque chose de purement asiatique, c'est déjà un bien triste déboire; mais plus loin cette contrariété se change en dépit. Voici maintenant que les entrepôts, aux prosaïques couvertures de zinc galvanisé, qui étendent à perte de vue leur crâne luisant, remplacent les villas. Des chaloupes à vapeur vont et viennent, affairées, leur sifflet strident toujours en mouvement, tandis que des grues puissantes grincent et geignent sous le poids des fardeaux qu'elles sont condamnées à manipuler, sans trêve ni repos. Tout cela est si peu chinois qu'il faut faire un effort de réflexion pour se convaincre que l'on est bien dans le « royaume des fleurs ».

Nous arrivons à un tournant de la rivière. Un de ses affluents, le Tong-kadou, à moitié à sec, sépare la concession américaine du *settlement* anglais. Un élégant pont en bois, bien entretenu, qui réunit les deux établissements européens, nous donne d'abord une excellente idée de l'organisation des ponts et chaussées dans les domaines du Fils du Ciel.

A partir de ce tournant, la scène change encore une fois d'aspect, mais sans devenir pour cela plus chinoise. Au contraire, plus nous avançons, plus tout ce qui nous entoure nous rappelle l'Europe, dont nous sommes séparés par quarante-cinq jours de navigation. Sur la rive, un jardin, aux pelouses vertes et aux élégants massifs de lilas, de rosiers et de troënes, nous cache le consulat d'Angleterre, dont le pavillon flotte fièrement au vent. Au milieu du jardin, un léger kiosque de fer, avec des pupitres à musique nous rappelle la *Villa nazionale* de Naples. Sur la rivière, de grands navires à vapeur anglais et allemands.

Nous montons toujours. Le jardin anglais disparait pour faire place à un large quai, bien macadamisé, planté d'arbres. En même temps que nous, et marchant dans la même direction, un tonneau d'arrosage le parcourt et nous apprend que M. Haussmann a trouvé des imitateurs jusque sur les bords de la mer Jaune. Maintenant nous sommes au niveau du *Lombard street* de Shanghaï, après avoir traversé ses *docks* et admiré son *Chaville*. Aussi l'architecture change de caractère. Tout le long du quai, une longue suite de maisons, de construction plus riche qu'élégante, de style plus bizarre que beau. Ce sont les palais des grandes banques de la place. Voici, d'abord, la splendide résidence de la *Hong-kong and Shanghaï Bangking Corporation,* le seul établissement banquier dont le siège principal soit dans l'Extrême-Orient, — à Hong-kong, — où se réunissent son conseil d'administration et ses actionnaires, tandis que son comptoir de Londres n'est qu'une succursale, semblable à toutes celles qu'elle a fondées en Asie. Les autres banques de la place ne sont, au contraire, que des agences des grands établissements financiers de l'Occident. On s'aperçoit de cette différence de situation dans les constructions. La *Hong-kong and Shanghaï Bank* occupe un palais; ses concurrentes, l'*Oriental Bank*, aujourd'hui disparue, l'*Agra Bank*, la *Mercantile* et la *Chartered Banks* n'occupent que de superbes hôtels. A côté de ces grands établissements financiers anglais, notre *Comptoir d'Escompte de Paris* entretient une agence dont la prospérité et le crédit, dans ces régions éloignées, prouvent aux incrédules que le caractère français sait fort bien diriger de lointaines entreprises, dès qu'il a assez de pouvoir sur lui-même pour se défaire de ses préjugés de clocher et des préceptes d'une mauvaise éducation. Et qu'a-t-il fallu pour assurer à la seule banque française en Chine une situation de premier ordre? Un directeur, un citoyen suisse, M. Hentsch, qui posséda cette rare qualité à laquelle Louis XIV dut sa grandeur : celle de choisir les hommes; et ensuite un agent qui se montra digne de la confiance de son chef. Sous ce dernier rapport, notre grand établissement financier ne pouvait mieux choisir. Le chef de son agence à Shanghaï, M. G. Vouillemont, par ses aptitudes commerciales remarquables, lui a créé une situation d'autant plus belle qu'elle n'est nullement en rapport avec la situation du commerce français dans l'Extrême-Orient. La majorité des clients de notre *Comptoir d'Escompte* à Shanghaï sont des Anglais, des Américains et des Allemands.

Puisque je viens de m'occuper des ressources de crédit que possède Shanghaï, mieux vaut étudier tout de suite la question à fond. Les banques que nous venons d'énumérer sont en relation d'affaires suivies avec les commerçants jaunes et même avec des banquiers indigènes. De là la nécessité où elles se trouvent de tenir des comptes en taels, — monnaie fictive de la Chine, dont la valeur varie d'un port à un autre, — en piastres mexicaines plus ou moins usées, en dollars américains et en yen japonais. Ces derniers, qui ont fait récemment leur apparition sur les marchés asiatiques, sont des pièces d'argent, semblables à nos écus de 5 francs, qui sont émises par le gouvernement japonais, et dont le cours au pair se rapproche beaucoup du *trade-dollar* des États-Unis. Puis cette diversité de monnaies de compte se retrouve dans la composition de leurs réserves métalliques, où s'entassent non-seulement des pièces d'argent, mais aussi des lingots de toutes sortes de poids et de titres; ces derniers de provenance chinoise; car, dans l'Empire du Milieu, le lingot d'argent du poids d'un tael, — poids qui varie selon la localité, — et dont le titre varie aussi facilement que *la femme ou la plume au vent,* constitue le seul étalon monétaire de 300 millions d'êtres humains. La connaissance de la valeur de ces différentes monnaies, l'art de distinguer le titre d'un lingot, et enfin l'appréciation du crédit d'un commerçant chinois sont autant de sciences que les Européens ne peuvent ou mieux *ne veulent pas se donner la peine* d'acquérir. Il s'ensuit que chaque banque occidentale établie en Chine est obligée d'avoir deux caissiers, possédant chacun une des clefs des réserves renfermées sous deux serrures : l'un européen, appelé *caissier*, et l'autre chinois, distingué sous le nom de *compradore*, qui est un personnage important pour la maison qui l'emploie, un véritable conseiller financier, qui fait souvent, en même temps, des affaires pour son propre compte.

Nul bien sans mal, nul plaisir sans mélange,

a dit un auteur dramatique d'Occident. Cette sage maxime s'applique aussi à l'Orient. Si Shanghaï possède tous les avantages d'un grand marché monétaire, elle en a aussi les inconvénients sous la forme d'une bourse qui se tient dans un des *clubs*, et où la passion de l'agiotage fleurit avec presque autant de luxuriance qu'au parquet de Paris ou dans la Wall street de New-York. Les valeurs qui servent de cartes à jouer aux agioteurs sont seulement des actions d'entreprises locales et des coupons de deux *emprunts chinois* qui ont été émis par la *Hong-kong and Shanghaï Bank*, en 1874 et en 1881, pour le compte de la vice-royauté, sans le concours de Pékin. Ce dernier fait nous montre jusqu'à quel point est poussée, dans la pratique, la décentralisation financière en Chine. A cause de leur nature, chaque espèce de titres négociés à la Bourse de Shanghaï n'est représentée que par un nombre fort restreint de titres, quelques milliers au plus. Ce qui permet d'apprécier la fiction des transactions qui s'y font, c'est qu'on y opère quelquefois la vente ou l'achat de trois ou quatre fois plus de titres d'une Société qu'il n'en a été émis.

Nous voici arrivés en face du mât de pavillon du

consulat général de France, qui porte le drapeau tricolore. A son ombre s'étend la concession française.

Nous montons dans un des innombrables sampangs, — mot à mot : trois planches, — qui encombrent la rivière. Figurez-vous la moitié d'une grande coquille d'œuf dont on aurait retranché un petit morceau à chaque bout. A l'arrière, le batelier, debout (une femme le plus souvent), godille vigoureusement avec l'unique rame qui sert à la fois de propulseur et de gouvernail. Au milieu, une tente recouverte de nattes protége les passagers contre les ardeurs du soleil en été et contre la pluie pendant l'hivernage. Le tout forme une embarcation très-légère, qui évolue fort bien au milieu de l'encombrement de la rade, mais qui, par contre, pèche sous le rapport de la stabilité. Aussi les passagers tombent-ils souvent à l'eau, soit en embarquant, soit en débarquant ; et ces accidents ont presque toujours de funestes conséquences, même pour de très-bons nageurs, à cause des courants violents que produisent, sur le Houang-pou, les mouvements de la marée.

Malgré le risque d'un plongeon, je monte dans un de ces sampangs, sans même songer au grand défaut de ces embarcations, pour aller mettre pied à terre à un des embarcadères de la concession française. Sur le Houang-pou, il n'est pas vrai que la ligne droite soit le plus court chemin d'un point à un autre. Notre pilote, qui connaît, par expérience, cette exception à la règle, n'essaye point de mettre directement le cap vers la rive. Il se sert du courant, au lieu de vouloir inutilement lutter contre lui ; et c'est grâce à son aide que nous devons d'arriver aussi vite à bon port, en dépit du grand circuit que nous décrivons.

A terre, sur le quai, une foule de Chinois vont et viennent avec deux fardeaux suspendus aux extrémités d'un long bambou flexible, qu'ils portent non sur leurs épaules, mais bien sur la nuque. Tous ces portefaix, qui font métier de charger et de décharger les marchandises, sont connus là-bas sous le nom de *coolies*, terme indien qui s'applique aujourd'hui à tous les travailleurs jaunes, indiens ou chinois, dont on n'emploie que la force physique dans des travaux qui n'exigent aucun apprentissage.

Sur l'embarcadère, point de voitures de louage. Les seuls véhicules, — et ils sont nombreux, — qui se disputent l'honneur de vous transporter, consistent dans des brouettes, à la roue gigantesque placée au centre, ce qui permet au brouettier de charrier sans fatigue, ou deux personnes, ou deux paquets chargés de chaque côté, comme sur les deux bâts d'un âne. Ces fiacres de Shanghaï sont surtout à l'usage des indigènes; à côté d'eux stationnent des cabriolets en miniature, traînés par un homme qui galope entre les brancards. Ces curieux équipages sont munis d'une capote qui permet à l'unique voyageur qui peut y prendre place de se mettre à l'abri. Ce véhicule n'est point une invention chinoise, mais bien une importation du Japon, ainsi que l'indique son nom de *jinritcha*, qui veut dire dans la langue de ce pays : « voiture traînée par l'homme ».

A peine ai-je posé le pied sur la terre chinoise, que vingt jinritchas, les brancards posés à terre pour me faciliter l'embarquement, font cercle autour de moi. Je monte dans la première venue, et à peine y suis-je assis, que le coolie qui y tient lieu de cheval part comme une flèche dans la direction de la concession anglaise. Comme je ne lui ai pas encore dit où j'allais, je m'empresse de lui crier, en mon meilleur chinois, ma destination. Là-dessus, par un demi-tour rapide, il s'engage dans une des rues perpendiculaires au quai. Il galope toujours; et plus il court, plus je suis convaincu que je tourne le dos au but de mon voyage. Je lui crie de nouveau : « Hôtel des colonies » ! et, cette fois, ce n'est plus un demi-tour que me vaut cette observation, mais bien un tour complet : me voilà refaisant au grand trot le chemin que je venais de parcourir. Je lui crie, en anglais maintenant : « Colonies hotel ! » ce qui lui fait faire un autre demi-tour pour s'engager dans une rue remplie de boutiques chinoises.

Pendant plus d'une heure, mon traîneur me promène ainsi sur la terre chinoise tout à fait au hasard. Si j'ai le malheur de lui adresser une parole, cela équivaut pour lui à un appel des guides, car aussitôt il prend ou à droite ou à gauche, ou même il retourne sur ses pas. Enfin, de guerre lasse, je finis par perdre tout espoir de me faire conduire à l'hôtel des Colonies, et je lui crie : « Fa-lan-si Kong-kouan ! — Consulat de France. » Cette fois il comprend, et quelques minutes après il me dépose dans le spacieux vestibule d'une grande bâtisse, plus solide d'apparence que de fait, qui sert de consulat général de France.

Après avoir serré la main à mes amis, je remonte

en jinritcha. Le portier du consulat explique à mon cheval, — à mon conducteur, si vous aimez mieux, — où il doit me conduire. En même temps, il me remet, en échange d'une piastre d'argent, — environ 5 francs, — vingt petits morceaux de carton surchargés de dessins bariolés en rouge et noir. Ces cartes doivent me servir à payer les conducteurs des jinritchas que je prendrai, à raison d'une par quart d'heure; ce qui fait à peu près un franc par heure pour se payer le luxe d'être traîné à bras d'homme. Tout, ici, a été créé par les Anglais; c'est-à-dire que tout y porte ce cachet de confort pratique que la race anglo-saxonne excelle à imprimer sur toutes les inventions sorties de ses mains.

Les Chinois n'ont pour toute monnaie que des pièces de cuivre appelées *sapèques*, de la grandeur et du poids de nos sous, dont la valeur, par contre, est à peine d'un dixième de centime; ce qui fait qu'il faut un baudet pour porter seulement une somme de 10 francs en cet instrument de circulation qui rappelle par trop les légendaires gros sous des Lacédémoniens. Ces sapèques sont percées en leur milieu d'un trou carré qui permet d'en enfiler cinquante ensemble pour former un tiao, — ligature, — qui circule ainsi, de main en main, sans que l'on se donne la peine de les compter chaque fois. C'est pour s'éviter l'ennui de porter cette encombrante monnaie que les Anglais ont inventé l'ingénieux système des bons de 10 cents de piastre (50 centimes) pour payer les petites sommes. Pour les transactions plus importantes, dans les boutiques, par exemple, on se sert de chèques, si l'on n'est que de passage. Si, au contraire, on fait un séjour à Shanghaï, tous les magasins vous sont ouverts à crédit; vous pouvez y acheter ce que vous désirez, sans bourse délier. C'est seulement à la fin du mois que vos fournisseurs de toutes sortes vous envoient une note que vous soldez par un chèque. Avec ce système, vous pouvez aller et venir dans les concessions de Shanghaï sans avoir sur vous un sou vaillant; et, malgré cela, vous pourrez vous faire promener en jinritchas, faire des emplettes dans les magasins, vous faire couper les cheveux par un figaro, venu en droite ligne des bords de la Gironde, et qui est aussi bavard que ses collègues d'Occident.

Cela est bien commode de se promener sans sentir dans sa poche le poids d'un porte-monnaie; de pouvoir savourer un bon diner au restaurant de l'hôtel des Colonies sans avoir sa digestion troublée par l'apparition désagréable de la carte à payer. Cependant,

Nul bien sans mal, nul plaisir sans mélange.

S'il est commode de vivre sans porter sur soi une bourse garnie, qui tente les filous et les pick-pockets, il est aussi bien dangereux, pour l'équilibre du budget d'un particulier, de pouvoir dépenser sans payer comptant. Les dettes s'accumulent, et, à la fin du mois, on est tout étonné de recevoir une note de la Banque, qui vous informe poliment que votre crédit est épuisé. Ce système de crédit est d'autant plus trompeur qu'il vient s'y ajouter la complication d'une unité de valeur élevée, qui vous trompe complétement sur le chiffre des dépenses.

Pour les Chinois, qui vivent chez eux, l'argent a une valeur bien plus considérable que chez nous; le taux d'intérêt des capitaux n'est jamais inférieur à 36 0/0 par an, et on peut se procurer facilement des travailleurs jaunes pour un salaire journalier de quelques sous, qui permettent à celui qui le reçoit de dévorer plusieurs bols de riz cuit à l'eau, assaisonné de quelques morceaux de poisson salé, de boire un litre de thé, de fumer une douzaine de pipes, et cela tout en économisant suffisamment pour se vêtir de cotonnades anglaises à deux sous le mètre.

Dans chaque pays, l'or et l'argent suivent la loi de l'offre et de la demande, comme toutes les marchandises; seulement, comme l'un d'eux ou tous les deux servent d'étalon de valeur, il s'ensuit que le prix des choses ou est très-minime, ou très-élevé, suivant que l'étalon est rare ou abondant. Cette relation, dont l'un des termes, l'or, ne peut varier que par rapport à tous les autres, explique pourquoi les métaux précieux n'émigrent point là où leur pouvoir d'achat est le plus considérable. Peu importe au travailleur chinois de gagner 50 centimes par jour, alors que son collègue d'Occident touche 4 ou 5 francs, s'il peut, avec cette somme minime, pourvoir à ses besoins aussi bien que l'ouvrier européen peut le faire avec son salaire élevé. Sans sortir même du monde occidental, on observe ce phénomène. Partout où l'on paye 1 franc à Paris, on est sûr de payer 1 shilling (1 fr. 25) à Londres, soit une diminution de 25 0/0 dans la puissance d'achat de l'or. Et si on va aux États-

Unis d'Amérique, on payera à New-York un dollar (5 fr.) là où l'on payait 1 shilling à Londres ; d'où une nouvelle diminution de 400 0/0 dans la valeur du numéraire, sans que pour cela l'ouvrier soit plus malheureux à New-York qu'à Londres, à Londres qu'à Paris.

Ce phénomène frappe d'autant plus en Chine et au Japon qu'on y trouve, côte à côte, deux valeurs de l'argent. Pour les indigènes, il est très-cher ; et avec un centime ils peuvent plus acheter à Shanghaï qu'ils ne pourraient le faire à Paris avec un franc. Pour les Européens, c'est tout le contraire. Avec un dollar, c'est-à-dire 5 francs, ils peuvent se procurer, dans les ports où ils résident, ce qu'ils ne payeraient qu'un franc à Paris. Un économiste figurerait cette situation singulière à l'aide de l'équation suivante, qui ferait bondir de colère un mathématicien :

1 centime = 1 franc = 5 francs,

ce qui semble absurde, au premier abord, mais qui représente cependant une réalité fort dangereuse pour les Européens peu portés à l'économie.

Me voici dans la rue du Consulat, en route pour l'hôtel des Colonies. Cette voie sert de communication entre la partie chinoise de la concession française et les quais. Aussi le *mouvement chinois* y est très-actif, et la couleur locale très-foncée. Les brouettes portent, les unes des fardeaux, les autres deux passagers assis de chaque côté de leur unique roue, toute de bois, qui roule en faisant entendre un chant suraigu ; les coolies, l'échine courbée sous le poids de fardeaux qui pendent aux extrémités d'un bambou, marchent d'un pas sautillant, dont ils marquent la cadence à l'aide d'un grognement peu harmonieux, auquel s'ajoute encore le grincement du bambou trop chargé. Brouettes, portefaix et bambous forment un concert des moins agréables; mais ce charivari constitue, paraît-il, un accompagnement fort nécessaire au travail des coolies.

Un gouverneur de la colonie anglaise de Hong-kong, au système nerveux trop sensible pour l'Extrême-Orient, voulut expliquer aux brouettiers du lieu que le graissage de la roue de leur véhicule rendrait plus facile leur travail; du même coup il fit savoir officieusement aux portefaix que leur habitude de crier en travaillant avait une très-mauvaise influence sur la santé de leurs poumons. Mais ses explications et ses instructions furent inutiles : les intéressés firent la sourde oreille, et les rues de *Victoria* continuèrent à être remplies, du matin au soir, du grincement des roues et du grognement des porteurs.

Devant cette résistance opiniâtre, le gouvernement de la colonie se décida à agir.

Un décret condamna à une forte amende toute roue, ou mieux le propriétaire de toute roue de brouette prise en flagrant délit de chantage sur la voie publique; et la même peine fut édictée contre le portefaix qui ferait entendre un gémissement quelconque pendant son travail. Voilà un ensemble de lois bien singulières et fort attentatoires à la liberté des individus. Aussi suis-je étonné que quelque philanthrope, venu de l'Occident n'y ait point encore trouvé matière à de longues digressions sur la tyrannie des blancs en Orient. S'il en est un jour ainsi, nous aurons bien certainement alors la société pour *la liberté du chantage des roues et des portefaix chinois.*

Quoi qu'il en soit, les lois promulguées par le gouverneur, en faveur des oreilles sensibles, ne furent pas respectées tout d'abord; et ce n'est que grâce au zèle avec lequel la police de Hong-kong poursuivit les délinquants, qu'on peut maintenant se promener dans toute cette île sans avoir la tête cassée par le bruit.

Portefaix et roues de Shanghaï ne sont point poursuivis par les rigueurs de la législation, et l'on s'en aperçoit. Le charivari est assourdissant. C'est donc avec un véritable plaisir que nos oreilles, qui n'ont point encore eu le temps de s'acclimater, peuvent enfin se reposer un peu dans l'élégant vestibule de l'hôtel des Colonies. Le propriétaire, un Suisse, vient me recevoir à la porte. Du vestibule j'apercevais, d'un côté, un confortable salon déjà éclairé par un lustre au gaz; car, pendant mes tribulations, le soleil nous a fait ses adieux. Sur la table verte du salon sont des journaux d'Europe, venus par la malle qui m'a amené : le *Temps*, le *Figaro*, le *Journal de Genève*, le *Journal amusant* et la *Vie parisienne.* Plusieurs Européens causent en humant un apéritif, vert ou brun, absinthe ou vermout. De l'autre côté du vestibule, une porte entr'ouverte me laisse voir une vaste salle à manger, avec ses longues tables aux nappes blanches. Comme fond du tableau, une petite cour habilement transformée en un jardin aux pelouses microscopiques.

Il me faut faire un effort sur moi-même pour arriver à me convaincre de la réalité, pour être certain que je suis en Chine, et non dans quelque port français ou anglais. Tout ce qui m'entoure me rappelle des scènes que j'ai vues bien loin de là, en France, où le soleil est encore au zénith alors que nous avons déjà la nuit à Shanghaï.

Le soir, au dîner, je retrouve une société européenne. On y discute les mérites d'une troupe d'opérette italienne, arrivée la veille de Yokohama. En écoutant la dissertation des mélomanes mes voisins, je fais un repas aussi bon et aussi soigné que chez Brébant, aux boulevards, ou chez Blanchard, de Regent street. Pour prouver aux gourmets les plus exigeants qu'ils peuvent impunément faire le voyage de Paris à Shanghaï, je leur donne ci-joint, *in extenso,* le menu de mon premier repas en terre chinoise : potage : purée de pois à la Soubise; hors-d'œuvre : caviar et sardines; puis entrée : bouchées à la reine; rôtis : faisan et rosbif à l'anglaise; légumes : petits pois au beurre; entremets : bombe glacée; fromage de Roquefort; fruits, pommes et raisins. Quant aux vins, ils sont à l'avenant : du bordeaux, du porto bien sec; et, pour clore, du champagne, aussi très-peu sucré; car les Anglais font la mode ici, et ils détestent les vins sucrés; ils préfèrent ceux qui sont *dry.*

Le dîner achevé, je me laisse entraîner au théâtre, malgré la fatigue de la journée. La troupe n'est, certes, point *di primo cartello.* Mais je m'attendais si peu, en venant en Chine, à y voir jouer les *Cloches de Corne-*

ville, dans une salle élégante, éclairée au gaz, que je pardonne facilement aux acteurs leur inexpérience, et aux chanteuses leurs roulades d'une justesse douteuse.

Si la scène est tout à fait *occidentale*, la salle l'est encore davantage, si possible. Les hommes, en habit noir et cravate blanche; les femmes, en grande toilette de bal, étincelantes de bijoux, toutes parfumées par de charmants bouquets, cueillis dans les jardins et dans les serres des villas que j'ai admirés en remontant le Houang-pou. Tout ce beau monde de Shanghaï cause et semble vivre en parfaite sécurité, là où l'imagination des Européens casaniers se représente des dangers de toutes sortes et le voisinage d'un peuple de cannibales qui a nom les Chinois. On y discute beaucoup un nouveau roman de Zola, que le navire qui m'a amené a apporté ici. Ce qu'on en dit me fait désirer de le lire; mais alors je fais mentalement le calcul qu'en profitant du premier courrier d'Europe, le volume en question ne m'arriverait pas avant cinq mois, et serait transformé, chemin faisant, d'actualité en antiquité.

Je fais part à mon compagnon de cette découverte, qui le fait rire aux éclats.

« Inutile, me dit-il, d'écrire en Europe. Demain matin, en vous réveillant, sonnez votre boy (domestique chinois), donnez-lui un mot pour Kelly, le libraire, et, un quart d'heure après, vous aurez votre roman, que vous pourrez parcourir avant le déjeuner. »

Spectatrices et spectateurs semblent goûter si bien

la représentation, que je me figure qu'ils doivent être singulièrement privés pendant l'absence des acteurs, vrais oiseaux de passage, jouant aujourd'hui en Chine, demain en Amérique, et après-demain aux Indes. On me rassure. La société européenne de Shanghaï sait se distraire elle-même. Lorsque les acteurs de profession font défaut, il y a le cercle d'amateurs, le A. T. C., — *Amateurs Theatrical Club,* — qui se charge de les remplacer, au plus grand avantage des spectateurs; car j'ai trouvé parmi ces amateurs des artistes de premier ordre.

Après le spectacle, je vais au club de Shanghaï, où j'ai été gracieusement invité à boire un verre de champagne, pour célébrer mon heureuse arrivée. Pendant l'excellent souper, qui nous a été préparé par le cuisinier chinois du club, deux grands écrans appelés *panka,* suspendus au plafond de la salle à manger, et agités par des domestiques jaunes, produisent dans la pièce une agréable fraîcheur.

Après quelques toasts, fortement arrosés de champagne, je laisse mes hôtes commenter les derniers télégrammes reçus le matin d'Europe, et je visite le local du club, splendidement aménagé. On y trouve une salle de billard, une salle de jeu, une grande salle de lecture, renfermant une riche bibliothèque. Sur la table du milieu, une collection de journaux et de revues d'Europe et d'Amérique, le *Times*, la *New-York Tribune*, l'*Edinburg Review*, la *Kölnische Zeitung*. La langue française y est aussi fort bien représentée par le *Journal de Genève*, le *Temps*, la *Revue des Deux Mondes* et la *Bibliothèque universelle.*

Il s'y trouve aussi un petit nombre de chambres, qui sont à la disposition des membres des clubs de tous les ports de l'Extrême-Orient faisant de droit partie de celui de Shanghaï, pendant leur séjour dans cette ville.

A deux heures du matin, j'étais encore à bavarder sous la verandah du club, quand une sonnerie lugubre vint interrompre notre conversation. C'était la cloche du veilleur de nuit, qui, du haut de sa tour de bois, annonçait aux pompiers volontaires qu'un incendie venait d'éclater sur les concessions. Nous sortons pour nous rendre sur le lieu du sinistre. Les rues sont désertes. Seules, trois jinritchas stationnent encore à la porte du club, où elles espèrent trouver quelque client, trop chargé d'alcool pour rejoindre à pied son domicile. L'incendie est dans la partie chinoise de la concession anglaise. En chemin, nous rencontrons la pompe à vapeur de la municipalité française, qui va rejoindre ses collègues anglaises et américaines sur le champ de bataille.

Avant d'arriver au foyer de l'incendie, nous traversons une haie d'agents de police, anglais et chinois, qui empêchent les indigènes d'en approcher. Quant aux Européens, ils peuvent circuler librement. Il paraîtrait qu'en Chine, plus que partout ailleurs, le fléau du feu en engendre un autre non moins redoutable, le vol. Mais la police européenne fait bonne garde, et surveille attentivement les mouvements de la foule d'indigènes attirée par l'incendie

La maison qui brûle est celle d'un emballeur. Aussi le feu y trouve-t-il d'excellents aliments. De hautes piles de malles en menues planches de bois de camphrier, rendues solides par une couverture en peau de truie, flambent comme des allumettes, en répandant dans l'air des gerbes d'étincelles et un parfum qui rappelle Raspail et sa médecine camphrée.

Dans les maisons voisines, le plus grand calme règne encore. Leurs habitants, Chinois et Chinoises, regardent curieusement par les fenêtres les manœuvres des pompiers volontaires. Tout à l'heure, lorsque le fléau les envahira tant soit peu, ces curieux perdront la tête et fuiront sans même songer à sauver leur mobilier. Pour le moment, ils sont tranquilles chez eux, et ils en profitent; *ils jouissent du présent sans se préoccuper de l'avenir,* comme tout bon Chinois en chair et en os.

Ma qualité de nouveau débarqué fait que le chef des pompiers m'envoie poliment me coucher, lorsque je vais me mettre à sa disposition. J'avoue que la fatigue ne me laisse d'autre alternative que de suivre ce conseil. Je quitte le lieu du sinistre, et je trouve, au delà des barrières d'agents de police, une jinritcha qui me reconduit à l'hôtel des Colonies. Même sans l'incendie, qui donne un redoublement de mouvement à toutes les concessions, celles-ci seraient encore fort vivantes à cette heure avancée de la nuit.

Voici d'abord l'agence de la *Great Northern Telegraph Company,* dont le siége est à Copenhague. Elle relie Shanghaï à l'Europe par un immense fil aérien qui part de Saint-Pétersbourg pour aller aboutir à Wladivostock, sur les bords de l'océan Pacifique, en traversant la Sibérie dans sa plus grande longueur. De là, il s'enfonce dans les flots pour gagner la terre japonaise; puis, après un second parcours aérien, il disparaît de nouveau dans l'onde amère, pour s'en aller émerger à Shanghaï.

A cause de la différence d'heure entre Londres et cette dernière ville, le télégraphe qui les relie fonctionne jour et nuit. Ici nous sommes en pleine nuit, — trois heures sonnent à bord des navires ancrés sur la rivière, — tandis qu'à Lombard street, ou à la Bourse de Paris, il est à peine huit heures du soir, et l'on vient seulement de terminer la liquidation des opérations de la journée. De même aujourd'hui, à midi, la place de Shanghaï sera en pleine activité et expédiera ses cours et ses commandes à l'Europe, qui les recevra pendant son sommeil pour les exécuter le lendemain.

Après le télégraphe, voici, sur les bords du Yang-king-poug, un grand bâtiment tout éclairé : c'est la poste française. Ce matin même, au point du jour, un paquebot de la Compagnie anglaise péninsulaire doit partir pour Brindisi. Afin de faciliter les affaires, la poste reste ouverte fort tard le jour du départ du courrier, et les employés passent la nuit à faire un premier triage.

Dans la rue du Consulat, je rencontre deux agents de police français, le fusil en bandoulière, qui escortent une douzaine de maraudeurs chinois, qu'ils ont entravés en attachant leurs queues les unes aux autres, ce qui fait qu'ils sont enchaînés ensemble par les cheveux.

Excellente méthode pour empêcher une évasion! Malheureusement, elle ne peut être employée qu'en Chine.

Ils viennent d'être arrêtés au lieu même de l'incendie. Demain, malgré la couleur jaune de leur peau et le fait qu'ils ont commis un délit en terre chinoise, ils seront conduits au consulat d'Angleterre, où ils seront jugés par une cour mixte composée d'un délégué chinois du Tao-taï, intendant du district du lieu, et d'un délégué du consulat d'Angleterre. Tous les délits commis par les Chinois sur les territoires des concessions sont, en effet, jugés par ces tribunaux mixtes, qui n'ont pas été institués par les traités. Il s'ensuit que les attributions de ces cours blanche et jaune sont mal définies, et les conflits entre les deux juges qui les composent ne sont guère réglés que par l'accord mutuel entre ces derniers, ce qui rend souvent la situation de l'un ou même des deux fort délicate.

Les municipalités anglaise, américaine et française de Shanghaï ont publié des arrêtés concernant la propreté des voies publiques. A tout instant, les agents de police amènent devant le mandarin de la cour mixte de ses compatriotes qui ont déposé... des ordures le long des murs, et sont en contravention avec ces arrêtés. Si le délégué jaune n'est pas encore au fait des habitudes occidentales, on juge de son étonnement lorsqu'il entend le chef d'accusation. Arrêter un homme parce qu'il a sali le bas d'un mur!

cela lui paraît le comble de l'absurdité. Il a été habitué, dès son enfance, à faire de même et à voir jusqu'aux gardes qui veillent aux portes du palais du Fils du Ciel laisser tranquillement ses sujets déposer tout ce qu'ils veulent le long des murs de la demeure impériale. Aussi il ne peut se résoudre à condamner à la cangue le pauvre diable qui a commis un semblable crime. Il faut toute l'habileté de son collègue européen pour arracher au digne mandarin une sentence qui constitue la sanction pénale des arrêtés municipaux.

Les grandes différences qui existent dans l'idée de justice, suivant qu'elle est peinte en jaune ou en blanc, ne constituent pas une des moindres difficultés que rencontrent, en Chine, les cours mixtes dans l'exercice de leurs fonctions. Ce qui est délit pour nous ne l'est point pour le juge chinois, et ce qui constitue pour nous un crime n'est souvent qualifié par lui que de délit. Le juge blanc facilite toutes les choses par sa patience et sa logique; mais il faut avouer qu'en dépit de sa persévérance, les cours mixtes ne pourraient fonctionner si les mandarins étaient aussi entêtés et haineux qu'on se le figure en Occident. Eux aussi y mettent beaucoup de bonne volonté, et savent pratiquer la deuxième maxime des saints édits de Kangchi : « Mettez fin aux disputes et aux reproches, afin de développer l'harmonie et la condescendance mutuelle. »

Rentré à l'hôtel, je me fis servir, avant de me coucher, une bouteille de bière de Korti, venue directement de Berlin. De mon lit, j'aperçois, à travers mes persiennes, le bec de gaz voisin qui éclaire la rue. La clarté qui se répand dans ma chambre me laisse voir un mobilier et des tentures tout européens. Je ne puis vraiment croire que je suis en Chine!

Espérons que, demain, je verrai des choses vraiment chinoises, qui me permettront de donner un peu plus de couleur locale à mon récit. Si je me suis étendu aussi longuement sur le sujet, fort peu chinois, de la vie des blancs en Chine, c'est que je sais, par expérience, qu'il existe, de par l'Occident, bien des personnes qui croient, de bonne foi, que l'Empire du Milieu est un pays sauvage où les malheureux Européens sont obligés de vivre de l'air du temps, plus que de toute autre chose; de ne boire que de l'eau, et de passer leur vie entre les deux ornières de la privation et du danger. J'espère que le récit de ma première journée vécue en terre chinoise suffira pour montrer le peu de valeur de ces théories.

CHAPITRE II

SHANGHAI ET SON ARSENAL.

Dès huit heures du matin, je suis réveillé par les cris des portefaix et le grincement des roues des brouettes. Je me décide à me lever et à aller m'accouder un instant à la fenêtre, avant de commencer ma vie active et laborieuse d'exploration de l'Empire du Milieu.

L'hôtel des Colonies est situé au coin des deux rues les plus fréquentées de la concession française. Lourdes charettes, fringants attelages, jinritchas légères, *brouettes mélodieuses* se croisent et s'entrecroisent, au milieu d'une foule de passants et de portefaix. Aussi accidents et incidents sont-ils nombreux en cet endroit, malgré la présence d'un agent de police français qui monte la garde sur le trottoir. A un moment, deux jinritchas trop pressées se rencontrent au milieu du carrefour. La roue d'un des véhicules se rompt sous le choc, et voilà son occupant, un commerçant chinois, à la bedaine arrondie, se rendant à ses affaires, qui s'en va rouler dans la poussière. Au lieu de se fâcher, le culbuté se relève tranquillement, époussette avec calme sa longue robe, et, après s'être assuré d'un coup d'œil que son équipage est hors d'usage, va paisiblement en prendre un autre à la station de jinritchas qui est devant ma fenêtre. Quant aux deux conducteurs, que le choc avait aussi renversés, ils se relèvent avec autant de calme que le plantureux commerçant. L'un continue sa route, après s'être assuré que sa voiture est intacte, tandis que l'autre s'en va tout aussi paisiblement, en portant sur son dos la sienne, avec les débris de sa roue.

En Occident, une semblable collision eût donné lieu à un échange d'injures, peut-être même de coups; un agent de police aurait dressé un procès-verbal, — ainsi nommé parce qu'il est écrit, — et aussitôt la foule aurait formé un rassemblement. En Chine, les choses se passent tout autrement, ainsi qu'on vient de le voir. A quoi tient cette différence dans la manière d'être d'un blanc et d'un jaune, placés dans des circonstances identiques? Pour moi, je me suis fait à ce sujet une théorie à l'aide de *documents humains*, jaunes, ceux-là, et non blancs comme ceux de M. Zola, réunis en Chine même. A mon sens, le caractère chinois tient en grande partie à l'alimentation essentiellement végétale des sujets du Fils du Ciel. Cette alimentation, jointe à l'influence du sol et du climat, a produit, avec le temps, une race d'hommes chez laquelle le système nerveux n'existe, pour ainsi dire, qu'à l'état embryonnaire, si on le compare au rôle par trop prépondérant qu'il joue dans l'existence des Occidentaux.

La prédominance du système sanguin sur le système nerveux, chez les Chinois, se retrouve dans tous les actes de leur existence. C'est grâce à elle que coolies et brouettiers peuvent remplir de leur bruit les rues des villes de l'Extrême-Orient; que les détritus de tout genre empestent l'atmosphère de ces dernières, sans que leurs habitants s'en plaignent ou que leurs gouverneurs s'en soucient. En un mot, rien ne semble capable de produire un mouvement d'humeur chez ces êtres placides; et ce calme étonnant explique comment il se peut que ce peuple, si bien fait pour commander et pour envahir, tant à cause de sa force numérique que de ses aptitudes prolifiques, a passé sa longue vie à subir le joug des étrangers, aujourd'hui Tartares, demain Mandchoux.

Il est vrai que le joug a été singulièrement léger pour ce peuple, dont les nerfs insensibles ne sont jamais ébranlés par les grandes idées morales de patriotisme et d'amour-propre. D'abord, il ressent moins qu'un autre l'humiliation de la défaite; puis, dans les premiers temps de la conquête, il trouve dans sa patience la force morale nécessaire pour porter le joug sans se révolter, et pour imposer, petit à petit, à ses conquérants ses mœurs et ses coutumes : excellent moyen pour rendre la présence de ces derniers absolument inoffensive. Cette patience du conquis et la transformation du conquérant, qui en est la conséquence, ont fait que le gouvernement actuel de la Chine, en dépit de son origine étrangère, — puisque les Fils du Ciel sont depuis trois siècles des Tartares Mandchoux, — est tout aussi patient que ses administrés. Pour lui, le canon n'est nullement l'*ultima ratio regum;* il trouve que c'est un argument tout comme un autre, plus bruyant, et voilà tout. Aussi faut-il mettre plus que de la bonne volonté pour amener le cabinet de Pékin à entrer en guerre. L'histoire de la Chine nous en fournit des preuves jusque dans ses périodes les plus contemporaines.

Au seizième siècle, Portugais et Hollandais échangeaient des coups de canon avec les Chinois dans un des ports de l'Empire du Milieu, tout en continuant à échanger des produits avec eux dans d'autres ports. Depuis deux siècles, les Portugais occupent Macao de par leur propre autorité [1] ; les Anglais ont annexé une partie de la Birmanie et tout le Népaul, deux États vassaux du Fils du Ciel, sans que ce dernier daignât protester autrement qu'en se refusant de reconnaître les faits accomplis. Enfin, la France a bombardé des villes chinoises, en a occupé d'autres, sans que la Chine considérât l'ensemble de ces actes comme un *casus belli*.

Plus l'heure s'avance et plus le mouvement devient intense sous mes fenêtres. En même temps, la couleur locale s'accentue, ce dont je ne suis pas fâché, pour le lecteur d'abord et pour moi ensuite. De l'autre côté de la rue, les panses laquées de potiches japonaises ornent la devanture d'un immense magasin à quatre étages, où un sujet du Mikado débite des *japonaiseries* aux Chinois, qui se soucient peu des *chinoiseries* qu'ils fabriquent. Sur le trottoir, devant le magasin, deux Chinoises sont assises sur des tabourets minuscules.

[1] Ce fait étonnant a été signalé, en 1884, aux Chambres françaises, dans un substantiel discours de celui de nos députés le mieux informé sur les questions extérieures, M. Georges Perrin.

Elles raccommodent des jaquettes toutes rapiécées. Un petit panier passé à leur bras leur sert de nécessaire à ouvrage, et, à côté d'elles, deux coolies attendent que leurs vêtements aient un peu rajeuni. Ces deux femmes sont des *couturières ambulantes,* — une industrie complètement inconnue en Occident. Elles parcourent les rues, leur tabouret à la main, leur panier au bras. Si elles rencontrent un passant qui ait un bouton à recoudre, un trou à boucher ou une couture à reprendre, elles s'asseyent sur les trottoirs et, séance tenante, font la réparation voulue moyennant *quelques centimes ;* car la main-d'œuvre, celle des femmes surtout, est pour rien ici.

Le va-et-vient de la rue m'aurait retenu bien longtemps encore, sans la venue de mon ami, qui vient me proposer un plan de campagne pour la journée. Une chaloupe à vapeur doit partir dans une demi-heure pour l'arsenal du Kiang-mou. C'est une occasion dont il faut profiter. Quant à l'après-midi, il me propose de l'employer à nous rendre à l'établissement des Jésuites, à Si-ka-oueï. Comme ses propositions sont acceptées avec enthousiasme, nous descendons au bureau de l'hôtel pour commander, par le téléphone, au loueur de voitures, un duc pour l'excursion de l'après-midi.

Le quai des concessions européennes forme une ravissante promenade, par cette douce matinée de mai. La chaussée, fraîchement arrosée, dégage un parfum de terre moite, rendu plus fort par l'odeur de verdure des arbres qui garnissent les deux trottoirs. La rivière roule devant nous ses flots vert sombre, coupés çà et là par la large tache noire ou rouge d'un grand vapeur à l'ancre.

Nous remontons le quai dans la direction de la ville chinoise. Chemin faisant, le tableau se fait plus mouvementé et surtout plus prosaïque. Des nuées de coolies, au torse nu, bourdonnent, comme des abeilles autour d'une ruche, sur les flancs de deux vapeurs qui embarquent et débarquent leurs cargaisons à quai. Ces navires naviguent sous des couleurs encore peu connues en Europe, quoique Londres ait déjà eu l'honneur de leur visite. Un triangle jaune, entouré d'une bordure noire dentelée; au milieu de ce drapeau, le dragon, noir aussi, aux formes fantastiques, des Fils du Ciel, nous indique leur nationalité. Les deux navires à vapeur qui portent ce pavillon font partie de la flotte d'une Compagnie chinoise de navigation, qui s'est formée, il y a une dizaine d'années, en achetant le matériel naval d'une des grandes maisons américaines de l'Extrême-Orient, celle de Russel and C°. Depuis lors la *China merchants steam Navigation Company* n'a cessé d'augmenter sa flotte et d'étendre le cercle de ses relations. Ses navires vont maintenant chercher du fret en Amérique, en Australie et jusqu'en Angleterre.

La chaloupe à vapeur qui doit nous conduire à l'arsenal nous attend tout près de la ville chinoise de Shanghaï, sur les limites de la concession française. De loin, nous entendons son sifflet strident, que nous prenons pour un reproche à notre adresse, car nous sommes d'une grande heure en retard. Nous hâtons le pas, en bousculant un peu au passage les coolies qui encombrent la rue, sans que notre brutalité involontaire nous mérite les bordées d'injures qu'elle nous aurait attirées bien certainement en Occident.

Nous arrivons tout essoufflés à la chaloupe. Un chauffeur est seul à bord. Nous lui demandons s'il nous attend depuis longtemps; ce à quoi il nous répond que les mandarins et les munitions qui nous accompagnent ne sont point encore embarqués. Quant aux coups de sifflet qui nous avaient donné des remords, il nous explique qu'ils sont destinés à tenir à l'écart les milliers de sampangs et de jonques qui encombrent la rivière. Sans cette précaution, il se formerait, entre la chaloupe et le milieu du fleuve, une véritable banquise d'embarcations, semblable à celle qui s'étend en amont et en aval; et il nous faudrait au moins une journée pour la traverser, tout en courant le risque de voir notre frêle canot éventré par une de ces jonques, aussi maladroites que mal intentionnées, lorsqu'il s'agit d'un bâtiment de forme européenne.

Enfin, après une longue attente, nous finissons par nous mettre en route, en compagnie de deux officiers chinois qui se rendent à l'arsenal. A l'arrière de la chaloupe, on a entassé des fusils Remington, rendus méconnaissables par une épaisse couche de rouille. Six mois auparavant, ces fusils avaient été distribués, battant neufs, aux soldats de la garnison de Vousong, au sortir d'une fabrique américaine. Et maintenant le commandant de la place les renvoyait à l'arsenal complétement hors d'usage par suite de l'incurie du soldat chinois, qui ne se donne jamais la peine de nettoyer son fusil, et le traite comme un vulgaire bâton.

C'est du moins ce que nous explique l'un des deux officiers nos compagnons. Lui-même est capitaine de la garnison de Vousong, et escorte les armes jusqu'à l'arsenal. X..., — nous préférons lui garder l'anonyme, pour des raisons que le lecteur comprendra facilement, — est un gros homme aussi bavard qu'ignorant, ce qui arrive souvent. Nous nous aperçûmes qu'il savait à peine lire, en dépit du bouton bleu qui ornait son chef. L'ignorance du brave capitaine semble, du reste, fort naturelle à tous les sujets du Fils du Ciel. Le métier des armes est fort peu en honneur chez le peuple le plus pacifique du monde; on est donc peu difficile dans l'examen des candidats officiers; et pourvu qu'ils sachent passablement *tirer de l'arc,* ils sont sûrs de trouver dans l'armée une situation en rapport avec leur incapacité.

X... est sorti du rang, en ce sens qu'il a toujours été dans l'armée, tandis que son compagnon, Y..., un homme d'une trentaine d'années, porte dans le dos et sur la poitrine un grand faisan brodé, qui indique qu'il appartient au service civil, quoiqu'il commande présentement un corps d'armée dans les environs de Shanghaï. C'est un spécimen de ces généraux improvisés par la suprême volonté du Fils du Ciel, qui quittent un tribunal ou une préfecture pour s'en aller courir la vie des camps. Ces tacticiens civils occupent toujours de grandes situations militaires; car, sur les bords de la mer Jaune, le moindre gratte-papier d'une administration civile a le pas sur un général à bouton rouge, si ce dernier appartient uniquement à l'armée.

X..., tout étonné de trouver des *diables d'Occident* qui parlent sa langue, en use et en abuse à notre grande satisfaction. D'abord, il nous explique le but de son voyage, et la présence à bord des remingtons rouillés.

« Voyez, nous dit-il, en nous les montrant, ces pauvres *machines occidentales!* Ça n'a pas la moindre solidité : trois mois suffisent pour les user. Nos fusils à rouet sont bien meilleurs : *ils sont plus solides que les hommes, et la rouille la plus épaisse ne peut les empêcher de fonctionner.* »

Ce disant, X... se met à rire aux éclats. Malheureusement, il nous est impossible de partager son hilarité : le sel de son discours nous échappe complètement. Alors Y..., qui présente avec son compagnon le plus frappant contraste, s'aperçoit que nous n'avons pas compris la plaisanterie du capitaine, et il s'empresse de nous l'expliquer.

« X... fait allusion, nous dit-il, en parlant lentement, comme il sied à un disciple de Confucius, à un proverbe de notre pays qui dit : « *Ne craignez pas le vert-de-gris, mais fuyez la rouille* ». Ce qui l'amuse, c'est que ces fusils sont comme nous : la rouille les rend malades (*sic*), tandis que les nôtres y résistent fort bien ».

Pour moi, tout frais débarqué de l'Occident, je n'en puis croire mes oreilles. J'accuse aussitôt mes connaissances sinologiques d'insuffisance, puisqu'elles donnent un sens absurde à l'explication de Y... J'ai toujours été habitué, depuis ma tendre enfance, à considérer le vert-de-gris comme un poison violent, et la rouille comme un oxyde fort bon pour rendre de la force aux anémiques.

J'interroge mon compagnon Joseph de Bielke[1], qui sait si admirablement le chinois que je me fie entièrement à lui pour me remettre dans le droit chemin. Mais il me déclare que je suis en bonne voie, et qu'il n'a qu'à m'y laisser. « Les jaunes possèdent, me dit-il, le rare privilége de résister aux atteintes perfides du vert-de-gris. Quant à leur antipathie pour la rouille, c'est un préjugé et rien autre. »

Décidément, les Chinois sont construits à rebours de nous. Cette rouille et ce vert-de-gris commencèrent à me le montrer, et bien des faits sont venus, dans la suite, me le prouver. Prenez une habitude ou une théorie occidentale, mettez-la sens dessus dessous, et vous aurez son équivalent chinois.

Pendant que nous discutons à quatre sur les propriétés du vert-de-gris et de la rouille, notre chaloupe à vapeur remonte rapidement le fleuve Houang-pou. Le bateau à vapeur a disparu pour laisser la place complétement libre à la jonque, car celui-là ne visite encore que les ports chinois ouverts au commerce

[1] Ce n'est point sans un serrement de cœur que je relis aujourd'hui ces lignes. Le camarade d'école que j'avais eu tant de plaisir à retrouver en Chine, où il m'avait précédé, n'est plus. Il est mort à la fleur de l'âge, à Tokio, frappé par les rigueurs d'un climat meurtrier.

étranger. Sur les deux rives, la vallée étend à perte de vue son océan de verdure, pointillé, çà et là, par la tache grise d'un village. Les champs sont admirablement cultivés : ici des plates-bandes de haricots en fleur, séparés par des lignes de millet; là des champs d'aubergines, entourés par des haies de ricin, aux larges feuilles luisantes.

La perfection de la culture donne l'idée d'une population très-dense; le grand nombre des villages et leur importance viennent confirmer cette première impression. Nous sommes, en effet, dans l'Éden de la Chine, au centre d'une région qui, grâce à ses richesses naturelles de toutes sortes, arrive à nourrir, sans trop de peine, une population de trois cent vingt habitants par mille carré, c'est-à-dire le double que dans aucun pays d'Europe.

Enfin, deux grandes cheminées en briques rouges, qui rappellent les grandes villes industrielles de l'Occident, nous annoncent le but de notre excursion. Notre chaloupe nous débarque quelques minutes après sur une jetée qui a été construite pour le service de l'arsenal.

Comme nous n'avons pas été annoncés, nous pouvons jouir en toute liberté des avantages de l'incognito; car, à l'arsenal, le costume européen est assez répandu pour que ceux qui le portent n'aient pas à craindre la curiosité indiscrète des indigènes. Nous franchissons la porte, qu'aucune sentinelle ne garde, et nous voici dans une grande cour, au centre des ateliers de fabrication de la poudre, des cartouches et des gargousses. Dans un coin, une vingtaine de Chinois écorchent une marche militaire allemande, sur des instruments de cuivre venus en droite ligne des bords du Rhin. Cette musique militaire a, paraît-il, été fondée par le mandarin qui dirige actuellement l'arsenal. Le malheureux trouve, dit-on, si laborieuses ses conférences avec ses ingénieurs et contre-maîtres occidentaux, que, pour se raccommoder avec l'Occident, il n'a rien trouvé mieux que de se faire servir deux fois par jour un concert à l'*européenne*.

Que le pauvre directeur trouve un peu difficiles ses relations avec ses subalternes à peau blanche, cela ne nous étonne guère. En dépit de toute la complaisance que peuvent y mettre ces derniers, quelque intelligents qu'il soient, il ne peut guère en être autrement. Le directeur de l'arsenal est un fonctionnaire civil qui n'a jamais étudié autre chose, au point de vue de la théorie, que les sages maximes de Confucius et de ses disciples. Quant à ses études pratiques, il s'est borné à acquérir une dextérité extrême dans l'art de jongler avec les deniers publics, et à en faire passer une bonne partie dans sa poche. Aussi, lorsqu'on lui parle de glycérine, d'azotate de potasse, de canons Krupp, de mitrailleuses et de cuirassés, il ne sait qu'ouvrir de grands yeux, et s'oppose à tout ce qu'on peut lui proposer, comme c'est généralement l'habitude chez les hommes ignorants.

Pendant qu'un coolie est allé porter nos cartes à un onctionnaire de l'arsenal que connaît mon ami, nous nous promenons de long en large dans la cour. La fanfare continue à jouer, ou plutôt à nous briser le tympan; car chaque instrument semble viser à faire le plus de tapage possible, sans aucun souci de ses collègues. Il faut dire que ce manque d'harmonie n'est point tout à la charge des pauvres musiciens. Ils sont arrivés à jouer passablement sur leur instrument; mais dès qu'ils abordent une exécution d'ensemble, la cacophonie commence : d'abord à cause de leur inexpérience, mais surtout aussi par suite de l'absence d'un chef d'orchestre, donnant la mesure à toute la bande. Il paraît que M. le directeur de l'arsenal a fait volontiers tous les sacrifices nécessaires pour se former un corps de musique en tout point semblable à celui qu'il avait entendu à bord d'un navire-amiral d'Occident; mais quand il s'est agi d'engager un chef d'orchestre, jamais on n'a pu lui faire comprendre l'utilité de ce *mandarin qui ne joue,* dit-il, *d'aucun instrument.*

Comme on essayait de lui démontrer la nécessité d'une direction dans une musique militaire, il finit par répondre que les musiciens qui jouaient à la cour du Fils du Ciel, depuis des siècles, n'en avaient jamais eu besoin; que les livres de Confucius ne parlaient point de chefs d'orchestre, et que, par conséquent, il tenait essentiellement *à ne rien changer dans les habitudes de son pays.*

Pendant que les musiciens jouent, chacun de son côté, sans s'inquiéter de ses voisins, le colonel Ho[1] vient nous

[1] Je préviens, une fois pour toutes, le lecteur, que presque tous les noms propres chinois que je cite sont des noms d'emprunt que je donne aux personnes, dans un motif de discrétion qui n'a pas besoin d'être expliqué.

rejoindre. Il reçoit mon ami avec de grandes marques d'affection, et, une fois ma présentation faite, il commence à nous faire les honneurs de l'arsenal.

Ho, quoique en sous-ordre, serait cependant bien plus apte que ses supérieurs à diriger l'arsenal. Il a acquis une éducation scientifique assez complète en suivant, pendant trois années, les cours de l'arsenal de Fou-tcheou, fondé par un remarquable officier de la marine française, M. Prosper Giquel. Il sait même fort bien parler le français; mais comme nous parlons le chinois, il préfère se servir de sa langue. Je n'en suis point fâché, pour ma part; ses explications, faites en chinois, conservent intacte leur saveur de terroir, et elles me familiarisent avec ces pittoresques expressions scientifiques dont s'est enrichie la langue de Confucius, pendant ces dernières années.

Puis il y a une autre cause qui rend la conversation de Ho singulièrement intéressante. Il n'est entré que sur le tard à l'arsenal de Fou-tcheou. Son éducation européenne forma donc seulement un léger vernis qui recouvre un caractère chinois dans toute sa pureté. Il a conservé l'habitude de voir les choses à travers des verres fortement nuancés de jaune, qui donnent aux objets une teinte toute locale.

Il nous montre d'abord les fabriques de poudre. Pour désigner cet agent explosible, les Chinois n'ont eu besoin d'inventer aucune expression nouvelle, puisqu'ils connaissent cette matière depuis longtemps. Ce qui est nouveau pour eux, ce sont les machines que nous employons à sa fabrication. Pour les désigner, ils ont dû créer des mots nouveaux qui présentent presque tous le grave inconvénient de constituer, en eux-mêmes, de vraies définitions de l'objet qu'ils désignent. C'est ainsi que notre lissoir s'est transformé, dans la langue de Confucius, en une *machine à polir les grains*. Tout en admirant beaucoup cette machine, Ho ne peut s'empêcher de faire sentir que son pays, malgré son ignorance en mécanique, n'en est pas moins le premier pays du monde.

La poudre européenne, nous dit-il, avec le plus grand sérieux, est bien plus forte que la nôtre, mais elle se conserve moins longtemps; puis elle est d'une fabrication plus compliquée.

Ces observations présentent bien une apparence de vérité : j'ai eu souvent l'occasion de le constater dans mes voyages en terre chinoise. Les fabriques de poudre y sont fort peu compliquées sous le rapport du matériel : quelques mortiers pour pulvériser les matières premières, une grande auge en bois pour les mélanger.

Avec cet outillage rudimentaire, on fabrique une poudre en grumeaux, que l'on conserve en plein air, dans la cour de l'usine, où elle reste exposée aux étincelles des fumeurs et aux intempéries de l'air, sans qu'aucun accident en résulte.

Si la poudre chinoise est facile à fabriquer, et surtout à conserver, il faut avouer que ses propriétés balistiques sont à l'avenant. Les fusils à rouet qui en sont chargés ne portent pas à plus de cinquante mètres, en dépit de leur long canon, qui rappelle celui de nos canardières. Quant à ce qui est de la précision, il est absolument impossible de s'en faire une idée, car ces armes n'ont pas de crosses, et on les tire à la hanche. Cependant, si elles sont peu redoutables comme instruments de destruction, elles produisent, par contre, des effets fort pittoresques, lorsqu'on s'en sert durant la nuit. Il me souvient d'avoir assisté, dans les parages de Canton, à plusieurs rencontres entre soldats et pirates jaunes. Les deux partis échangeaient, de très-loin, d'inoffensifs coups de feu qui sillonnaient l'air de magnifiques traînées d'étincelles. Ce qui aurait dû être une horrible boucherie se trouvait ainsi transformé en un feu d'artifice improvisé; malgré cela, il ne venait pas à l'idée de Ho de comparer les forces utiles de notre poudre de guerre au mélange auquel on donne ce nom en Chine; son éducation chinoise lui défendait d'envisager les choses de cette façon; il ne voyait que les avantages de sa compatriote et point ses inconvénients.

Après la poudrerie, nous fûmes visiter l'atelier de réparation des armes. Nous y vîmes des fusils mis hors d'usage par la rouille des *fusils à mains,* — nom chinois du revolver, — au mécanisme détérioré par des mains malhabiles. Toutes ces armes nous disaient l'histoire de la transformation militaire de la Chine, avec ses inconvénients et les causes qui les engendrent.

D'abord, c'est le caractère du peuple même qui forme le premier obstacle. Comment apprendre à un soldat jaune à nettoyer son arme chaque jour, lui qui laisse envahir son corps par des armées de parasites voraces! Puis l'éducation, scientifique, théorique et pratique, ne repose, chez les Chinois, sur aucune base solide. Pour lui, les machines d'Occident sont aussi difficiles à comprendre que pour un de nos bambins de dix ans, dont l'éducation scientifique a commencé du jour où il a vu clair. Voilà pourquoi, entre les mains d'un soldat jaune, un fusil est bien vite rongé par la rouille, un revolver bientôt détraqué.

Nous arrivons maintenant à un des départements les plus importants de l'arsenal : celui des torpilles. Les jaunes ont pour cet instrument de destruction une vénération toute particulière. Avec une clairvoyance remarquable, ils ont vite compris que les *foudres aquatiques* étaient, avant tout, une arme défensive à l'usage des faibles et des pacifiques. Il y a aussi à l'arsenal un atelier de machines à vapeur marines. La machine elle-même est appelée *machine à gaz* par les Chinois; quant aux navires qui en sont pourvus, ils les appellent *navires dont les roues tournent par le feu;* et cette longue phrase, pour désigner une chose, s'allonge encore des mots *visible* et *invisible,* lorsqu'il s'agit de distinguer un navire à roues d'un navire à hélice. Malheureusement, le temps nous manque pour visiter cet atelier, et il nous faut regagner au plus vite la chaloupe qui doit nous reconduire à Shanghaï.

En sortant de l'arsenal, nous croisons des soldats qui reviennent de la manœuvre. Ils s'en retournent dans leur famille, le fusil sur l'épaule, la crosse en l'air, le ceinturon et sa baïonnette accrochés au bout du canon. Ces hommes de guerre ont bien plus l'air de paisibles villageois qui reviennent d'une fête que de soldats. Du reste, ce dernier mot est loin d'avoir, en Chine, la même valeur que chez nous : un soldat est, en général, un paisible père de famille qui trouve dans le métier des armes un moyen d'augmenter son bien-être, grâce aux quatre ou cinq sacs de riz qui constituent sa solde mensuelle. Moyennant ce salaire, le mandarin qui le paye n'exige de lui que quelques heures d'exercice par mois.

Ho, qui nous donne ces renseignements, croit devoir ajouter, en manière de commentaire :

« Mais les soldats que vous voyez là ne vont jamais à la guerre. Lorsqu'il s'agit de faire le coup de feu, chaque vice-roi et gouverneur reçoit de Pékin l'ordre d'enrôler un certain nombre de volontaires. A la réception de cet ordre, les mandarins mettent en campagne leurs plus fins agents, qui s'en vont courir les mauvais lieux des grandes villes, à la recherche de recrues qu'ils enrôlent par l'appât d'une grosse solde ».

J'ai eu, dans la suite, l'occasion de constater l'exactitude de ce que Ho nous disait; mais, pour être complet, il eût dû ajouter que les engagés chinois sont, dans bien des cas, des brigands qui s'empressent de profiter des occasions s'offrant à eux de continuer leurs exploits sous la bannière du Fils du Ciel; puis, même si les recrues sont assez honnêtes pour résister à la tentation, si elles n'abusent point de la force et ne vivent pas de rapines, elles sont souvent forcées de recourir à ces procédés violents, à seule fin de se procurer des aliments, car leur solde se paye le plus souvent en promesses. Les officiers jaunes trouvent, en effet, plus simple d'empocher l'argent destiné à la solde de leurs hommes, afin de laisser ces derniers vivre aux dépens des malheureux habitants qu'ils ont charge de défendre.

Notre ami ne pouvait, bien certainement, nous divulguer de semblables méfaits; son patriotisme, aussi bien que sa qualité de mandarin, s'y opposait. Allez donc demander à un de nos fonctionnaires d'Occident de reconnaître que l'administration dont il fait partie est rongée par un parasite quelconque! Si c'est un supérieur, il se refusera de vous dévoiler des abus dont il est le premier à profiter; si c'est un subalterne, il n'osera en parler de peur de s'attirer la haine de ses chefs. Chez les Chinois, il en est de même : les coutumes changent avec les temps et suivant les climats; les défauts de l'homme seuls sont les mêmes partout!

Au débarcadère, nous trouvons la chaloupe qui nous a amenés. Son chargement se compose, cette fois, de caisses de poudre destinées au fort de Vousong. Les soldats qui les accompagnent se sont nonchalamment couchés sur les caisses, sans doute pour les mieux garder; ils fument leur pipe, au fourneau minuscule, avec un calme qui ferait supposer qu'ils sont assis sur de moelleux sofas et non sur un volcan endormi, comme c'est le cas.

Qu'on n'aille point s'imaginer que ces soldats sont des héros qui bravent le danger; le Chinois est trop prosaïque pour être brave, et ceux que nous avons devant nous doivent leur calme à l'ignorance qui les entretient dans de douces illusions. Ils croient que les poudres fabriquées à l'arsenal du Kiang-nan sont aussi peu susceptibles de s'enflammer que la vieille poudre chinoise qu'employaient les contemporains de Confucius. Voilà pourquoi ils jouent, sans s'en douter, avec la mort.

Malgré les imprudents fumeurs, nous nous embarquons pour retourner à Shanghaï, après avoir appris, en deux heures, plus de vérités au sujet de la Chine, considérée comme puissance militaire, qu'un savant d'Occident n'aurait pu le faire durant deux années d'étude de cabinet.

Pendant que nous refaisons le chemin déjà parcouru, je vais résumer les résultats de ma visite, afin de mettre le lecteur à même d'en profiter.

CHAPITRE III

SHANGHAI AU POINT DE VUE SCIENTIFIQUE ET MILITAIRE.

Pour ne pas fatiguer le lecteur par de longues dissertations, je vais résumer mon opinion sur l'organisation militaire de la province de Kiang-nan, — province dont Shanghaï fait partie, — sous forme de théorèmes : la démonstration sera formée par les faits que je rapporterai, au fur et à mesure que je les observerai au cours de mes voyages.

L'organisation militaire actuelle de la vice-royauté du Kiang-nan, en dépit des sacrifices que se sont imposés ses vice-rois pour la créer, ne possède aucune valeur, pas plus au point de vue de la défensive que de l'offensive; et cela à cause de deux défauts qui tiennent au caractère du peuple chinois. Ces deux défauts sont : 1° l'instinct pacifique de la race jaune, qui, d'une part, ferme la carrière des armes aux personnalités honnêtes et intelligentes, et, d'autre part, prive le soldat chinois du sentiment de l'honneur du drapeau, qui fait la force de nos armées occidentales; 2° l'orgueil effréné des Chinois, qui les pousse à considérer tous les hommes qui ne sont pas de leur race comme des êtres inférieurs, à eux soumis, de par les lois mêmes de la nature. Cet orgueil les amène à considérer les Occidentaux qu'ils prennent à leur service comme des auxiliaires, bons seulement à servir en sous-ordre. S'agit-il, par exemple, d'un arsenal comme celui du Kiang-nan : tous les chefs de service sont des ingénieurs européens ; mais ils ne peuvent rien faire sans l'assentiment du directeur, un mandarin qui ne connaît d'autre science que celle enseignée par Confucius. En général, ce directeur passe son temps à embrouiller les plans de ses subordonnés blancs, en voulant y mêler des idées *confuséennes*, les plus antiscientifiques qu'il soit possible d'imaginer.

S'agit-il d'un navire de guerre : mécaniciens et instructeurs sont de peau blanche ; mais le capitaine est encore un mandarin qui considère la voile comme le meilleur des moteurs pour le navigateur. Aussi les pauvres navires de guerre du Fils du Ciel ne valent guère, au point de vue maritime, l'argent qu'ils ont coûté. Le capitaine commande comme s'il montait une jonque, et ses subordonnés blancs n'ont qu'à obéir.

S'agit-il d'une armée : c'est encore bien pis que pour l'arsenal et le navire ! Là, les instructeurs seuls sont Européens ; tout le cadre des officiers est du jaune le plus pur. Ces derniers semblent prendre plaisir à modifier les manœuvres européennes de façon à leur enlever toute efficacité. Où devrait dominer la ligne droite, ils y substituent la ligne courbe ; le pas de course devient pour eux le pas de route, etc., etc... Puis, les instructeurs européens sont recrutés un peu dans tous les pays, et comme ils ignorent la langue chinoise, ils commandent leurs soldats dans leur propre langue :

ici en anglais, là en allemand, un peu plus loin en français. Ce système ne présente en lui-même aucun inconvénient; les soldats arrivent rapidement à comprendre les commandements faits dans une langue étrangère, en se guidant, comme font, du reste, nos soldats, sur l'intonation bien plus que sur les paroles. Mais la sotte vanité des mandarins qui commandent le rend des plus dangereux. Dans la crainte que les *instructeurs d'Occident* n'arrivent à conquérir trop d'influence sur leurs hommes, messieurs les officiers jaunes changent, de temps à autre, ces derniers, leur faisant donner, pendant un temps, l'instruction en anglais, ensuite en allemand, pour retourner ensuite à l'anglais, en passant ou sans passer par les mains d'un instructeur français. Grâce à ces changements, les malheureux soldats passent leur temps à se faire aux habitudes, et surtout au langage de leurs instructeurs, et ces derniers n'arrivent jamais à leur inculquer cet esprit de corps indispensable à une bonne armée, qu'elle soit blanche ou jaune.

Ma dissertation est interrompue, un peu brutalement, par une secousse, suivie de cris assourdissants. Nous venons d'éventrer une grande jonque chargée de passagers. Il parait que cette jonque n'avait rien trouvé de mieux, voulant profiter le plus possible de la marée montante, que de remonter le cours de la rivière en présentant son travers au courant. De la sorte, elle obstruait complétement ce dernier. Les hommes de notre embarcation, qui l'avaient aperçue de loin, avaient essayé, d'abord par le sifflet, puis par des signaux, de l'amener à naviguer d'une façon moins encombrante. Mais rien n'avait pu émouvoir l'équipage de la jonque. Quant aux passagers, dans leur insouciance, ils n'avaient point vu le danger qui les menaçait. Aussi, lorsque l'avant de notre chaloupe, dirigée par la main inexorable de notre timonier, qui préférait *couler que d'être coulé*, fit voler en éclats les bordages du coche chinois, ce fut à son bord une scène de désordre indescriptible.

Les passagers se bousculaient sur le pont en poussant des cris déchirants; les uns se jetaient à l'eau dans l'espoir de gagner la rive à la nage; d'autres cachaient leur tête sous leur vêtement, avec un geste d'autruche surprise par un danger. Pendant ce temps, l'équipage, qui eût pu en deux coups de rames mettre l'embarcation en sûreté à la berge, se livrait à des manœuvres incompréhensibles; quelques-uns jetaient par-dessus bord les bagages des passagers, d'autres abaissaient les mâts, sans doute pour mieux immobiliser la jonque au milieu du courant.

Dans la confusion générale, deux ou trois petits mandarins, qui étaient à bord du navire abordé, eurent la bonne idée de sauter sur notre chaloupe, que son équipage dégagea à coups de gaffes des débris qui couvraient la rivière. Après quoi, nous continuâmes à descendre le Houang-pou, sans plus nous inquiéter de la jonque que nous venions d'éventrer ni des gens qu'elle portait.

Si un navire à vapeur européen avait involontairement occasionné le dégât que nous venions de causer à bord de la jonque que nous abandonnions à son malheureux sort, son capitaine, mû par un sentiment d'humanité, aurait aussitôt *stoppé* pour lui prêter assistance. Passagers naufragés et équipage auraient fait irruption sur le pont du steamer, qui les aurait encore, par humanité, déposés en lieu sûr. Puis, le capitaine aurait eu à supporter les ennuis d'une enquête, qui se serait bien certainement terminée par la condamnation du propriétaire du navire à payer une forte indemnité à la jonque maladroite, seule responsable de son propre naufrage.

S'il en avait été autrement, lors de l'abordage dont je viens d'être témoin, cela tenait uniquement au triangle jaune qui flottait à notre arrière. Il avait appris aux malheureux naufragés que leur bourreau faisait partie de la *marine impériale chinoise*, ce qui leur avait fait supporter leur mésaventure sans proférer une plainte. La crainte qu'inspire à tout Chinois bien né tout ce qui touche, de près ou de loin, au gouvernement du Fils du Ciel avait été plus forte, en cette circonstance, que la peur de la mort, — sentiment qui a cependant de bien fortes racines dans le cœur des jaunes; elle avait empêché les naufragés de chercher un refuge à notre bord, tandis que l'officier qui commandait notre chaloupe avait craint de se déconsidérer aux yeux de la foule, en donnant l'ordre de stopper pour recueillir les passagers de la jonque coulée.

Grâce au respect des naufragés pour notre embarcation, du souci qu'a notre capitaine de conserver sa réputation *d'homme sans cœur*, notre voyage ne fut point interrompu, et, peu de temps après l'abordage, nous mettions pied à terre à l'un des embarcadères de la concession anglaise.

Chemin faisant, nous sommes arrivés à persuader au capitaine Po, qui escortait les caisses de poudre nous ayant servi de siége pendant le voyage, que rien n'est plus dangereux que le soleil de midi sur le Houang-pou. Pour échapper à ses atteintes malfaisantes, il avait donc été convenu qu'il viendrait partager notre déjeuner à l'hôtel des Colonies, tandis que la chaloupe l'attendrait en rade pour le conduire sain et sauf à Vousong, à la fin du jour.

Sur le quai et dans les rues de la concession anglaise, il règne une grande animation où l'habit européen se fait remarquer par son absence. La brouette et le coolie ont disparu pour laisser la place à des jinritchas et à des chaises à porteurs beaucoup moins bruyantes. Le quartier anglais, qui avoisine les quais, est occupé par presque tous les grands comptoirs européens et autres. Les Chinois qui circulent en chaise et en jinritcha sont les gros commerçants et commissionnaires de la ville jaune, qui viennent, chaque matin, faire une tournée chez leurs clients européens, pour conclure leurs affaires.

Nous voici attablés à l'hôtel des Colonies, en société du capitaine Po. La glace s'est fondue rapidement, grâce à nos grandes connaissances en sinologie pratique. L'excellent capitaine est de charmante humeur, et si bien disposé à notre endroit qu'il s'invite lui-même à nous accompagner à la visite que nous devons faire, dans l'après-midi, à Si-ka-oucï. Mais un embarras se présente : la voiture qui doit venir nous prendre ne peut contenir que deux personnes, et maintenant nous sommes trois. Nous descendons au bureau de l'hôtel, pour téléphoner au loueur de voitures. Po nous accompagne, et nous regarde manœuvrer le téléphone; cela ·xcite sa curiosité, et lui aussi veut s'en servir; mais une grande difficulté surgit lorsqu'il veut mettre son désir à exécution. Personne, au bureau central, ne comprend le chinois; on demande, en anglais, des explications à notre capitaine, qui ne sait pas un mot de cette langue. Enfin, après être resté un bon quart d'heure devant la planchette, un récepteur à chaque oreille, il finit par abandonner l partie.

« La machine, dit-il en remettant les récepteurs à leur place, *ne sait sans doute pas parler chinois.* »

Mon ami essaye de lui faire oomprendre que le téléphone est polyglotte; qu'il est nécessaire, pour lui faire parler une langue, qu'il y ait deux personnes qui la sachent : l'une pour parler, et l'autre pour écouter. Comme Po n'est pas Chinois pour rien, il persévère dans sa première impression.

« Si la machine peut parler chinois, ajoute-t-il avec le plus grand flegme, elle doit le faire bien mal, car elle a un *très-fort accent anglais.* »

Moi, qui n'avais pas encore l'habitude des raisonnements jaunes, je faillis éclater de rire au nez du pauvre capitaine, qui s'imaginait que le téléphone avait un accent quelconque.

Notre déjeuner interrompu fut repris avec autant d'entrain qu'auparavant. On se mit à causer des merveilles de la téléphonie; mais je dois dire que toute l'admiration pour cet instrument vint de nous. Quant à Po, il semblait que cet appareil lui fût connu depuis son enfance, tant il paraissait peu étonné de son admirable fonctionnement. Comme il nous voyait nous extasier devant les prodiges de la téléphonie et de la phonographie, il nous déclara que tout cela était connu depuis longtemps dans son pays.

En l'année 1667, nous dit Po, un nommé Kiang-chouen-ching, originaire de Koueï-tcheou, construisit une caisse de cuivre qui renfermait un cylindre contenant un merveilleux mécanisme. On parlait dans ce cylindre; on le refermait de suite après avec le disque, et les paroles dites se conservaient dans l'instrument pendant un temps indéfini. Cette ingénieuse machine avait été appelée par nos ancêtres « *voix portant à mille lieues* », à cause de l'usage qu'on en faisait pour transmettre au loin les ordres des généraux.

Quoique la description du mandarin soit peu claire, elle semblerait cependant s'appliquer à un instrument fort semblable à notre très-moderne phonographe. Quant à son authenticité, je n'ai pu en trouver d'autre preuve que la persistance de la tradition; car j'ai entendu parler de cette même « *voix portant à mille lieues* » par bien des Chinois. A l'heure qu'il est, le secret de cette machine semble complétement perdu, et le seul souvenir qui puisse s'y rattacher est un jouet à l'usage des enfants, qu'ils appellent « *tube acoustique* ». Ce jouet se compose de deux petits tambours en bambou, fermés chacun à un bout par un morceau de vessie traversé par un fil de soie qui les réunit. Lorsque quelqu'un parle dans l'un des cylindres, la personne qui tient l'autre appliqué contre son oreille l'entend distinctement.

Que les Chinois aient connu depuis longtemps un instrument un peu semblable à notre téléphone et à notre phonographe, rien d'étonnant à cela ; mais ce qui était complétement nouveau pour moi, c'était l'emphase avec laquelle Po nous racontait tout cela. On sentait percer dans chacune de ses paroles cet amour effréné du Chinois pour son pays et pour sa race, son profond dédain pour tout ce qui vit en dehors de ce paradis terrestre qui a nom Chine.

Cependant son dédain pour les *diables d'étrangers* n'empêchait nullement le capitaine Po d'être fort aimable pour eux, et son amabilité se laissait surtout voir à l'égard de la cuisine et des vins étrangers, qu'il semblait apprécier en parfait connaisseur. Il mangea de tout, et en abondance. Sa tenue à table était, en somme, assez correcte. Le seul point défectueux de son éducation était la façon un peu exagérée dont il se remplissait la bouche. Pour cela faire, il mettait son assiette au niveau de son menton, et sa fourchette manœuvrait comme un balai pour faire passer, en un clin d'œil, tout son contenu dans son estomac. Cette façon de manger était loin d'être conforme aux règles de la bonne société; mais j'appris, dans la suite, à la considérer non comme une grossièreté, — comme je l'avais cru tout d'abord, — mais bien comme un résultat de la maladresse produite par le manque d'habitude.

Au premier abord, le Chinois se sert de nos cuillers et de nos fourchettes comme de ses bâtonnets; c'est-à-dire qu'il les manie avec une dextérité merveilleuse, trop merveilleuse même, car une cuiller ou une fourchette ramassent bien plus vite les aliments que deux minces bâtonnets; aussi elles ne tardent pas à causer dans la bouche de leur propriétaire des encombrements fort désagréables pour les spectateurs.

« Comme ce bœuf est bon » ! nous fait remarquer Po, tout en savourant une tranche de rosbif chinois, à chair noire et coriace. « Il n'y a qu'en Chine qu'on en trouve de semblable. Quand je tenais garnison en Mongolie, je ne pouvais pas manger la viande de ce pays, tant elle était grasse. »

Est-ce l'habitude ou l'amour-propre qui fait que Po trouve excellente la viande noire et rêche de son pays? Pour être vrai, il serait mieux, à mon sens, d'attribuer ce goût dépravé à l'influence de ces deux causes, plutôt qu'à l'une d'elles en particulier.

A la fin du dîner, au moment où le champagne circule, Po, qui s'était fort bien tenu jusque-là, laisse échapper une éructation retentissante.

Ce premier coup de tonnerre ne m'étonna point. Je pensais en moi-même qu'un homme jaune est, malheureusement pour lui, tout aussi accessible qu'un blanc aux atteintes de ces ennuyeuses maladies, gastrites et autres, qui attaquent notre pauvre estomac; mais à peine les derniers échos de la première détonation dissipés, nous en entendons une plus formidable encore. Le capitaine semblait se complaire à faire échapper de son estomac tous les gaz qu'il contenait ; en vrai soldat, ces détonations paraissaient lui rappeler les champs de bataille et exciter son appétit ; car plus il tonnait, plus il engouffrait de champagne, de pâtisseries et de fruits confits.

Quant à moi, encore novice des habitudes jaunes, j'en étais réduit à regarder le fond de mon assiette, poursuivi par un fou rire qui menaçait de faire, lui aussi, une bruyante irruption à chaque décharge de l'estomac du capitaine Po.

Mon ami, qui devina mes impressions, s'empressa de profiter du moment où Po était absorbé par la difficile opération d'allumer son cigare, pour m'expliquer le rôle prépondérant que joue l'éructation dans le code de la politesse chinoise.

« C'est l'habitude ici, me dit-il, lorsqu'on est invité à dîner en ville, de montrer, à la fin du repas, au maître de la maison, qu'on a fait honneur à sa cuisine, qu'on est repu, en un mot, en laissant échapper des éructations dont l'ampleur et l'intensité sont proportionnées à la politesse du convive. Le maître de la maison, de son côté, pour remercier ses hôtes de leurs *bruyantes et délicates attentions*, se tourne vers eux, à une des premières explosions, et leur dit gracieusement : « Cela embaume, cela embaume », le tout accompagné d'un salut à la chinoise.

Malgré les explications de mon ami, la fin du

déjeuner fut pour moi un peu épineuse. A chaque nouvelle détonation, ce maudit fou rire menaçait de faire irruption avec autant de tapage que les éructations qui en étaient la cause; seulement, dans ce cas, il eût pu passer, aux yeux du brave Po, pour une expression de la politesse occidentale, mise en gaieté par un bon dîner.

Heureusement, mon ami n'eut pas besoin de recourir à ce subterfuge pour expliquer une surabondance d'hilarité. Le repas tirait à sa fin. Po, après avoir pris un verre de chartreuse, se leva de table; et, une fois le dîner achevé, son estomac rentra dans le silence.

La voiture nous attend à la porte. C'est un attelage de deux poneys mongols, débarqués d'hier des steppes de la Mongolie. Il leur reste encore un peu de sauvagerie dans la tête, ce qui se traduit par des écarts et des changements d'allure assez inquiétants; mais aussi cette sauvagerie se retrouve dans leurs infatigables jarrets, qui nous font parcourir la route d'un train d'enfer.

Nous traversons la partie chinoise de la concession anglaise. Nous passons devant la demeure du juge chinois de la cour mixte, avec son accompagnement habituel de condamnés, le cou encastré dans une grande planche qui a nom en chinois kang-kia, d'où nous est venu notre mot *cangue*. Les condamnés à la cangue semblent prendre bravement leur parti de leur mésaventure, plaisantant avec les badauds, leurs compatriotes, — il y a des badauds en Chine comme à Paris ou à Londres, — qui s'arrêtent pour les regarder.

Com melacangue les empêche d'atteindre à leur tête avec leurs mains, deux d'entre eux, assis l'un en face de l'autre, se gavent mutuellement du riz contenu dans un grand bol placé entre eux. Ces deux compagnons de chaîne, assis en pleine rue, se prêtant un mutuel concours, forment un tableau des plus pittoresques, dont la couleur locale est encore rehaussée par leurs vêtements en haillons et leur cuir chevelu tant soit peu endommagé par la vermine.

Après le palais du juge chinois, les habitations se font de plus en plus rares : des maisons espacées, entremêlées de jardins et de terrains vagues. Bientôt même la rue se transforme en une belle route bordée d'arbres. Les élégantes villas des commerçants européens de Shanghaï, avec leurs jardins anglais tirés à quatre épingles, remplacent les maisons chinoises. A gauche, le champ de courses, où deux fois par an les poneys mongols, montés par des *gentlemen riders*, accomplissent des prouesses non moins fêtées que celles de leurs collègues d'Occident. Chemin faisant, nous croisons des équipages élégants, aux habitantes plus élégantes encore. La route que nous suivons est le *tour du lac* de Shanghaï; toutes les beautés blanches du lieu y viennent faire chaque jour leur *corso*, aussi consciencieusement que les Napolitaines le font à la Chiaia

Notre voiture s'arrête. Mon ami nous explique en chinois, à l'o et à moi, car le capitaine est, lui aussi, fort peu au courant de la *Shanghaï occidentale*, que nous allons visiter le *Madrid* du bois de Boulogne de Shanghaï, après avoir fait notre « tour du lac ».

Dans un joli jardin s'élève un bâtiment à deux étages, précédé d'une vaste vérandah où des tables toutes prêtes attendent les convives qui viendront y prendre place une fois les affaires terminées. Au rez-de-chaussée, une salle de billard, des salles de jeu, un *bowling alley* (jeu de quilles); au premier, des *cabinets particuliers,* bien plus vastes et bien plus aérés que ceux de Paris ou de Londres, réservés aux gens qui désirent n'être pas dérangés.

Nous ne faisons que traverser ce lieu de plaisir, ayant nom *Bubbling-well,* — le puits gazeux, — pour continuer notre excursion, qui a un but tout scientifique. Bubbling-well ne rentre donc pas dans le programme de notre expédition, ce dont je suis fort aise, dans l'intérêt des lecteurs pudibonds.

Maintenant, la route se fait déserte. Le corso de Shanghaï s'arrête à Bubbling-well; passé ce point, vous êtes *out of fashion,* en dehors de la vie fashionable et élégante, et nous ne rencontrons qu'un seul équipage dont le propriétaire a cru prudent de rechercher la solitude pour faire l'essai d'une magnifique paire de chevaux qu'il a reçus d'Australie. Mais bientôt des sujets d'études plus sérieuses s'offrent à nous. Nous voici arrivés à la mission de Si-ka-oué, avec son entassement de bâtiments à l'européenne, et ses jardins potagers, admirablement tenus aussi à l'européenne. A la porte, un Chinois, au nez fort proéminent, cause avec des enfants qui font cercle autour de lui.

J'allais passer devant cet indigène, sans plus y faire

attention, quand je le vis tout à coup s'approcher de mon ami en souriant :

— Comme il y a longtemps qu'on ne vous a vu! lui dit-il en un français d'une pureté qui me donna, au premier abord, une haute idée des facultés polyglottes des Chinois.

Mon admiration est de courte durée. Mon ami me présente au Père X..., qui est né sur les bords du Rhône, et qui fait partie de l'Ordre des Jésuites.

Sous la conduite du Père, nous parcourons un dédale de couloirs. De chaque côté, des portes de cellules; sur chacune d'elles est fixée une planchette qui porte une douzaine d'indications telles que : « A la chapelle, au réfectoire, à l'école », etc., etc. En regard de chaque indication un trou est percé dans la planchette, et sert à recevoir une fiche de bois que le Père met à la place voulue lorsqu'il quitte sa cellule. De la sorte, lorsqu'on ne le trouve pas chez lui, la fiche indique tout de suite où il faut aller le chercher.

Chemin faisant, nous passons devant la cellule de l'astronome, le Père Dechevreins; mais la planchette nous apprend qu'il est à la chapelle. En l'attendant, notre guide nous conduit au réfectoire de la communauté, qui sert en même temps de salon. C'est une grande pièce garnie de longues tables en bois brut, et dont les murs, lavés à la chaux, ont pour tout ornement une rarissime collection de gravures. C'est la fameuse histoire des victoires de Kang-chi, qui fut gravée en Europe par Cochin, sur des dessins que lui avaient fournis les Jésuites, alors tout-puissants à Pékin. C'est comme souvenir de la grandeur passée de l'Ordre de Jésus, sur cette même terre de Chine, que ces gravures doivent d'avoir pu pénétrer dans la demeure de ces hommes voués à la charité et à la simplicité.

Nous nous asseyons à l'une des tables, et l'on nous sert du vin fait à Shanghaï avec du raisin récolté par les Pères. Cela peut paraître tout naturel à un Vaudois; mais quand on est familiarisé avec la Chine, on s'imagine facilement les difficultés qu'il a fallu surmonter pour fabriquer une boisson fermentée, à l'aide du fruit de la vigne, sur les bords de la mer Jaune. Dans ces régions, le raisin est fort connu comme fruit; mais jamais il n'y est employé à faire du vin, boisson inconnue aux sujets du Fils du Ciel.

Pendant que nous dégustons le nouveau cru chinois, que nous trouvons excellent, quoique un peu trop sucré, des Pères viennent se joindre à notre guide. Tous sont Français et gens fort instruits, ce qui constitue une des principales causes de la prospérité de l'Ordre. Les uns sont versés dans les sciences physiques; d'autres ont passé leurs examens de médecine; certains même sont des artistes hors ligne. Dans une société aussi choisie, et dans un pays aussi intéressant que la Chine, la conversation ne peut être que fort instructive. Peut-être essayerai-je un jour d'en faire profiter mes lecteurs.

DEUXIEME PARTIE

CHAPITRE PREMIER

L'OBSERVATOIRE DE SI-KA-WÉ.

Pendant que nous dissertons *de omni re scibili et quibusdam aliis*, le Père Dechevreins vient nous joindre. Le savant directeur de l'observatoire nous offre gracieusement de visiter son installation, bien primitive, nous dit-il. Cependant nous ne tardons pas à nous apercevoir que le bon Père a commis un bien gros péché de modestie. Son observatoire est admirablement outillé; avec une sagacité qui lui fait le plus grand honneur, le Père Dechevreins a compris qu'il ne pourrait, même en imposant de très-lourds sacrifices à son Ordre, rivaliser avec nos observatoires d'Europe, dans l'observation des astres; et, au lieu de tenter l'impossible, il s'est spécialisé dans l'étude de la météorologie, cette jeune sœur de l'astronomie. Dans cette spécialité, Si-ka-wé a déjà rendu et rendra surtout, dans l'avenir, de très-grands services à la science, tant à cause de la grande habileté de son directeur que par le fait de la protection de sir Robert Hart, le *Colbert de l'Empire du Milieu*. Ce dernier, frappé de l'esprit pratique qui distingue la direction de Si-ka-wé, a organisé, dans les vingt et un ports chinois ouverts aux étrangers, un service d'observations météorologiques dont les résultats sont centralisés par le Père Dechevreins, qui en tire des conclusions pratiques, que le télégraphe porte à la connaissance des navigateurs.

Déjà plusieurs typhons, ces redoutables cyclones de la mer Jaune, ont été signalés à temps pour permettre aux marins prudents de chercher un abri. Non content de signaler l'approche des ouragans aux navires, Si-ka-wé remplace aussi Greenwich pour ceux d'entre eux qui sont dans la rade de Shanghaï. Chaque jour, au moment exact du passage du soleil au méridien, une grosse boule d'osier, reliée à Si-ka-wé par un fil électrique, tombe du haut d'un mât planté sur le quai de la concession française, et permet ainsi le réglage des chronomètres.

Pour les profanes, Si-ka-wé rappelle les contes des *Mille et une Nuits*. On croit assister à une féerie, en voyant des thermomètres et des baromètres enregistrer eux-mêmes, avec un soin minutieux, la température et le poids de l'atmosphère sur des bandes de papier mises à la portée de leurs admirables mains artificielles. Certains instruments poussent même l'habileté jusqu'à photographier les résultats de leurs observations : l'anémomètre est parmi ces photographes inanimés. Malgré toute leur habileté, écrivains et photographes n'en ont pas moins besoin d'un directeur attentif et instruit pour surveiller et utiliser leur travail : c'est cette tâche que remplit si bien le Père Dechevreins, assisté d'un de ses jeunes collègues.

Au moment de quitter l'observatoire, son directeur nous offre gracieusement une collection des publications dont les matériaux ont été recueillis dans les deux observatoires de la compagnie de Jésus en Chine : à Si-ka-wé et à Chien-chien, non loin de Pékin. Ces publications comprennent, en outre de quelques mémoires du Père Dechevreins, une collection des bulletins météorologiques hebdomadaires des deux observatoires. Ces derniers sont édités par les imprimeries de la mission, que nous allons visiter.

Chemin faisant, nous admirons un magnifique potager cultivé par des jardiniers chinois, sous la direction d'un Père; mais le capitaine Po reste tout à fait froid devant les planches de carottes et de laitues d'une propreté admirable; il est encore sous le charme des magnifiques appareils qu'il vient de voir. Son enthousiasme est si grand qu'il en oublie jusqu'à son flegme mandarinique et son patriotisme outrecuidant.

« Comme ces *indicateurs du froid et du chaud* (nom chinois de nos thermomètres) dessinent bien, nous dit Po avec le plus grand sérieux! Je suis sûr qu'ils savent même écrire en chinois.

— Pour le coup, voilà une machine qui fut ignorée de Confucius lui-même?

— Oh oui! me répondit-il, car il n'en est fait mention dans aucun de nos livres classiques. Vraiment, l'Occidental qui l'a inventée devait être bien versé dans les littératures anciennes. Et cette machine qui mesure la vitesse du vent, continua-t-il, n'est-elle pas plus habile que l'homme lui-même, qui sent la force du vent, mais est incapable de juger s'il va vite ou doucement! »

Ces observations me firent oublier complétement d'admirer les énormes potirons et les choux monstres, élèves des bons Pères. Je buvais littéralement les paroles de Po, qui m'apprenaient des choses qu'on ne trouve ni dans les relations de voyages, ni dans les grammaires. Son admiration lui avait fait admettre que la civilisation européenne avait bien ses bons côtés; mais, à peine cette concession faite, il était redevenu vraiment Chinois, lorsqu'il avait invoqué les livres classiques, vieux de deux mille ans, pour prouver la perfection d'un mécanisme né d'hier.

Nous voici arrivés à l'imprimerie. Elle se divise en deux sections : la première, où l'on imprime en caractères latins; la seconde, réservée aux ouvrages chinois. Cette dernière produit sans cesse des catéchismes et des livres de prières à l'usage des néophytes. Quant à la première section, en outre du bulletin météorologique dont nous avons déjà parlé, elle publie aussi de savants ouvrages sur l'Empire du Milieu, composés par des membres de la mission. Parmi ces publications, un ouvrage sur la faune de la province du Tche-kiang et une édition latine des œuvres de Confucius montrent que les Jésuites missionnaires sont des successeurs dignes des Le Comte, des Schale et des Gaubil.

Tout à coup, je suis tiré de mes pensées par une réflexion de Po, dont je ne puis, tout d'abord, comprendre le sens.

« Votre système donne trop de fragilité aux saints ouvrages des philosophes, disait-il au Père qui nous servait de cicerone. »

Pour un nouveau venu au pays des potiches, cette observation était incompréhensible; mais elle eut pour heureux résultat de fixer mon attention sur les procédés d'impression employés à la Chine depuis tantôt deux mille ans. Dans l'imprimerie des Pères, la composition se fait à l'aide de petits caractères chinois en métal, tout semblable à nos types d'imprimerie, et c'était là ce qui mettait Po si fort en colère. Il ne pouvait comprendre qu'on traitât assez légèrement les productions de l'esprit humain en les reproduisant en une matière aussi mobile que les types qu'il avait sous les yeux. A son sens, la seule façon respectable de traiter un manuscrit est de le graver sur des planches de bois.

Notre cicerone voulut lui expliquer les avantages des types mobiles, qui permettent les corrections, soit dans le cas d'erreur de composition, soit de par le fait de l'auteur, qui suit à la lettre le précepte de Boileau :

Vingt fois sur le métier remettez votre ouvrage.

Mais ce dernier avantage ne fit que scandaliser encore plus le brave capitaine.

« En effet, cela est bien un avantage pour vous autres Occidentaux, qui changez d'opinion aussi facilement que de costume. Nous autres habitants du *royaume de la civilisation,* nous ne disons ou nous n'écrivons quoique ce soit que lorsque nous sommes bien sûrs que cela est vrai. Grâce à cela, nous ne changeons jamais d'opinion. Les saintes paroles de Confucius sont aussi vénérées aujourd'hui qu'il y a deux mille ans, et ses écrits nous ont été transmis sans qu'une seule syllabe y ait été changée. »

Ce discours de Po est trop purement chinois pour avoir besoin de commentaires. Je laisse donc aux lecteurs le soin d'en tirer les conclusions qu'il lui plaira, suivant ses goûts et ses sympathies.

Après l'imprimerie, nous passons à l'école où les Pères donnent à de jeunes Chinois catholiques une instruction chinoise avant tout. Ce système peut paraître singulier, de prime abord ; mais lorsqu'on examine la question à fond, on ne tarde pas à s'apercevoir que ses inconvénients ne sont rien en comparaison de ses avantages. En faisant perdre à leurs élèves jaunes des années a apprendre les livres classiques au lieu de les initier aux merveilles de nos sciences, les Jésuites n'ont qu'un but en vue : préparer des candidats aux examens du gouvernement, et élever, de la sorte, des mandarins favorables au christianisme.

Malheureusement, le temps passe trop rapide en compagnie des bons Pères ; bon gré mal gré, il nous faut quitter Si-ka-wé sans avoir pu visiter ni le séminaire, ni l'orphelinat, ni l'œuvre de la Sainte-Enfance.

Nous remontons en voiture, et nous reprenons le chemin de Shanghaï par une autre route que celle de Bubbling-well : d'un côté, un cours d'eau peu profond, qui constitue jusqu'ici ce que les Européens habitant l'Extrême-Orient appellent un arroyo, mot espagnol qui veut dire rivière; de l'autre, la plaine, étendant sa verte monotonie à perte de vue, coupée çà et là par le tertre d'un tombeau : pyramide en miniature, aussi peu durable que l'existence à laquelle elle sert de dernier asile.

La route que nous suivons fut construite, en 1859, par le génie français, à seule fin de mettre en communication directe Si-ka-wé et la concession française. Elle est encore bien entretenue; aussi en moins d'une demi-heure nous arrivons à l'hôtel des Colonies.

Pendant les huit jours qui suivirent, je repris ma vie d'Europe, si complétement semblable à celle que l'on mène à Londres ou à Paris, que je n'en dirai rien. Toutefois, il y eut dans cette semaine une note chinoise qui vaut bien une narration.

Mon ami de Bielke avait eu occasion de rendre service à un riche négociant de la ville chinoise. Ce dernier, fidèle aux habitudes de reconnaissance de sa race, pria mon ami de lui faire l'honneur d'accepter une aubade qui lui serait donnée à la chinoise, c'est-à-dire chez lui. Son aimable invitation reçut l'accueil qui lui était dû; et mon ami m'invita gracieusement à profiter de cette occasion pour étudier de près les instruments de musique des Célestes.

CHAPITRE II

ORCHESTRE JAUNE.

A l'heure dite, nous nous rendons dans la pièce où doit, en notre honneur, se donner le concert. Nous prenons place sur un sofa chinois, meuble formé d'un large banc de bois, recouvert de coussins, et séparé en deux par une petite table dont les quatre pieds minuscules reposent sur le siége.

Ce meuble, tout asiatique, sert à la fois de causeuse et de guéridon. La table du nôtre est couverte d'une douzaine d'assiettes de pâtisseries et de fruits confits. On nous apporte du thé; et pendant que les musiciens préparent leurs instruments, mon ami m'invite à goûter aux confiseries jaunes, dont l'aimable négociant a fait aussi les frais. Au milieu de ces pyramides de croustillants *po-po*, sorte de gâteau sec contourné sur lui-même comme un serpent, de jujubes confits, de pêches tapées, le contenu d'une assiette tenta, non pas mon appétit, mais bien ma curiosité : c'était un obélisque en miniature, formé par un amoncellement de tranches minces d'une sucrerie dont il m'était impossible de deviner les origines. En pareille matière, le meilleur moyen de s'instruire est de goûter : d'ailleurs, l'aspect de cette pâtisserie, s'il n'est appétissant, n'est pas non plus repoussant. On dirait des tranches d'une gelée de couleur foncée tirant sur le jaune.

Mon ami, qui a remarqué ce qui fixait mon attention, épie mes mouvements, se gardant bien d'intervenir. Il m'observe malicieusement, lorsqu'il me voit mettre un morceau de cette supposée gelée dans ma bouche, avec l'air d'un homme qui se demande si on ne lui sert pas des mets empoisonnés. Cependant l'expérience réussit assez bien : la gelée a un arome *sui generis* fortement sucré, qui n'est nullement désagréable : aussi je retourne hardiment à la charge. Mon ami se tait encore ; ce n'est que lorsque j'ai fait une brèche des plus sérieuses à l'obélisque qu'il me demande :

« Eh bien! comment trouvez-vous cette sucrerie jaune?

— Pas mauvaise, vraiment; mais avec quoi est-elle faite?

— Devinez?

— Beaucoup de sucre, et une autre chose que je ne puis définir.

— Eh bien! il n'entre pas un atome de sucre dans les tranches que vous mangez ; ce sont simplement des tranches d'œufs pourris.

— Vous plaisantez!

— Nullement, demandez plutôt à l'un de ces musiciens. »

Malgré toute la confiance que m'inspirait mon ami, je crus cependant qu'il voulait me mystifier. Je m'informai donc auprès d'un exécutant, dont l'instrument ressemblait assez à une cuiller de bois. Il me répondit sur le ton dédaigneux d'un homme étonné de mon abjecte ignorance :

« Ce sont des œufs pourris. *Confucius en mangeait, et il en parle dans un de ses saints écrits.* »

A cela il n'y avait rien à répondre; mais je commençais presque à me repentir de m'être laissé aller à ma gourmandise, et je me demandais déjà, avec inquiétude, quel accueil mon estomac ferait au premier spécimen de l'art culinaire jaune que je lui offrais. Heureusement, le dédaigneux musicien, pris de pitié pour mon ignorance, se donna la peine de me rassurer.

« Ces œufs pourris sont excellents, me dit-il, pour aider à la digestion d'un repas trop copieux. »

Cela fut dit d'un ton plus adouci, et je me hasardai à lui demander le nom de son instrument.

« C'est un *hou-tsin* (violon simple) », me répondit-il.

Puis, pour m'en montrer le son, il se mit à en jouer. Le rhythme du morceau qu'il exécuta était lent, avec des finales prolongées, vous mettant à l'âme un peu de tristesse. Quant au nom de l'instrument, j'avoue que je l'ai bien méchamment calomnié, tout à l'heure, en le décorant du nom irrévérencieux de cuiller; c'est, en somme, un violon à trois cordes, dont la construction primitive n'enlève rien à ses mérites harmoniques.

Je prends le hou-tsin pour l'examiner de près, et je ne puis m'empêcher d'admirer la richesse des effets obtenus, comparés à la simplicité du mécanisme qui sert à les produire. Un court cylindre de bambou, dont l'une des embouchures est fermée par une peau d'âne : voilà la table d'harmonie employée par les Stradivarius jaunes; une canne de soixante centimètres de longueur, plantée dans le bambou : voilà pour le manche; quant aux chevilles et aux cordes qui complètent l'instrument, elles sont aussi primitives que lui. Une des curiosités du violon chinois est son archet, dont les cordes passent à travers celles de l'instrument, ce qui fait qu'archet et violon sont aussi inséparables que les frères siamois.

Tous les musiciens, au nombre de six, sont à leur poste.

Les instruments dont ils se servent sont d'abord le violon dont je viens de faire la description; puis deux *yué-tsin,* — violon en lune; — c'est une guitare dont la caisse, ou mieux ce qui en tient lieu, est formée d'une planche de cèdre épaisse de cinq centimètres, taillée en forme de disque, d'où le nom « en lune », et dont les quatre cordes sont en soie; une autre guitare, dont la forme se rapproche beaucoup de celle de la nôtre, complète la série des instruments à cordes. Cette dernière, appelée *pi-pa,* est sans contredit le plus populaire des instruments chinois; elle a été chantée par les poëtes, et sert même de titre à une célèbre comédie.

Le clan des instruments à vent est un peu moins riche que celui des instruments à cordes; il comprend : une flûte traversière en bambou, appelée *ti-tzeu* dans la langue du pays, percée de huit trous : un pour souffler, un autre, recouvert d'une fine baudruche, qui doit servir à donner de l'intensité au son, et les six autres pour produire différentes notes. Quant au second instrument à vent des orchestres chinois, le *cheng*, il ne possède aucun congénère en Occident. Il se compose de dix-sept tubes en bambou, montés sur une moitié de gourde qui fait l'office de caisse à air. Chaque tube est muni, à sa base, d'une anche semblable à celle de nos tuyaux d'orgues, et est percé d'un trou, que l'exécutant bouche avec le doigt, lorsqu'il veut le faire résonner. En somme, le *cheng* est une espèce d'orgue en miniature, dans lequel le souffle de l'homme remplace celui du soufflet.

Enfin, l'orchestre est complété par un *pan-kou*, petit tambour formé d'une rondelle de bois recouverte de peau. Ce primitif instrument, qui se joue avec deux baguettes de bois, occupe malheureusement une trop grande place dans les orchestres jaunes, où il remplace, tant bien que mal, le chef d'orchestre, qui brille par son absence. Il remplit exactement les mêmes fonctions que ces grosses caisses de nos fanfares villageoises qui donnent à la fois la mesure, et couvrent de leur voix puissante les défaillances de leurs voisins.

Le concert commence par une sorte de symphonie exécutée par tous les instruments jouant, ou plutôt voulant jouer à l'unisson. Après ce morceau, dont le tambour, aux sons secs et cassants, a fait tous les frais, les musiciens entament une cantate populaire. Un des exécutants, en même temps qu'il joue de la guitare, exécute les parties de chant. Tout d'abord, les accents de sa voix me choquent terriblement : c'est un horrible fausset qui psalmodie une complainte, le gosier du chanteur n'ayant rien à voir dans cette exécution, dont le nez seul fait tous les frais.

Quant au sens des paroles, j'avoue que, dès les premières strophes, le livret jaune me charma ; la voix de fausset prit une expression de mélancolie qui me rappela, je ne sais par quel miracle de l'association des idées, mon pays natal. Il y avait surtout des traits, à la fin de chaque strophe, sur lesquels la voix du chanteur s'exhalait en un sanglot, alors que la belle héroïne du poëme dépeint à madame Ouang le mal dont elle souffre.

« Depuis quelques jours, dit-elle, je n'ai plus d'énergie, et le souffle de la vie semble s'être éteint en moi ; manger me fait horreur ; ma tasse de thé même n'a plus de parfum pour moi. Hélas ! hélas ! »

Dame Ouang, la croyant malade, lui répond : « Faut-il envoyer chercher le médecin ? »

La jeune fille sent bien que le mal dont elle souffre est hors de la portée des hommes de l'art ; aussi lui répond-elle avec tristesse :

« Je ne l'enverrai pas chercher, parce que je n'en ai pas besoin. Que ferait un docteur ? me palper et me tâter le pouls ; cela m'effraye. Hélas ! hélas. »

« Et enverrai-je chercher un prêtre de Bouddha », reprend dame Ouang ?

« Je n'en enverrai pas chercher, parce que je n'en ai pas besoin. Que fera un prêtre de Bouddha ? des jongleries et des exorcismes ; cela m'effraye. Hélas ! hélas ! »

Le dialogue se continue de la sorte, cinq strophes

durant. Dame Ouang, pour soulager le mal de la jeune fille, lui propose successivement un lama, un sorcier; et, à chaque proposition, celle-ci répond tristement : Non. Pressée de questions par la dame Ouang, elle finit par lui confesser la cause de son mal.

« A la troisième lune, hélas! à l'époque de la pureté sereine, alors que les pêchers fleurissaient, que les saules verdoyaient, j'ai rencontré un jeune homme qui faisait une promenade printanière. Hélas! hélas! hélas! »

Dame Ouang, qui est arrivée à l'âge où l'on est non-seulement à l'abri des attaques de Cupidon, mais où l'on ne peut même plus comprendre les tortures que le dieu malin impose à ses victimes, s'étonne de plus en plus :

« Que ce jeune homme fasse une promenade printanière ou hivernale, en quoi cela peut-il vous affecter?

— Mais il m'aime, parce que je suis jolie et charmante. Et moi je l'aime, parce qu'il est jeune et savant. Hélas! hélas! »

A la fin du dialogue, l'héroïne obtient de la bonne madame Ouang qu'elle remplira le rôle de l'entremetteuse obligée, pour arranger son mariage avec le jeune savant. Et l'oratorio se termine sur cette strophe enflammée, faite pour donner une haute idée du caractère romanesque des vierges jaunes :

« Et si je ne puis arranger votre mariage? demande dame Ouang.

— Si je ne puis m'unir à lui, oh! alors je mourrai. Hélas! hélas! »

Pendant que le chanteur, contrefaisant tant bien que mal la voix de femme, débite ses brûlants aveux, l'agaçant petit tambour semble battre moins fort, et sur un ton moins perçant; le violon pleure, et les guitares jouent en sourdine; de la sorte, l'ensemble possède un cachet de mélancolie chinoise qui a bien son charme.

Après l'oratorio, un entr'acte, durant lequel les musiciens font, eux aussi, une collation, à nos frais celle-là. *Donnant donnant* est, en effet, une des grandes lois de la civilité céleste, au cérémonial si compliqué. Un concert vous est-il offert, il est de votre devoir de donner aux exécutants, en confiseries de toutes sortes, une somme égale à leur salaire. Vous envoie-t-on un cadeau, il vous faut en payer la valeur, sous forme de pourboire, à celui qui vous l'apporte. Si vous ajoutez à cela que celui qui vous offre un présent en attend un de vous de même valeur, il vous sera facile de comprendre que la simple politesse est fort dispendieuse dans le « royaume des fleurs ».

Le chanteur, qui parait le chef de la bande, est fort bavard : tout en buvant son thé, il entre en conversation avec nous, dans le but bien évident de s'initier aux mœurs de l'Occident.

« *Votre Excellence* est arrivée depuis peu au *royaume de la civilisation?* » me demande-t-il.

C'était la première fois de ma vie qu'on me donnait de *l'Excellence,* et cela me flatta tellement que ma vanité satisfaite m'empêcha de remarquer ce qu'il y avait de dédain caché dans l'expression *royaume de la civilisation.* Je lui répondis donc, en mon meilleur chinois, qu'il avait deviné juste.

« Comme vous parlez bien notre langue! *On vous prendrait pour un Chinois.* »

Encore novice en fait de politesse jaune, ce second compliment me fut au cœur. Dans la suite, j'appris que la phrase dont il s'était servi n'était qu'une citation textuelle de la civilité puérile et honnête des disciples de Confucius, ce qui lui enlevait toute valeur. Pour le moment, je pris cela pour de l'argent comptant, et, tout fier de mon détestable accent, je questionnai à mon tour le musicien :

« Et n'avez-vous point de recueil des morceaux que vous jouez?

— A quoi bon, me répondit-il. Je sais que vos musiciens ne peuvent jouer sans un morceau de papier devant eux : cela tient à leur ignorance des règles de l'harmonie, qui servent de base au système du monde.

— Mais alors vous apprenez tout par cœur?

— Certainement; et c'est là le seul moyen de bien jouer; car comment voulez-vous exprimer à l'aide de caractères le sentiment et le mouvement d'un morceau? Dans l'antiquité, les lettrés, sur la recommandation du saint Confucius, apprenaient tous la musique, qui formait l'une des matières des examens littéraires. Pour cela faire, ils se rendaient dans un collége spécial, où ils l'apprenaient par l'oreille et non point par les yeux. Alors la musique était en honneur. Confucius disait même qu'elle exerçait plus d'influence que les sages sur les gouvernements des sociétés. »

L'humaine faiblesse est la même partout : que sa demeure soit blanche, jaune ou noire. Mon musicien considérait son art comme une des bases de l'univers. Il y ramenait tout, en vertu de cette tendance mesquine qui consiste à se considérer comme le centre du monde.

Ces réflexions d'un musicien jaune étaient des plus instructives ; aussi, pour l'engager à continuer, je lui demandai :

« Et pourquoi, maintenant, les lettrés ont-ils abandonné l'art musical?

— Dans la suite, ils voulurent, afin de s'éviter la peine de se rendre dans les colléges, créer pour la musique des caractères permettant de l'écrire, tout comme un écrivain confie ses pensées au papier. Cette tentative fut le signal d'une décadence de l'art dont celui-ci n'a pu encore se relever. Quoi d'étonnant à cela? N'était-ce point folie que de vouloir exprimer à l'aide de l'écriture le *principe spirituel?*

— Qu'entendez-vous par principe spirituel? me hasardai-je à lui demander, bien sûr que j'étais qu'il avait déjà suffisamment éprouvé mon ignorance pour avoir l'espoir de la lui cacher.

— Le principe spirituel de la musique est constitué par les sens que l'écriture ne peut exprimer. Il a pour base la forme substantielle de la musique, c'est-à-dire les instruments. La forme est au-dessous du ciel ; elle est la personnification de ce dernier, qui est lui-même le principe spirituel. Aussi, lorsque les instruments sont bien joués, le principe spirituel devient manifeste, et l'État est bien administré. Voilà la substance du livre XVII des *Annales* de Confucius. »

Je rapporte *in extenso* les théories du musicien, dans l'espoir que vous serez, chers lecteurs, plus fins que moi, car je confesse que je n'y compris goutte. J'y distinguai seulement une tendance à rattacher la musique au système de l'univers, en prenant pour base la source de toutes les idées jaunes : Confucius. Mais je laisse mon instructeur continuer sa dissertation.

« Le saint empereur Houang-ti, qui fut le créateur de notre art, envoya un de ses ministres en Bactriane, d'où il revint avec douze tubes de bambou donnant chacun un son différent, et qui devinrent nos douze notes correspondant aux douze mois et aux douze veilles du jour. Tenez, prenez un pinceau, me dit-il, et écrivez sous ma dictée le nom de ces douze notes et leur relation avec l'organisation de l'univers. Quand vous aurez étudié cela à fond, vous comprendrez alors *les hommes aux cheveux noirs* (les Chinois). »

Je profitai de son obligeance, et j'écrivis les douze noms suivants, qui forment la gamme chinoise : cloche jaune, tube supérieur, grand cadre, cloche double, antique purifiée, tube moyen, végétation luxuriante, cloche forestière, règle d'égalité, tube méridional, l'inachevé, cloche écho. Ces douze notes correspondent aux mouvements du soleil et à ceux de la lune.

Les Chinois, depuis que Confucius a dit : « Je n'invente rien ; je ne fais que commenter les œuvres des anciens », se flattent d'être de très-habiles commentateurs : à force de les étudier, je suis devenu un peu comme eux, et c'est sous cet habillement jaune que je me permettrai, j'en demande pardon au lecteur, de me conduire à la chinoise, en commentant la conversation que je viens de rapporter.

Je remarque tout d'abord l'origine que les Chinois attribuent à leur musique. Elle est fort peu d'accord avec les théories de suprématie de leur race, et, ce qu'il y a de curieux, c'est que ce fait n'est point une exception : pour bien des choses, ils reconnaissent qu'ils ont eu des maîtres; et ces maîtres, ils les font venir toujours de ce qui est pour eux l'Asie occidentale ; aussi, au lieu de dire, comme nous : *ex Oriente lux,* les Chinois devraient se servir de l'équivalent : *ex Occidente lux.* De cette tendance des jaunes et des blancs à faire partir la civilisation d'un même point, les historiens et les sociologues, comme Herbert Spencer, tireront peut-être des conclusions fort intéressantes pour l'histoire de l'humanité : c'est pourquoi je me suis permis de faire cette remarque, que je crois encore inédite.

Après les lamentations de la jeune fille, les musiciens chantent une chanson, fort populaire celle-là, appelée *Che-outo-houa,* et nous disent au revoir, à la chinoise, avec force saluts et phrases stéréotypées.

CHAPITRE III

DE SHANGHAI A TIEN-TSIN.

Demain je quitte le port hospitalier de Shanghaï, pour me diriger vers Pékin, où je trouverai, me dit-on, plus de couleur locale que je n'en voudrai.

Comme le vapeur qui doit me transporter à Tien-tsin part au point du jour, je me décide à me rendre à bord la veille au soir. A onze heures, je quitte mes amis, absorbés par une intéressante partie de billard. Je saute dans la première jinritcha que je rencontre, en disant au cocher de me conduire au wharf Russell, sur la concession américaine.

Sur le quai, les façades des palais de la finance sont silencieuses; seules, les fenêtres brillamment éclairées du club jettent sur la chaussée une note de vie. Cependant, dès que j'ai traversé le pont qui sépare les concessions anglaises et américaines, le nombre des passants augmente; les boutiques se remplissent de lumière et de bruit; des chants et des jurons de tous les pays du monde se croisent et s'enchevêtrent en un charivari étourdissant, tandis que, dans le lointain, un orgue de Barbarie forme le fond de ce tableau de bruit. Je traverse le quartier du port, là où les matelots viennent rompre le jeûne forcé de la navigation. Je croise sur mon chemin des marins chinois de Souatao, tout de noir habillés, des Macaïstes, — habitants de Macao, — au sang fortement nuancé de jaune, des chauffeurs arabes, des chefs de quart malais et indiens; et, au milieu de cette foule asiatique, des matelots anglais, allemands et français, plus ou moins alcoolisés.

Çà et là, au milieu de cette foule d'échappés du bord, un flegmatique policeman ou un gardien chinois rappellent que la loi veille même sur le désordre.

J'arrive à bord du vapeur, où je suis reçu par un *steward* jaune qui me conduit à ma cabine. Pendant que mon *boy*, — domestique chinois, — m'installe dans ce qui va être mon gîte, durant une semaine, je vais explorer ma demeure flottante.

Tout dort, à bord, et se prépare aux fatigues du lendemain. Seul, un matelot veille près de l'écoutille encore ouverte, dans l'attente de quelque ballot en retard; à ses pieds, une lanterne jette une clarté douteuse sur le pont désert. Près du quai, un groupe de coolies fument accroupis à terre, dans l'attente, eux aussi, de la pratique attardée. Au milieu du fleuve, un paquebot des messageries maritimes dessine sur le ciel étoilé sa haute mâture et sa longue coque de 140 mètres. Il attend le point du jour pour partir, mais dans une direction opposée à la mienne : tandis que je m'éloigne chaque jour davantage de l'Europe, lui, au contraire, va y retourner. Dans quarante jours au plus, il mouillera en rade de Marseille. Cette pensée me donne un peu de tristesse ; je me sens si isolé à bord de ce navire, la nuit est si noire, et le chant d'un batelier qui traverse la rivière est si triste, que je me sens envahi par de sombes pressentiments! Heureusement, les cloches des navires sonnant le quart de minuit viennent me tirer des noirs abimes, et je regagne ma cabine, poursuivi par le « Ah! ah! » rhythmé du rameur.

En traversant la salle à manger-salon du bord, mal éclairée par un fanal, je suis attiré par un scintillement d'acier qui vient d'un de ses coins. Je m'approche : un ratelier étale devant moi la rangée menaçante de douze carabines Spencer, toutes prêtes à faire feu, flanquées d'un nombre égal de sabres d'abordage; le tout artistement orné de guirlandes de menottes en acier.

Je ne puis m'expliquer cet appareil belliqueux à bord d'un navire de commerce, et je m'endors en cherchant la solution de ce mystère.

Le lendemain, je suis réveillé par mon *boy*, qui vient prendre mes ordres. Tout en m'habillant, j'entends une voix qui semble psalmodier un chant d'église, dont je ne puis saisir les paroles, et qui m'intrigue fort; aussi, dès que je suis debout, je me mets à la recherche du chanteur. Sur le pont, je parviens à le découvrir. C'est un matelot chinois qui jette le plomb, et qui, à chaque coup de sonde, crie d'une voix plaintive et nasillarde l'épaisseur de la couche d'eau salée que nous avons sous nos pieds.

18m50! 18! 11m30! 11! Bien plus qu'il n'en faut pour me faire perdre pied, à moi qui ne sais point nager. Aussi la perspective d'un bain forcé ne me sourit guère. Nous voguons sur une eau jaune qui nous entoure à perte de vue; une houle légère ride la surface de cet océan d'alluvions; et, dans le lointain, un ilot aride, digne d'une telle mer. On m'avait promis de la couleur locale, et la voici qui abonde : mer jaune de nom et de couleur, ile jaune, marins jaunes, domestiques jaunes, tout a la même teinte, jusqu'au pavillon qui flotte en poupe (car je navigue sous pavillon chinois) : un triangle jaune, avec un dragon se détachant en noir sur son milieu. Est-ce parce que le jaune est le symbole des soucis, ou bien cette nuance a-t-elle le pouvoir d'engendrer la tristesse? Toujours est-il que ce tableau fit refleurir dans mon esprit les idées noires de la veille. Cette mer se transforma alors, à mes yeux, en un ruisseau fangeux ; les matelots en des gens atteints de jaunisse.

Je serais sans doute resté longtemps plongé dans cette mélancolie si je n'en avais été tiré, fort à propos, par l'aimable capitaine Patterson, qui venait m'inviter à prendre avec lui un *cockteal*, ce breuvage si cher aux Yankees ses compatriotes. Nous descendons à la salle à manger. Le commandant est un homme charmant, et je m'aperçois vite que sa bonne réputation, qui s'étend dans tout le Pacifique, est bien méritée. Je lui demande la raison d'être de l'arsenal en miniature qui est auprès de nous.

« Et les pirates! me répondit-il.

— Comment! les flibustiers jaunes poussent l'audace jusqu'à attaquer des vapeurs?

— Non. Jamais une lourde jonque ne pourrait atteindre un voilier de construction européenne. Mais qu'un vapeur ait une avarie de machine, qu'il s'échoue, ou qu'il soit désemparé par une fortune de mer quelconque, alors les pirates jaunes, semblables à des oiseaux de proie, que le carnage attire, ne tarderont pas à apparaître pour massacrer les blancs et piller la cargaison. L'histoire des Européens dans la mer Jaune est toute remplie des récits de catastrophes de ce genre.

Dans ces dernières années, cependant, la situation s'est bien améliorée. Les ministres étrangers ont exigé du gouvernement chinois des indemnités si considérables, chaque fois qu'un acte de piraterie était commis au préjudice d'un Européen, que les petits mandarins de la côte, qui finissaient toujours par payer les pots cassés, font maintenant bonne garde. Dès qu'il arrive un accident à un navire européen, les autorités locales se rendent aussitôt sur le lieu du sinistre; et malheur au pirate qui tenterait d'exercer sa profession à la barbe de l'autorité; sa tête ne tarderait pas à aller orner la porte de quelque ville du littoral.

— Alors, les spencer sont à présent inutiles; vous ne les conservez à bord que par reconnaissance?

— Oh! pardon. La piraterie, pour être moins fréquente, n'a point cessé d'exister pour cela; elle a même revêtu aujourd'hui une forme plus dangereuse. A l'heure qu'il est, chaque vapeur faisant le cabotage dans la mer Jaune porte dans son entrepont toute une population de passagers chinois : j'en ai en ce moment trois cents à bord, et il m'est arrivé d'en transporter jusqu'à seize cents sur les lignes à émigrants. Eh bien!

les pirates savent tirer partie de cette circonstance : ils s'embarquent comme passagers au nombre de quarante ou cinquante. A un point du voyage fixé, entre eux, ils se révoltent, massacrent les blancs et font passer à bord d'une jonque qui les attend la partie la plus précieuse de la cargaison. Ce stratagème commence cependant, lui aussi, grâce à une bonne surveillance, à perdre de ses dangers. Tous les soirs je mets mon chargement jaune sous les verrous.

— Et si un Chinois s'embarquait en première classe, il serait ainsi soustrait à votre surveillance ?

— Cela est impossible, attendu qu'il nous est défendu de prendre un passager jaune de salon, sous quelque prétexte que ce soit. A nos agents seuls, il appartient de lever cette consigne, et ils ne le font qu'à bon escient. Ainsi, vos seuls compagnons de voyage qui sont deux jaunes, un grand mandarin et son fils, se sont présentés à bord accompagnés du directeur de la Compagnie, qui me les a recommandés, en me remettant la bannière du mandarin. »

En quittant l'aimable capitaine, je remontai sur le pont. Le paysage avait perdu un peu de sa teinte jaune ; la mer avait repris sa couleur verte ; l'île chauve s'était perdue dans la brume, et les matelots avaient amené le pavillon des Fils du Ciel, inutile en mer. Seule, la bannière du mandarin flottait au mât. On y lisait, écrit en grands caractères noirs : *Ho, surintendant des gabelles du Hou-nan.*

Après le dîner, la salle à manger fut envahie par Son Excellence l'intendant et son fils, qui se mirent à table, servis par une demi-douzaine de serviteurs. Au moment où, par discrétion j'allais me retirer, Ho m'interpella :

« Que le *grand vieil aïeul* assiste à notre *humble* repas s'il n'a rien de mieux à faire », me dit-il, avec un sourire aimable.

La nuit commençait à devenir fraîche, aussi je profitai de son invitation.

« Quel est votre *noble* nom? » me demanda-t-il, dès que je fus assis.

Je lui répondis que mon *humble* nom était Jean, et mon prénom Mo-to.

« Quel est votre *noble* pays? »

Je lui répondis que mon *humble* pays était la France.

Puis le dialogue se continua de la sorte jusqu'à ce que toutes les questions que doivent se faire deux personnes polies qui se voient pour la première fois, eussent été récitées comme une leçon. Il me demanda ainsi mon noble âge, ma noble profession; ce à quoi je répondis de la même façon, en traitant tout ce qu'il appelait noble de *humble*. Puis je lui adressai, à mon tour, les mêmes questions sur ses *nobles* antécédents, et il y répondit par un extrait de son *humble* état civil.

Après ces ennuyeux préliminaires, la conversation devint plus intéressante. Ho me présenta son fils, un jeune homme de vingt-six ans, qu'il menait à Pékin pour le recommander à un de ses amis, remplissant de hautes fonctions à la cour.

« Mais, me dit-il, mon fils n'a pas besoin de protections; heureusement, *un mauvais pied de bambou produit de très-bons rejetons.* » Le proverbe que venait de citer le bon mandarin est souvent employé par les pères fiers de leur progéniture, — et ils sont nombreux à la Chine, — qui veulent en faire l'éloge sans cesser d'être modestes.

Au reste, Tchouen-ling, — buisson printanier, — me parut mériter les éloges de son père; il était plein de bon sens, et la fraîcheur de ses sensations était bien en harmonie avec son singulier petit nom. Quant à Son Excellence l'intendant, il semblait un fort bon homme, pourvu de toutes les qualités et de tous les défauts dans lesquels sa race excelle. Cependant, lors de notre première entrevue, il se montra réservé; et ce ne fut que plus tard, dans les circonstances que je vais rapporter, qu'il me fut donné d'étudier plus à fond le caractère de ce mandataire du Fils du Ciel.

Au coucher du soleil, le second jour de notre voyage, le temps changea : la brise se carabina, la vague se creusa de plus en plus, et notre mobile demeure commença à danser un léger menuet qui eut pour résultat de confiner dans leur cabine messieurs Ho père et fils. Dans la nuit, cette danse se transforma en un quadrille échevelé. Une petite chienne, que l'on m'avait prié de transporter à Tien-tsin, commença à être incommodée par le mal de mer, tout comme un être pourvu d'une âme; ses gémissements me tinrent éveillé, et j'étais en train de philosopher sur les inconvénients de la navigation, lorsque la porte de ma cabine s'ouvrit brusquement. La conversation du capitaine était encore trop présente à ma mémoire pour que cette invasion nocturne ne fît naître dans mon esprit les plus sombres pressentiments. Déjà, je m'étais saisi, à tout hasard, de mon pot à eau, la seule arme qui se trouvât à portée de ma main, lorsqu'une voix, qui n'avait nullement l'accent tragique de celle qui vous demande la bourse ou la vie, cria :

« Nous sommes perdus!!! »

Malgré ce symptôme rassurant, rendu sourd par la terreur, j'allais jeter mon projectile à l'assaillant, lorsqu'une sensation de froid me jeta moi-même hors de ma couchette : c'était mon arme qui se tournait contre moi, semblable à ces poudres de guerre instables qui, lorsqu'elles ne sont pas employées à leur sortie de la fabrique, deviennent plus dangereuses pour ceux qui s'en servent que pour l'ennemi. Mon obus improvisé venait donc d'éclater dans ma main, inondant ma couchette de tout son contenu. Cette douche inattendue me fit lâcher prise : le pot s'en fut se briser en miettes contre la cloison, tandis que la cause de tout ce charivari, effrayée par le bruit, refermait vivement la porte.

Je battis le briquet, et j'eus encore assez de courage, — admirez mon héroïsme, très-indulgents lecteurs, — pour me mettre à la recherche de l'intrus, que je ne tardai pas à rencontrer. C'était le pauvre Ho, qui errait comme une âme en peine dans notre minuscule salle à manger. Il était terriblement changé, avec son chef dépourvu de son bouton de mandarin, ses vêtements en désordre, sa face tirée, où la bonasse expression du matin avait fait place à l'expression de la plus vive terreur! Dès qu'il me vit, il me dit d'un ton suppliant :

« C'est la fin du monde qui arrive! Je vous en supplie, *vous qui parlez la langue des diables,* allez dire au capitaine que je ne suis nullement pressé, et qu'il doit retourner à terre au plus vite.

— Mais, Excellence, le capitaine ne m'écoutera pas : il doit conduire son navire à Tien-tsin. Et puis, où voulez-vous qu'il aborde? il n'y a aucun port à la côte.

— Comment!!! J'ai commandé autrefois des jonques de guerre; et, chaque fois que le temps se faisait mauvais, je me dirigeais vers la côte où mes matelots mettaient leur embarcation à sec sur la plage.

— Oui, cela est possible avec vos jonques à fond plat; mais le navire où nous sommes n'est point construit comme elles, et s'il essayait de gagner la terre en un endroit quelconque, il serait perdu et nous aussi, car Votre Excellence est sans doute comme moi : *elle ne sait point flotter sur l'eau.* (Expression chinoise qui correspond à notre mot « nager ».)

— Flotter sur l'eau!!! fit-il en ouvrant de grands yeux. Mais jamais mon corps n'a été touché par l'eau; cela est trop dangereux. Si ce vapeur ne peut s'approcher de la terre sans se perdre, cela prouve que toutes ces machines des *diables d'Occident* sont bien inférieures aux nôtres. »

Je ne me formalisai point de ces anathèmes contre les gens de ma race. Il faut beaucoup pardonner à un homme qui est sous l'empire de la frayeur et du mal de mer.

« Il n'y a aucun danger, lui dis-je pour le rassurer; le navire est solide et bien commandé.

— Malgré cela, je suis persuadé qu'il serait plus prudent de rentrer au port : *quiconque voyage par eau ou à cheval abandonne au destin les sept dixièmes de son existence.* »

Quand je vis mon homme ainsi cantonné dans son idée de me faire faire, auprès du capitaine, une démarche absurde, je pris le parti de rentrer dans ma cabine. Il m'y suivit. Dans l'espérance de me débarrasser de lui, je lui demandai :

« Mais en quoi ce mauvais temps peut-il vous chagriner, puisque je vous affirme que nous ne courons aucun danger?

— C'est que je me sens près de mourir : la tête me tourne, ma vue se trouble, mon pouls va tout à fait mal, et ce soir je n'ai pu manger. »

Évidemment, mon homme avait le mal de mer : *il craignait la vague,* suivant la poétique expression de la langue de Confucius. Je lui en fis la remarque, et je lui montrai mon chien, qui continuait à se sentir fort mal à l'aise.

Cela parut le rassurer; puis son amour-propre se mit de la partie.

« Comment, je ne serais pas plus brave qu'un misérable chien! Cependant, je suis encore bien vert pour mes soixante-cinq ans. Regardez : n'ai-je pas la vigueur d'un jeune homme? »

Ce disant, Son Excellence se mit à remuer en cadence bras et jambes, sans aucun souci de sa dignité mandarinique. Cette gymnastique sembla lui faire le même effet qu'une forte piqûre de morphine : il se calma, son teint se ranima, ses yeux reprirent leur vivacité, et sa personne entière recouvra cette dignité de commande qui constitue, comme le bouton ou le collier, un des attributs du mandarinat. Sa verve aussi lui revint avec la santé; je me hasardai alors à lui dire.

« Pourquoi diable vous êtes-vous levé? Le meilleur remède contre *la crainte de la vague* est de rester couché.

— C'est que j'habite la même cabine que mon fils, et je craignais que mes plaintes ne troublassent son sommeil.

— Vous êtes un bon père, à ce que je vois.

— Je fais mon devoir; et puis je travaille pour l'avenir. A son tour, il entourera de soins ma vieillesse; car Confucius a dit : « Pour faire un bon fils, il faut commencer par être un bon père. »

Après tout, Ho avait raison; sa tendresse pour sa progéniture n'était que fort naturelle, et je fus amené à penser que plus d'un Occidental, qui traite les Chinois de barbares, est complétement dénué de ce sentiment de paternité si développé chez eux.

« Et vous allez sans doute caser ce fils bien-aimé dans l'administration de la province du Hou-nan, lui dis-je?

— Je m'en garderais bien! C'est assez, que moi, je

vive dans cette galère. Voyez-vous, *lorsque la porte de la ville brûle, les poissons des fossés en souffrent*. Nous sommes trop près du Yun-nan pour n'avoir pas souffert de l'insurrection des *turbanés* (nom chinois des musulmans). Du temps de la guerre, il nous fallait envoyer aux troupes des vivres et de l'argent; maintenant, ces dernières, qui ont été licenciées, se sont transformées en bandes de brigands qui infestent la province. Aussi là où mon prédécesseur a fait fortune, j'arrive difficilement à vivoter.

— Pourquoi ne demandez-vous pas votre changement?

— La place est connue : les gens bien protégés n'en veulent point.

— Et n'avez-vous aucun protecteur?

— Hélas non! Je suis originaire du Seu-tchouan, et les hauts grades de l'administration ne comptent aucun de mes compatriotes. A l'heure qu'il est, pour faire son chemin, il faut être né dans le Ngan-houei, le pays natal du conseiller Li-hong-tchang. Prenez l'annuaire officiel, et vous verrez que les trois quarts des Excellences sont du Ngan-houei.

— Et que disent de cette préférence les mandarins des dix-sept autres provinces?

— Ils attendent patiemment, parce qu'ils savent que cela n'aura qu'un temps : *il est facile d'acquérir une fortune, mais il est difficile de la conserver*. Une fois Li disparu, un grand homme d'une autre province le remplacera, et les lettrés du Ngan-houei devront céder la place à d'autres dans les faveurs du souverain.

— Mais Li n'a donc point d'ennemis acharnés à sa ruine?

— Si fait. Qui n'en a point? *Sur la rivière la plus large, il y a cependant des abordages, et l'or pur ne craint pas le feu.* Li est de force à braver ses ennemis. »

Ho allait continuer son exposition de népotisme jaune, lorsqu'il fut interrompu par une recrudescence de malaise. Cette fois, la maladie se dessina plus nettement, et Son Excellence entama avec mon pauvre chien un duo d'estomac qui se fût transformé en un trio si je ne leur eusse abandonné ma cabine.

Dehors, le vent fait rage. Je vais à l'avant; là la scène a vraiment quelque chose de sinistre : c'est le noir de l'enfer du Dante. Seule, la cabine du gouvernail est faiblement éclairée par la lanterne du compas, dont la lueur incertaine transforme notre timonier macaïste, penché sur la roue, en une apparition diabolique guettant sa proie. Cependant il me faut bientôt me réfugier à l'arrière; la vague est creuse, et, à chaque instant, elle vient déferler sur l'avant en volutes écumeuses. A ce changement je gagne d'être au sec; mais, par contre, le mauvais temps se fait mieux sentir. Notre pauvre hélice livre à l'Océan un combat acharné : projetée hors de l'eau, affolée, elle bat l'air de ses grands bras de bronze; puis, soudain, la vague traîtresse monte à l'assaut du navire et l'arrête brusquement, au risque de le briser. Au moment où hélice et Océan se reprennent ainsi à lutter corps à corps, le navire s'arrête, frémit, comme frappé de terreur, et reprend enfin sa course, tandis que ses mâts, semblables à de gigantesques ombres chinoises, dansent une sarabande sur le ciel étoilé, les grands bras de leurs vergues battant l'air comme pour enlacer un partenaire invisible.

L'officier de quart, qui m'a aperçu, vient me tenir compagnie.

« Nous n'en avons plus pour longtemps de ce mauvais temps, me dit-il. Dès que nous aurons doublé le cap Chan-tong nous serons à l'abri; et, voyez, le phare du cap est déjà en vue. » Je regardai dans la direction qu'il indiquait. Une petite étoile terrestre brillait, en effet, à l'horizon, mais si faible et si vacillante qu'il fallait un œil bien marin pour la découvrir. Et avant qu'elle eût pu se montrer à nous dans tout son éclat, un redoutable adversaire la força à disparaître. Des teintes roses ne tardèrent pas à se montrer du côté de l'orient, et le soleil fit son apparition juste à temps pour me permettre d'admirer le magnifique phare que sir Robert Hart a fait construire sur le cap Chan-tong.

Que de catastrophes sont évitées, chaque année, depuis que l'industrie du directeur des douanes maritimes a doté les côtes de l'Empire du Milieu d'un excellent système d'éclairage, qui se perfectionne tous les jours! Si les masses avaient le sentiment de la reconnaissance, les marins jaunes devraient compter au nombre des divinités qui leur sont propices sir Robert Hart, qui, sans qu'il soit besoin de lui offrir des sacrifices, épargne plus leur existence que la divine Ma-tsou ou le terrible *seigneur des mers du Sud*.

Une fois le cap Chan-tong doublé, nous restons en vue de la terre presque jusqu'à Tché-fou, notre première et unique escale. Des collines couvertes d'une végétation un peu roussie par place nous cachent la province du Chan-tong. Celle-ci, formant la transition entre les fertiles vallées de la Chine méridionale et les plaines desséchées du nord, n'est remarquable ni en bien ni en mal. Sa fertilité moyenne lui permet de nourrir un nombre très-raisonnable d'habitants; son climat tempéré n'est jamais rigoureux; son sol est accidenté sans être montagneux. Ce serait, en un mot, la terre par excellence des amateurs du *stat in medio virtus,* si elle n'avait l'infortune d'être traversée par le fleuve Jaune, dont les allures redoutables lui ont valu le nom de « fléau de la Chine ».

Décidément, tout ce qui est jaune a quelque chose de sinistre !

A chaque instant, les champs de haricots oléagineux, les plantations de mûriers, sont dévastés par les flots désordonnés du fleuve Jaune, qui n'épargne ni les villages, ni leurs habitants. En dépit de ses fureurs, le Chan-tong compte environ quatre cent cinquante trois habitants par mille carré : soit une population totale de quarante millions d'âmes. Quant aux revenus de la province, ils s'élèvent nominalement à la somme de cinquante milions de francs environ. Je dis nominalement, parce qu'il est matériellement impossible au gouvernement central, à plus forte raison aux étrangers, de savoir la somme exacte payée par les sujets du Fils du Ciel, sous forme d'impôts, tellement le montant de ces derniers dépend de la rapacité ou du bon plaisir des mandarins.

Dans la matinée, une île se montre à notre avant et nous annonce l'entrée du port de Tché-fou. Le temps est devenu magnifique; la mer est unie comme un miroir, ce qui redonne à Son Excellence l'intendant tout son flegme mandarinique. Je le trouve dans la salle à manger, déjeunant d'un immense bol de riz cuit à l'eau, arrosé de thé sans sucre. Il ne fait aucune allusion aux incidents de la nuit, et essaye de me les faire oublier en se montrant plus aimable et plus loquace que de coutume, c'est-à-dire plus instructif.

« Nous allons bientôt arriver à Yen-taï, me dit-il avec un air de satisfaction qu'il n'essaya pas de me cacher.

— Qu'est-ce que Yen-taï? lui demandai-je étonné.

— Le port où nous allons aborder.

— Mais nous allons à Tché-fou?

— Nullement! à Yen-taï : il n'y a aucun port appelé Tché-fou dans le Chan-tong. »

Nous aurions pu discuter longtemps de la sorte, sans arriver à nous entendre, si le *steward* chinois n'était venu nous mettre d'accord en nous apprenant que le Tché-fou des Occidentaux est le Yen-taï de ses compatriotes.

Comme nous approchons du port, je laisse mon mandarin savourer ce que nous appellerions une infusion de thé, pour monter sur le pont. A notre droite, l'île qui est en vue depuis le matin avec la tour de son phare : encore une création de sir Robert Hart; à gauche, la baie qui forme le port de Tché-fou. Pendant que nous y entrons, l'aimable capitaine m'explique la topographie de notre escale.

Au moment où nous jetons l'ancre, nous avons à notre droite un promontoire élevé, couvert d'habitations qui descendent jusqu'au bord de la baie; c'est là que résident les Européens. Il n'y avait en cet endroit, avant leur venue, que quelques misérables cabanes de pêcheurs que les indigènes appelaient Tché-fou. A notre gauche, de l'autre côté de la rade, on distingue une importante agglomération de maisons : c'est le chef-lieu du district de Yen-taï. Cette petite ville n'est point, à proprement parler, au bord de la mer; aussi lorsque les plénipotentiaires européens insérèrent son nom dans la liste des ports à ouvrir au commerce, ils commirent une erreur géographique, dont les hommes d'État jaunes, s'ils avaient autant de mauvaise foi qu'on le dit, auraient fort bien pu profiter. Mais ils se sont montrés bons enfants en cette circonstance, comme en bien d'autres; et Tché-fou a remplacé, dans la pratique, le port imaginaire de Yen-taï.[1]

Le *Pao-ta* ne repart qu'au coucher du soleil : j'ai donc six heures devant moi pour visiter Tché-fou, et c'est plus de temps qu'il ne m'en faut. Pour gagner la terre, je me confie à une embarcation indigène au fond plat légèrement arrondi, presque aussi large que longue, et carrée à l'avant et à l'arrière. Ce genre de sampang est seul capable de résister, me dit-on, aux vagues qui envahissent fort souvent la baie.

Près de la terre, une digue en miniature abrite une

vingtaine de jonques : c'est le port chinois de Tché-fou.

Une fois débarqué, je m'engage sur une route, bordée çà et là d'habitations européennes, qui se transforme bientôt en un sentier contournant le promontoire qui domine la rade. Le chemin est pierreux, la montée rude, avec un soleil de midi dont rien ne vous abrite. Enfin me voici parvenu au sommet du promontoire, qui en est aussi l'extrémité. Là m'attend la récompense de ma laborieuse escalade : un panorama magnifique, pour le nord de la Chine, s'étend à mes pieds. C'est d'abord, à ma gauche, la rade avec ses navires à l'ancre, la concession européenne de Tché-fou; de l'autre côté de la baie, la ville chinoise de Yen-taï, avec ses maisons grises aux toits noirs, qui se détachent sur le vert des collines, formant le fond du tableau. A ma droite, la côte s'arrondit en une paisible baie à la plage sablonneuse; sur la rive, de grandes constructions européennes déparées par d'immenses enseignes m'apprennant que ce sont des hôtels; au bord de l'eau, des linges qui sèchent, des cabines de bains montées sur roues. J'ai devant moi l'unique station balnéaire de l'Empire du Milieu. C'est là que les Européens habitant les ports ouverts viennent se reposer de leurs fatigues en prenant des bains de mer et en respirant la brise du large, plus fraîche en cet endroit que partout ailleurs. Le *Trouville jaune* jouit, depuis bien des années, d'une très-grande vogue; ce qui tient non point à ce que la mode est moins changeante là-bas qu'ici, mais bien à l'absence de concurrents sérieux. On y compte, pendant la saison, jusqu'à quarante baigneurs, chiffre énorme, vu le lieu; les diplomates, qui y abondent, en forment le plus bel ornement. En 1878, Tché-fou a eu l'honneur de voir son nom inscrit dans les fastes de l'histoire diplomatique, lorsque sir Thomas Wade et Li-hong-tchang y conclurent un traité connu sous le nom de convention de Tché-fou.

Je traverse en tous sens Tché-fou-les-Bains, comme on l'appelle quelquefois par dérision; ses rues, dont la chaussée a conservé sa livrée naturelle de sable, sont désertes, ainsi qu'il convient en dehors de la saison, à toute ville d'eaux qui se respecte. Avec cela, pas un pouce d'ombre, et, sauf un ou deux mimosas et quelques chênes rabougris, la végétation y fait complétement défaut.

Je suis de retour à bord bien avant l'heure du départ. En traversant le port, un peu plus agité qu'à notre arrivée, je remarque sur les navires en rade un mouvement inusité : à bord des voiliers, on entend le chant monotone annonçant que l'on vire au cabestan; des marins travaillent sur les vergues, et les cheminées des vapeurs fument comme à l'approche du départ. Arrivé à bord, je demande la cause de ce branle-bas général : l'officier de garde m'apprend que le temps menace et que, la baie de Tché-fou étant fort mal fermée, les voiliers s'assurent de leur mieux sur leurs amarres, tandis que leurs heureux rivaux, les vapeurs, se mettent en état de prendre le large à la première alerte.

« Chaque année, me dit-il, des voiliers se perdent ou éprouvent de grosses avaries dans ce port. Il y a peu de temps, quatre d'entre eux et un vapeur s'y sont perdus corps et biens ; aussi l'endroit ne jouit pas d'une bonne réputation. »

Malgré son peu de sécurité, Tché-fou est cependant visité de préférence par les voiliers. Au moment de mon passage, il y en a toute une collection battant les couleurs allemandes et siamoises. Les premières sont en voie de recueillir dans le monde l'héritage du pavillon britannique, qui se cantonne de plus en plus dans le domaine du vapeur. Quant au pavillon siamois, — un éléphant blanc se détachant sur un fond rouge, — il occupe, dans le cabotage à voile de l'Extrême-Orient, une large place qu'il doit à l'abondance des bois propres aux constructions maritimes à Siam. Autrefois, ces caboteurs étaient commandés par des officiers anglais qui exigeaient de forts salaires pour un service qui les tenait éloignés de leur pays durant des années ; mais, à l'heure qu'il est, ils ont tous été remplacés par des officiers allemands, qui se contentent de salaires moitié moindres. Là encore nous retrouvons cet antagonisme commercial, entre l'Angleterre et l'Allemagne, qui va s'accentuant de jour en jour dans le monde entier.

Voiliers et vapeurs apportent à Tché-fou des cotonnades anglaises. Ils prennent en échange des tourteaux de haricots, des nattes et une étoffe de soie appelée *pondji,* dont le Chan-tong possède presque le monopole, et qui est fabriquée avec les produits des vers à soie sauvages, en grand nombre dans cette région.

Il existe, près de Tché-fou, des fabriques de soies indigènes ; l'une d'elle, que j'ai visitée, est montée avec des métiers européens ; mais je ne m'étendrai pas sur ce sujet, me réservant de le traiter en détail dans une étude sur les industries jaunes.

Nous voici partis, laissant les voiliers, que le vent attache au rivage, s'entourer de toutes les défenses dont ils disposent contre le mauvais temps. Quant à nous, nous préférons l'affronter au large, malgré le déplaisir que cette décision cause à Son Excellence l'intendant. Nous longeons la côte pendant quelque temps; puis nous prenons le large pour traverser, en diagonale, le golfe du Pé-tché-li. Le roulis et le tanguage me privent de l'instructive compagnie du mandarin Ho, et j'en suis réduit à me promener sur le pont comme une bête féroce dans sa cage, obligé que je suis de faire volte-face tous les six pas.

Dans la soirée, nous rencontrons une jonque qui n'a pas eu le temps de se mettre à la côte, cette manœuvre si chère aux estomacs délicats comme celui de Ho. Forcée d'affronter la tempête, elle a fait contre fortune bon cœur. Avec son avant carré, ses voiles peu maniables et son gouvernail incapable de résister au choc des vagues, la jonque ne peut mettre le cap; aussi celle que nous rencontrons a-t-elle hissé bravement son gouvernail hors de l'eau, serré toute sa toile, et elle s'est amarrée par l'avant à une immense cage à poulet, faite de bambous, dont l'intérieur est tourné du côté du navire. Le mouvement des vagues la tient droite dans l'eau, et, de la sorte, l'avant de la jonque est amarré sur une ancre flottante qui lui permet de se maintenir immobile dans la situation que les marins appellent l'avant à la lame. Soit confiance dans la cage à poulet sur laquelle il est amarré, soit fatalisme, l'équipage de la jonque semble se livrer au repos, car, même avec ma longue-vue, il est impossible de découvrir un être humain sur le pont.

Bientôt la jonque, avec sa bouée mobile, se perd dans la nuit. Le lendemain matin, je suis brusquement tiré de mon sommeil par l'arrêt de notre hélice; je remonte sur le pont : l'eau a repris sa teinte jaune, et devant moi la terre ferme s'étend en une plaine aride, dont pas un point de verdure ne rompt la triste monotonie. Près de nous, deux autres vapeurs attendent, eux aussi, que la marée montante leur permette de franchir la barre qui précède l'embouchure du fleuve Peï-ho, — fleuve du Nord.

Pour passer le temps, je m'installe sur le pont et j'explore la rive avec ma longue-vue.

Juste en face de moi, deux immenses fronts de fortifications, — un de chaque côté de l'embouchure du fleuve, — étendent leurs formidables bastions armés de canons Krupp de gros calibre. Là encore, la forme polygonale des lignes de défense montre qu'un esprit allemand a dirigé la main du terrassier jaune. J'ai relu la veille le récit de la prise des forts, à la chinoise ceux-là, qui défendaient, en 1859, cette même place. A cette époque, les soldats chinois n'avaient pour auxiliaires que les fusils à mèche, que j'ai déjà présentés au lecteur, et de mauvais canons de fonte, bons, tout au plus, à tirer des salves de salut. Malgré cela, les soldats du Fils du Ciel, abrités derrière des remparts aussi archaïques que leurs armes, infligèrent un sanglant échec au corps d'armée anglo-français, qui tenta alors de s'en emparer par un coup de main. Si, en 1859, l'embouchure du Peï-ho a pu être défendue quelque temps par des troupes privées de l'instruction des Occidentaux, à l'heure qu'il est, ce même point serait presque imprenable, puisqu'il est armé et fortifié aussi bien que Metz ou Strasbourg, et qu'il serait défendu, le cas échéant, par une garnison de constitution tout aussi occidentale, dont je décrirai, tout à l'heure, les éléments constitutifs.

Pendant mon séjour dans l'Empire du Milieu, j'ai interrogé tous les officiers européens que j'ai rencontrés, au sujet de la valeur défensive des travaux de l'embouchure du Peï-ho; et tous m'ont déclaré que, même en supposant une garnison de qualité très-inférieure, une armée ennemie devrait compter au moins cinquante mille hommes pour pouvoir s'emparer de ces forts et marcher sur Pékin. Certains m'ont même avoué qu'une attaque de front leur semblait impossible, et que le seul moyen pratique de marcher sur la capitale serait, à présent, de débarquer sur un point de la côte du Tché-li.

Nous reprenons notre marche. Notre capitaine, dans son impatience, n'attend pas que la mer soit au plein, et nous franchissons la barre, qui n'est heureusement formée que d'alluvions, en y traçant un profond sillon; ce qui fait que notre hélice amène à la surface d'énormes morceaux de boue. Nous passons près d'un bateau-phare, encore une utile création de sir Robert Hart, et nous voici dans le lit du fleuve. A gauche, en arrière des forts, la ville de Ta-kou étale ses maisonnettes grises en torchis et ses murs de clôture en tiges de sorgho desséchées. Sur la rive, la maison de douane, où l'on embarque le douanier qui va nous escorter jusqu'à Tien-tsin.

A peine son embouchure franchie, le Peï-ho se rétrécit; il roule dans le fond d'une immense vallée qu'il ne semble descendre qu'à regret, tant il s'attarde en d'innombrables circuits, entre deux berges élevées à peine d'un mètre au-dessus du niveau moyen de ses eaux. Malgré la lenteur de son cours, son lit n'en est pas moins excessivement profond, comparativement à sa largeur, qui est d'un demi-kilomètre à peine. Les navires d'un tirant d'eau de quatre mètres le remontent facilement jusqu'à Tien-tsin; et ses rives sont tellement taillées à pic qu'à un de ses coudes, qui rendent sa navigation fort difficile, notre navire monta presque sur la berge; son avant s'en fut bouleverser un champ de haricots, tandis que ses vergues arrachaient impitoyablement les branches de pauvres saules bordant la rive.

Cet incident nous arrête et fait sortir sur le pont monsieur l'intendant, qui flaire déjà un danger. Je le rassure; et, comme les événements viennent vérifier mon dire, il finit par retrouver son flegme mandarinique.

A un tournant du fleuve, une énorme citadelle nous montre une rangée formidable de krupps : semblables aux dents d'une gigantesque mâchoire d'acier, ils paraissent attendre l'ennemi pour le broyer tout à leur aise. Cet appareil belliqueux n'a point le don de plaire à Ho, qui se tourne vers moi et me dit en soupirant :

« Quelle horrible chose que la guerre! *Les barbares seuls* peuvent se livrer habilement à ce vice sanguinaire. »

C'était certainement une allusion peu obligeante à mon adresse; dans la crainte qu'elle ne m'échappe il veut bien se donner la peine de la commenter en ajoutant :

« Ces forts ont été construits par des Occidentaux, ainsi que les canons qui les arment. Nous les avons achetés dans le but de nous défendre, car un peuple civilisé comme nous ne commet jamais la cruauté d'attaquer les peuplades qui l'entourent.

— Cependant les ancêtres du souverain actuel ont conquis la Chine les armes à la main, lui dis-je, en lui rendant la monnaie de sa pièce.

— Oui; mais ils l'ont fait en vertu d'un décret de la Providence, qui voulut empêcher, de la sorte, la destruction de la civilisation par les barbares.

— Alors votre pays ne déclare jamais la guerre?

— Jamais. Si, par hasard, un des peuples tributaires se révolte, nous excitons contre lui un de ses voisins qui lui fait la guerre, et lorsque les deux partis sont bien épuisés, nous recouvrons notre autorité sur eux, sans coup férir. »

Cette théorie serait bien de nature à faire supposer que Machiavel, après tout, n'a été qu'un vulgaire plagiaire dont la tâche s'est bornée à traduire en italien les préceptes des hommes d'Etat jaunes, tout comme la Convention nationale de France n'a fait que copier les Chinois, lorsqu'elle leur a emprunté le système métrique, que ceux-ci connaissent depuis des siècles.

« Au reste, continue Ho, pour vous montrer combien nous sommes peu disposés à nous perfectionner dans l'art barbare de massacrer nos semblables, il me suffit d'ouvrir le *Chen-pao*. Regardez les belles annonces que les Occidentaux sont obligés de faire pour arriver à nous vendre *leurs fabriques de morts.* »

Ce disant, Ho tire de sa vaste manche, qui lui tient lieu de poche, une longue bande de papier gris pliée en deux, dans le sens de sa longueur, et toute couverte de caractères. Il l'étale devant moi et me montre, en un endroit, une petite gravure représentant un fusil et de vastes usines aux hautes cheminées fumantes ; au-dessous, une explication que Son Excellence veut bien se donner la peine de me transmettre, à sa façon, il est vrai. Je reproduis, en entier, cette explication, en soulignant les mots que Ho y ajouta, sans doute pour me faciliter l'intelligence du texte : elle montrera au lecteur de quelle façon nos noms propres sont dénaturés, lorsqu'on les écrit avec des caractères chinois.

« M. Li-ming-touen (Remington) a l'honneur d'informer les autorités et le public qu'il possède à I-li-jen (Ilion), province de Niérou-Yo (New-York), pays de Neï (Amérique), une fabrique où l'on confectionne des machines excellentes *pour tuer les hommes.* »

A ces accusations, il n'y avait malheureusement rien à répondre, puisqu'elles sont vraies en partie ; je me contentai donc de prier Son Excellence de me prêter son *Chen-pao*, — expression qui correspond à notre mot courrier, — ce qu'il s'empressa de faire.

Le courrier de Shanghaï est une création des missionnaires protestants, qui n'a guère de chinois que la langue dans laquelle il est rédigé. Au-dessous de son titre, voici la date européenne de la feuille, qui est quotidienne; à côté, la date chinoise; viennent ensuite des articles résumant les dernières nouvelles de l'Occident; puis les faits divers de Shanghaï et de ses environs; enfin, un résumé des décrets impériaux termine la gazette proprement dite. Le reste de la feuille est occupé par des annonces, où le blanc se marie agréablement au jaune.

Voici d'abord les représentations théâtrales de la journée; car la scène, en Chine, ne chaume ni jour ni nuit. J'y vois que le théâtre du *Phénix et de la Pivoine* donnera en matinée : *Un mari qui a perdu sa femme en déménageant*, et que, le soir, il y aura plusieurs comédies historiques. A côté de la colonne des plaisirs, voici maintenant celle des douleurs, où je retrouve louées, en chinois cette fois, les vertus des fameuses pilules de Holoway; à la suite vient l'annonce de la meilleure huile de feu, — nom chinois du pétrole, — venant directement des raffineries de Devoea (New-York). Enfin, je remarque une annonce dont les caractères sont imprimés la tête en bas pour mieux attirer, paraît-il, l'attention.

Pendant que je parcours les faits divers du courrier de Shanghaï, Ho vient me rejoindre.

— Puisque vous pouvez lire notre langue, je vous apporte une vraie gazette; car celle que vous lisez là est seulement destinée à répandre les doctrines de la secte de Yé-sou, — nom chinois du protestantisme, — et c'est à peine si l'on y trouve l'expression des volontés du Fils du Ciel.

En même temps, il me tend un mince bouquin, beaucoup plus haut que large, recouvert de papier jaune. Comme il voit, à mon air étonné, que je ne suis pas un lecteur assidu du *Kin-pao,* — gazette de la capitale, — il continue :

« C'est la *Gazette officielle,* grâce à laquelle on peut savoir les volontés du Fils du Ciel *concernant les événements qui se passent dans le monde entier.* Elle est quotidienne et se divise en trois parties : 1° Le Kong-meuntchao, — copie de la poste du palais, — qui donne les mouvements du personnel administratif, les audiences impériales et les visites de l'Empereur aux temples; 2° Les Chang-yu, — décrets impériaux; et 3° les Tséou-pao, — mémoires des grands officiers de la couronne, — où se trouvent reproduits, *in extenso* les rapports présentés au trône par les mandarins.

— Et cette gazette est publiée à Pékin?

— Oui. Il y a un certain nombre de copistes, attachés à la cour, qui ont pour fonctions de copier, chaque jour, les décrets de l'Empereur et de communiquer une expédition de ceux qui sont de leur ressort à chaque ministère et administration. Une fois la besogne achevée, ces employés ont la permission de faire des copies de tous les décrets, qu'ils vendent aux abonnés, à leur bénéfice. Lorsque je suis à Pékin, la gazette me revient à 40 francs par mois; mais au Hounan, elle me coûte plus de 2,000 francs, port compris.

— C'est un peu cher pour un journal officiel!

— Il existe des éditions bien meilleur marché, pour le peuple. Parmi les abonnés à la *Gazette manuscrite,* il y a des imprimeurs qui en font, dès qu'ils la reçoivent, des éditions imprimées qu'ils vendent, le lendemain, deux ou trois centimes le numéro. »

A ce moment, le capitaine vient nous rejoindre, et me prie d'annoncer à Ho que dans une heure nous serons amarrés au quai de Tien-tsin, à l'abri du mauvais temps. Cette perspective enchante le peureux mandarin, qui s'empresse, en bon père, d'en aller porter la nouvelle à son fils.

Plus nous montons, plus le paysage perd de son aridité. En admirant les bouquets de verdure qui me cachent la ville de Tien-tsin, j'aperçois deux mâts se promenant au beau milieu des champs. D'abord, je n'en puis croire mes yeux; mais bientôt les deux mâts se rapprochent et me laissent voir, entre eux, la cheminée rouge d'un vapeur.

J'ai remonté et descendu bien des fois le cours du Peï-ho, et toujours j'ai éprouvé le même étonnement en voyant ces grands navires de mer qui semblent se promener dans les champs, tant le lit du fleuve est étroit et son cours tortueux.

Entre Tien-tsin et la mer, le cours du Peï-ho est désert : point de villages sur les rives; sur l'eau, les jonques sont rares depuis l'apparition des vapeurs dans ses parages; par-ci par-là, une barque de pêcheurs que le remous de notre navire fait presque chavirer. Aussi notre passage est-il salué, par les mariniers jaunes qui les montent, de bordées d'injures à l'adresse des *diables d'Occident* et de leurs *diaboliques machines.*

Enfin, nous voici à quai. Je quitte à regret le *Pao-ta,* après avoir fait mes adieux au mandarin Ho, qui se garde bien de me dire au revoir, quoiqu'il sache que, comme lui, je me rends à Pékin. Il pense, sans doute, que la fréquentation d'un *diable d'Occident* n'est dépourvue de dangers qu'à la mer, grâce à la brise purifiante du large, qui lave toutes les souillures.

TROISIÈME PARTIE

CHAPITRE PREMIER

TIEN-TSIN.

Le lendemain matin, je me réveille dans une des chambres de l'unique hôtel, à l'usage des Occidentaux, de la ville de Tien-tsin. *Astor-house*, — c'est le nom de cet établissement, — est à une des extrémités de la concession européenne qui s'étend sur la rive droite du Peï-ho. Quant à la ville chinoise, elle est bâtie sur la même rive, mais en amont. De ma fenêtre, je vois toute la partie de la rivière qui constitue le port maritime; sur l'autre rive, d'immenses pyramides, recouvertes de nattes, me cachent la campagne dans cette direction. Ce sont les approvisionnements de riz que le sud de la Chine se hâte d'envoyer dans le nord, dès que les glaces du Peï-ho sont fondues. Sans ce secours, les habitants de la province du Peï-tchê-li, — celle où se trouvent les villes de Tien-tsin et de Pékin, — mourraient littéralement de faim, tant le nombre de ses habitants est peu proportionné à ses ressources. Par-ci, par-là, une pyramide, mieux abritée que ses voisines contre les intempéries de l'air, dont les sacs sont remplis, non plus de riz, mais de sel, qui vient, lui aussi, du sud des marais salants du Fo-kien et du Tché-kiang.

En arrrière des pyramides de comestibles, de hautes cheminées en briques rouges dessinent leur silhouette européenne sur un ciel d'un bleu gris, signe certain, dans ces régions, que le thermomètre se dispose à monter, dans le milieu de la journée, jusqu'à quarante degrés au-dessus de zéro. Ces cheminées sont celles d'une immense fabrique de poudre, complétement outillée à l'européenne, que le conseiller Li-hong-tchang a fait construire pour pourvoir de munitions les quarante et quelques mille hommes formant sa garde particulière.

Ma première visite fut pour un commerçant suisse établi à Tien-tsin, M. Loup, de la maison Vrard et Cie, pour lequel on m'avait donné une lettre de recommandation, en me promettant un excellent accueil de la part de son destinataire. Je dois dire que, malgré cela, j'étais loin de m'attendre à trouver chez M. Loup cette inépuisable obligeance qu'il s'est toujours empressé de mettre à ma disposition, en toutes circonstances. Sans son aimable concours, mon séjour à Tien-tsin n'eût été qu'une suite de mésaventures, une véritable odyssée jaune. Ma présence était réclamée avec insistance à Pékin; je n'avais donc pas le temps de méditer longuement mon plan de voyage, le premier qre je fis en terre purement chinoise, et l'expérience d'un vieux résident m'était des plus nécessaires.

Pour franchir la distance, — qui est de quarante kilomètres par terre et de soixante-cinq par eau, — entre Tien-tsin et Pékin, le voyageur a le choix de deux routes et de trois moyens de transport : 1° par terre et à cheval : la grande chaleur rend ce mode de transport très-fatigant, en été surtout, lorsqu'on n'a pas le temps nécessaire pour organiser des relais ; 2° par eau, en remontant le cours du Peï-ho jusqu'à la ville de Ton-tchéou ; mais cette voie, qui est certainement la moins fatigante, est aussi la plus lente : elle ne faisait donc pas mon affaire. Reste, enfin, un troisième moyen, qui tient le milieu entre le bateau et le cheval pour le temps : c'est la voiture.

M. Loup me prévient charitablement que ce moyen de locomotion est loin d'être aussi agréable qu'une promenade dans les environs de Genève, par la simple raison qu'il y a voiture et voitnre, route et route. Malgré cet avertissement, je finis par me décider pour cette dernière voie, et mon hôte se chargea de me procurer des véhicules pour le lendemain, à trois heures et demie du matin, afin de pouvoir faire ma première étape avant la grosse chaleur.

Je n'avais donc que douze heures devant moi pour visiter Tien-tsin. Je ne tardai pas à m'apercevoir que c'était plus que suffisant. La ville ne renferme aucune curiosité : son aspect général est celui de toutes les villes jaunes, sans la moindre nuance de couleur locale.

Malgré son peu d'attrait pour le voyageur, la ville de Tien-tsin est cependant un des plus grands centres, non-seulement de la Chine, mais bien du monde entier; elle compte actuellement un million d'âmes, non compris un groupe de 268 étrangers, parmi lesquels on compte, en 1885, 127 Anglais, 34 Américains, autant d'Allemands, 29 Russes et 23 Français. Ces derniers sont des employés des gouvernements chinois et français, car, parmi les vingt-cinq comptoirs étrangers de la place, pas un n'est français.

Au point de vue économique, Tien-tsin ne possède aucune industrie importante. Pendant des siècles, elle fut l'Ostie de la Rome de l'Extrême-Orient, c'est-à-dire de Pékin, qu'elle mettait en communication avec la mer par son port; avec le sud de l'empire par le fameux canal Impérial, qui termine dans ses murs sa longue carrière. Cependant, plus heureuse que sa sœur des bords du Tibre, elle a survécu à la cité qui lui a donné le jour. La décadence de Pékin, loin de lui être funeste, n'a fait qu'accroître sa prospérité, car elle a recueilli une grande partie de l'héritage de cette dernière, en devenant le grand entrepôt du commerce de la mer Jaune, dans sa partie nord. Aussi, pour l'importance des transactions, elle occupe le quatrième rang parmi les dix-neuf ports chinois ouverts au commerce étranger, prenant place après Shanghaï, Hankao et Canton. Au point de vue politique, Tien-tsin n'est point la véritable capitale de la province du Peïtché-li, qui est à Pao-tingfou, petite ville de l'intérieur; mais, depuis son développement considérable et son ouverture aux étrangers, le vice-roi de la province a pris l'habitude d'y résider durant la plus grande partie de l'année.

La veille de mon départ, qui était, en somme, le jour de mon arrivée, M. Loup me mena voir son magasin de la ville chinoise, où j'eus une excellente preuve de ce bon sens qui distingue le peuple suisse. Parmi tous les mécanismes d'horlogerie, pendules et montres qui remplissaient le magasin, se trouvait une cargaison de boites à musique fabriquées en Suisse pour l'usage exclusif du marché chinois; car elles ne jouaient que des airs jaunes. Se conformer aux goûts du consommateur, voilà la vraie devise économique de l'industrie moderne. Et les industriels suisses savent admirablement la mettre en pratique : les boites à musique à airs chinois en sont une preuve.

A trois heures du matin, je suis déjà paré, — comme disent les marins, — et je me promène sur le quai, en attendant mes équipages; car j'en ai deux, un pour moi et l'autre pour mes provisions et mon boy. Tout cela devait être à ma porte à trois heures; à cinq, rien n'a encore paru; je commence à croire qu'il y a eu quelque malentendu au sujet de l'heure, peut-être même du jour. Mon boy, qui connaît ses compatriotes, me rassure :

« Les cochers bavardent sans doute, en buvant leur thé. Ils ne vont pas tarder, car un coolie que je viens d'envoyer aux informations m'a dit qu'il avait vu les charrettes à la porte de la maison de thé : *Au parfum de l'abricot* ».

Je ne suis pas encore habitué à la sage lenteur des Célestes, et je les envoie à tous les diables pendant trois longues heures d'attente; car ce n'est qu'à six heures qu'il m'est possible de me mettre en route. Le soleil, déjà haut sur l'horizon, verse des torrents de lumière sur l'immense plaine, déserte à cette heure matinale, qui s'étend à perte de vue derrière la concession; les habitants de cette dernière dorment encore; çà et là un agent de police indigène met une note de vie dans sa solitude. Bientôt les habitations européennes sont remplacées par des constructions chinoises qui m'annoncent que je suis dans un des immenses faubourgs de la ville. Les boutiques sont rares : quelques marchands de comestibles, de charbon, dont les pauvres échoppes rompent la monotonie des deux grands murs de la vie privée jaune qui bordent la rue à perte de vue. Peu à peu, les boutiques se multiplient et les habitations particulières se font rares; puis le mouvement de la rue se fait intense; charrettes, chaises à porteurs, mules avec leur bât, abondent pour le plus grand désagrément des légions de piétons qui encombrent la chaussée, dépourvue de trottoirs.

Le chemin que je suis me conduit sur les bords du fameux canal Impérial, — en chinois Yun-léan-ho : fleuve pour le transport des grains, — un peu en amont de son confluent avec le Peï-ho. Le nom de cet immense travail d'hydraulique indique quel fut autrefois sa raison d'être : il était destiné à porter dans le nord de l'Empire du Milieu les produits du sud; mais, avec le temps, l'incurie des mandarins laissa tomber en ruines cette œuvre magnifique, et il devint si peu navigable que, lors de la venue de vapeurs de mer à Tien-tsin, ces derniers ne tardèrent pas à faire abandonner complétement cette voie, ce qui consomma sa ruine. Aussi, à l'heure qu'il est, son lit, desséché sur la plus grande partie de son parcours, sert de route aux véhicules.

La traversée du canal se fait sur un pont de bateaux que l'on ouvre à la marée montante; ce malheureux pont flottant n'est pas chinois pour rien; il tombe en ruine; son tablier, qui est à plusieurs pieds au-dessous du niveau des berges, fait entendre de sinistres craquements sous le poids des passants et des véhicules qui l'encombrent. On dirait qu'il va, d'un moment à l'autre, être entraîné par le courant violent de la marée descendante, dont les flots limoneux viennent battre ses flancs délabrés avec un bruit sinistre.

Au milieu du pont, mon boy s'approche de ma voiture et me dit, en me montrant un point de la rive : « C'est là que furent massacrés, en 1870, le consul de France et les Pères spirituels », nom chinois des missionnaires catholiques romains. Cela me remit en mémoire le terrible drame dont ces lieux ont été le théâtre. Je n'en referai point le récit, qui a été fait maintes et maintes fois, me contentant seulement d'en rappeler la cause première.

Les Sœurs de charité avaient établi à Tien-tsin une crèche de la Sainte-Enfance, où elles recueillaient les petits jaunes abandonnés par leurs parents, réduits aux expédients. Les lettrés sans ressources avouables,

— et ces parasites abondent dans tous les grands centres chinois, — pour se donner du travail, répandirent, dans le peuple, le bruit que la crèche des Sœurs ne recueillait les petits abandonnés que pour leur crever les yeux, avec lesquels, disaient-ils, les Occidentaux font ces couleurs leur permettant de donner à leurs peintures l'apparence de vie qu'elles possèdent. Voilà la fable qui coûta l'existence à quinze Européens!

Les craquements du pont que je traversais, le bouillonnement du courant, le brouhaha de la foule, les figures sinistres que j'apercevais dans la cohue, le souvenir de scènes de carnage, tout cela, agissant sur mes nerfs surexcités par l'attente, produisit chez moi un mouvement d'effroi. Je me demandais s'il me serait possible de traverser sain et sauf la ville de la Chine où les populations dangereuses sont le plus nombreuses et le plus mal disposées à l'égard des étrangers. Mes craintes étaient chimériques. Comme je l'appris plus tard, les Chinois sont gens trop peu passionnés pour passer, sans transition, du calme à la violence; et les soulèvements populaires sont toujours précédés, chez eux, d'une période de préparation qui permet de se mettre sur ses gardes.

J'avoue que ce fut sous l'empire de la plus grande terreur qne j'effectuai ma première traversée de la ville de Tien-tsin. Si je fais part au lecteur de mes frayeurs, c'est dans l'espoir que faiblesse avouée me sera à moitié pardonnée.

Enfin, me voici sorti de cette ville sinistre, où j'avais

cru laisser mes os, après deux longues heures de voyage. Maintenant la verte campagne s'étend devant moi. Elle, au moins, n'a aucun motif de haine contre les *barbares aux cheveux rouges*. Puis je suis, à présent, l'hôte des campagnards, qui ont des mœurs beaucoup plus douces que celles de leurs compatriotes des villes. Cependant, on ne peut attribuer leur douceur à leur isolement; car, quoique le pays que je traverse soit un des moins peuplés de l'Empire du Milieu, il n'en renferme pas moins cent trente habitants par mille carré, c'est-à-dire une population plus dense que celle des régions les plus peuplées de l'Occident. Aussi les villages se multiplient sur la route. Une étape de deux kilomètres me conduit à Si-kou, où mes voitures montent sur un bac pour traverser le Peï-ho; puis j'arrive, après un parcours de 6 kilomètres, à Pou-kéou, et de là à Yan-tsouen, où nous devons nous arrêter pour laisser passer la chaleur de la journée.

A en croire mon Guide Joanne, imprimé en chinois, Yan-tsouen possède de *très-bons hôtels*, dont il donne les noms. Mon cocher me conduit à l'un d'eux. Ma voiture entre dans une cour qui me rappelle mieux une ferme qu'une auberge. Cependant quelques véhicules semblables aux miens me montrent que l'endroit est bien achalandé. Néanmoins, l'aubergiste trouve le temps de se précipiter à ma rencontre pour me conduire dans le bâtiment du fond de la cour, qui est celui destiné aux personnes de distinction. J'entre à sa suite dans une grande pièce, élevée seulement d'un pas au-dessus du sol. Notre venue met en fuite tout un poulailler qui avait élu domicile sur les deux fauteuils branlants et la table bancale constituant le mobilier de la chambre d'hôtel sur les bords de la mer Jaune. Les volatiles ont sans doute l'habitude de profiter de la place laissée vide par les voyageurs, car le plancher, en terre battue, montre que leur présence en ce lieu n'est point accidentelle. Malheureusement, le sol de ma première habitation jaune n'est point seul empreint de couleur locale : tout ce qui m'entoure est du jaune le plus foncé, et a pour résultat immédiat d'engendrer, dans mon esprit, des réflexions de même nuance. D'abord, la séparation entre la chambre et la cour est formée de papier, qui remplace assez mal nos verres à vitre, car il laisse trop passer la lumière et la chaleur en été, tandis qu'en hiver, il ne laisse pas assez pénétrer la première et garantit fort peu du froid, ce qui n'est guère plus agréable. Les trois autres côtés de la pièce sont tendus d'un papier qui laisse voir, en plus d'un point, le torchis de la bâtisse dans son affreuse nudité; du plafond, aussi en papier, pendent d'immenses toiles d'araignées. Les malignes ont tendu leurs piéges au bon endroit : les mouches sont si nombreuses qu'elles forment sur la table un véritable tapis noir, cachant une épaisse couche de graisse qu'y ont laissée plusieurs générations de voyageurs, et au moindre mouvement, l'affolement de leurs épais bataillons produit une véritable musique. Durant mon repas, elles se précipitent avec tant d'ardeur sur les plats, qu'elles menacent de ne m'en rien laisser, absorbé que je suis par la difficile occupation de défendre mon nez, mes yeux et même ma bouche contre leur chatouillement agaçant. Heureusement, mon boy, qui est un débrouillard, ne tarde pas à me tirer d'affaire : il s'esquive et revient un moment après, tenant à la main une queue de cheval montée sur un court manche de bois : c'est un chasse-mouches qu'il est allé acheter à un magasin voisin, car les mouches sont un fléau si répandu, dans la Chine du Nord, que l'on y trouve à acheter des armes pour s'en défendre, même dans les plus petites bourgades.

Me voici donc installé, mangeant d'une main, et de l'autre défendant, à l'aide de ma queue de cheval, ma personne et mon repas contre la gente ailée. Mais à peine étais-je parvenu à remporter quelque avantage sur mes agiles ennemis, qu'il en survint d'autres, beaucoup plus ennuyeux ceux-là, car ils appartenaient à la classe des *bipèdes sans plumes ni poils*.

Dès mon arrivée dans l'hôtel, j'avais été le *great attraction* du lieu. La nouvelle de la venue d'un *diable* s'était rapidement répandue dans la petite ville de Yan-tsouen, et, au moment où je me mets à table, on fait littéralement cercle à ma porte comme autour d'un acrobate. Mon boy ayant fermé cette dernière, les curieux se rabattent sur la fenêtre; le temps avait déjà troué le papier qui la garnissait en maints endroits; mais le nombre de ces judas naturels se trouvant inférieurs à celui des curieux, ces derniers en pratiquent de nouveaux en passant leurs doigts au travers de la vitre trop fragile. Ce fut alors une suite de détonations qui firent bientôt disparaître le vitrage tout entier. Devant cette fusillade d'un nouveau genre, j'ordonne à mon boy de rouvrir la porte, ce que les badauds jaunes prennent pour une invitation d'entrer, car ils ne tardent pas à former un cercle autour de ma table. Cet auditoire me porte d'abord terriblement sur les nerfs; mais bientôt la conversation de mes spectateurs devient si intéressante que je prolonge mon repas plus que de coutume, à seule fin de profiter plus longtemps de leur société. Comme de raison, mon visage a d'abord l'honneur d'attirer l'attention : on discute la couleur blonde de mes cheveux, la longueur de ma barbe, la forme et surtout les dimensions de mon nez. Puis commence une controverse animée sur le but de mon voyage à Pékin.

« Il y va faire du commerce, dit l'un; tous ses semblables qui résident à Tien-tsin sont des marchands. »

Ce raisonnement me rappelle le trop fameux lord Hamilton, qui, en débarquant à Boulogne, aperçoit une femme rousse, et écrit aussitôt à son ami : *En France, toutes les femmes sont rousses.*

« Non, dit un autre; ce doit être *un manieur de fusils et de canons*. J'ai connu au Sen-tchouan nombre de *diables,* et tous passaient leur temps à apprendre à nos soldats le maniement des armes de guerre. »

D'autres émettent des opinions tout aussi saugrenues, et la controverse eût sans doute dégénéré en dispute sans une voix profonde qui, dominant le bruit de la discussion, déclara à tous les assistants : « Qu'ils n'entendaient rien aux affaires des étrangers; que j'allais simplement à Pékin pour porter un tribut au Fils du Ciel. »

Après quoi, on changea de sujet de conversation, et on passa au menu de mon déjeuner, qui se composait d'une langue fumée de Chicago, d'un morceau de veau à l'oseille venant de Londres, de pêches de Bordeaux, le tout conservé dans des boites de fer-blanc. Quant à la partie liquide, elle consistait en une bouteille de bière de Tivoli, venant de Berlin, et en café au lait enfermé, lui aussi, dans une boite de fer-blanc. Tout compte fait, ce repas me revenait à une quarantaine de francs, non compris le combustible, le logement et le service, ce qui est un peu cher pour un pauvre diable d'écrivain comme moi. Mais, dans ces pays, on ne peut se nourrir à moins, par la simple raison qu'il faut constamment traîner à sa suite tout un magasin de comestibles importés d'Europe. Aussi mon étonnement fut grand lorsque j'entendis la conversation suivante :

« Que mange donc l'étranger? — J'étais alors au second service, c'est-à-dire au veau à l'oseille. — On dirait du tigre?

— Non : c'est de la pierre bouillie dans de la boue. »

Une grosse face réjouie, dont le propriétaire s'était accroupi commodément sur ses talons, tout près de moi, s'esclaffa tellement à cette remarque, que sa pipe tomba à terre; il la ramassa tranquillement en disant :

« Quelle blague! Les *diables* sont malins, mais pas assez pour pouvoir manger des pierres. »

L'individu ainsi contredit allait sans doute se rebiffer, lorsque la voix profonde prononça un nouvel oracle :

« Ne voyez-vous pas, dit-elle, que ces Occidentaux en sont réduits à ne manger que des détritus, parce qu'ils sont tellement pauvres qu'ils ne peuvent même pas acheter ni riz ni thé. »

Cette explication fut acceptée, comme la première, avec soumission par la foule, ce qui m'étonna fort. Je demandai alors à mon *boy*, en *pidjin english*, — il parlait quelques mots de ce jargon : — *That pisi, man what belong?* Ce qui voulait dire, en la circonstance : A qui appartient la voix profonde?

« C'est au *bâton lumineux* [1] de l'endroit, me répondit-il.

— Et quel est son métier?

— Il n'en a pas. C'est un lettré qui a échoué à ses derniers examens : être *maître en procès* [2], c'est là sa seule occupation. »

Mon déjeuner achevé, je m'empressai de me soustraire à la curiosité un peu gênante de mes commen-

[1] Cette expression singulière correspond à notre *coq du village;* mais il faut avouer que son étymologie est bien plus difficile à trouver.

[2] Je n'ai osé traduire cette expression par notre mot *avocat,* dans la crainte de froisser les honorables successeurs de Démosthène. Mon impartialité de voyageur m'oblige cependant à dire que les fonctions d'avocat sont fort mal considérées à la Chine; de là le nom de *maîtres en procès* sous lequel on y désigne ceux qui les remplissent. Ces derniers se recrutent généralement parmi les *fruits secs* des concours.

tateurs en quittant la salle à manger pour aller visiter la ville.

Yan-tsouen est un petit village, sans autre importance que celle que lui donne sa situation sur la route de terre et d'eau qui va de Tien-tsin à Pékin; j'en ai donc vite fait le tour, et je rentre à l'hôtel dans l'intention d'y faire la sieste. Mais comme il y a loin, en Chine plus que partout ailleurs, de la coupe aux lèvres!

Le lit de ma chambre est des plus vastes, puisqu'il en occupe une bonne moitié; mais quel lit! Figurez-vous un grand lit de camp, tout en briques, rembourré seulement d'une mince natte dont vous ne tardez pas à regretter la présence. Je m'installe de mon mieux sur le *kang,* — nom chinois de cet instrument de torture, — pour essayer de dormir. Mais, hélas! que de déceptions dans cet essai, qui finit par échouer misérablement!!! D'abord, les briques constituent un coucher fort dur; puis, dès que je m'assoupis, je cesse de brandir mon arme, mon chasse-mouches, veux-je dire, et alors mes ennemis innombrables se précipitent sur moi avec un tel acharnement que Morphée s'enfuit effrayé.

J'en étais là de mes luttes homériques, lorsque de nouveaux ennemis vinrent transformer ma retraite en une épouvantable déroute, qui me chassa de l'auberge; la natte qui se trouvait à la place occupée par nos matelas, mais qui n'en remplissait nullement les fonctions, avait cependant été trouvée fort agréable par une nuée de parasites microscopiques y trouvant le couvert et se nourrissant aux dépens des malheureux voyageurs. Pour me défendre de leurs atteintes, je me remuais si bien que je finis par être dans un vrai bain de vapeur, et cela, ajouté au bruit que faisaient dans la cour les habitants du lieu : quadrupèdes, volailles et bipèdes jaunes, me décida à faire donner l'ordre à mes cochers de se préparer à partir.

Le désir de fuir me fait tomber dans de nouvelles tribulations; ce n'est point chose facile que d'arracher un automédon jaune aux délices d'une auberge. Mon homme soulève mille objections : d'abord, les mules sont fatiguées; puis la température est dangereuse pour moi, et ainsi de suite. Enfin, après bien des objections, il finit par me promettre qu'il va atteler au plus tôt; mais comme il y met de la mauvaise volonté, cette opération lui prend près d'une heure. Malgré cela, lorsque je sors de Yan-tsouen il fait encore terriblement chaud sur la route. Si j'emploie ici ce mot de route, c'est uniquement pour être compris de mes indulgents lecteurs, car jamais euphémisme de langage ne fut plus risqué. Rien ne ressemble moins à une route que la voie que l'on parcourt pour se rendre de Tien-tsin à Pékin. La chaussée en est formée par le sol, ce qui fait qu'à la moindre pluie la terre délayée se creuse en de si profondes ornières, que les voitures passent à côté de peur de s'y perdre. Puis, cette nouvelle voie transformée à son tour en fondrières, on en trace une nouvelle à côté.

De la sorte, une route chinoise n'est qu'une suite de fondrières qui s'étendent quelquefois sur une largeur de près d'un kilomètre.

La description que je viens de faire permettra au lecteur de s'imaginer quels effroyables cahots il faut supporter, lorsque l'on parcourt ces chemins dans des véhicules non suspendus, le ressort étant un perfectionnement inconnu là-bas. Puis la voiture chinoise est construite de telle manière que l'intérieur en est trop bas pour qu'on puisse s'y asseoir, trop court pour qu'on puisse s'y coucher; de sorte qu'il faut s'y tenir accroupi à la turque, position très-fatigante lorsqu'elle se prolonge longtemps.

On peut bien, il est vrai, s'asseoir en dehors, sur le brancard de gauche, tandis que celui de droite est réservé au cocher; car, en vertu du principe qui veut que toute habitude chinoise soit le contraire de son équivalent européen, le côté de la politesse est ici à gauche. Quoiqu'un brancard soit un siége peu agréable pour parcourir des kilomètres, je m'y installe cependant de mon mieux, au risque de me donner des entorses; car mes longues jambes touchent la terre à chaque instant.

Mon cocher, qui trouve que l'intérieur de sa charrette est un vrai palais enchanté, sous le rapport du confort, s'imagine que je suis venu m'installer près de lui pour profiter de sa société; aussi se met-il en frais, et son intéressante conversation, — notez qu'il s'agit ici d'un automédon jaune, — me fait bien vite oublier l'auberge de Yan-tsouen.

« Le *grand vieil aïeul* est sans doute pressé d'arriver à la capitale », me dit-il?

Aïeul est l'équivalent de monsieur; *grand vieil aïeul* est une expression plus polie, qui n'a cependant point la valeur du *Ta-jen* réservé aux Excellences.

En m'appelant *grand vieil aïeul,* mon cocher me traitait donc avec un certain respect. J'ai, d'ailleurs, toujours remarqué avec satisfaction, chez la plèbe chinoise, ce même respect pour les blancs exprimé par des expressions plus choisies que celles qu'ils emploient en parlant à leurs compatriotes.

« Oui, je suis pressé, lui dis-je, pour répondre à sa question.

— Oh! vous autres Occidentaux, vous êtes toujours pressés. J'ai fait plus d'une fois le voyage de Tien-tsin à Pékin au service des étrangers, et jamais ils ne restent plus de trois jours en route, qu'il pleuve, qu'il vente ou qu'il neige.

— Il me semble que c'est bien suffisant pour un parcours de quinze lieues à peine?

— Quand on est obligé de gagner de l'argent, oui; mais mes clients mes compatriotes ne sont point dans ce cas; presque tous sont de grands mandarins. Lorsqu'ils font le voyage en huit jours, ils trouvent qu'ils ont été très-vite, et me donnent un bon pourboire afin de se rendre le Ciel propice, à leur prochain voyage; car pour faire le trajet aussi vite, il faut que le temps se maintienne au beau pendant dix jours au moins.

— Je comprends, en effet, qu'avec des routes semblables la pluie doive vous retarder beaucoup.

— Retarder n'est point le mot propre; il faut dire arrêter, car dès qu'il pleut, les mandarins s'enferment dans la plus proche auberge et ne la quittent qu'au retour du soleil. Après tout, ils ont bien raison; même avec un gros pourboire, je trouve fort désagréable de courir la campagne par le vent et la pluie.

— Comment! le vent effraye aussi vos compatriotes? »

Telle était la réflexion que j'allais faire, lorsqu'elle fut tout à coup glacée sur mes lèvres par une douche froide, accompagnée d'une sentation de fraicheur aux jambes des moins agréables. Je me mis à pester si fort, en français, que mon cocher, malgré son ignorance de cette langue, comprit facilement que j'étais en colère, tant est semblable en tous pays le langage des passions. Il se tourna de mon côté, et s'écria aussitôt :

« C'est ma faute, à moi, ce qui vous arrive là!!! »

Son air contrit me calma, et je me mis à examiner les alentours pour me rendre compte de l'accident qui venait de m'arriver.

Nous étions parvenus, sans que je m'en aperçusse, à un endroit où la fondrière, qui constituait la route, se transformait en un lac en miniature, d'où le désagréable bain de pieds et la douche forcée que je venais de prendre.

En toute autre circonstance, semblable incident m'eût fait tempêter, non sans raison : c'était ajouter aux nombreux désagréments ordinaires de la route celui de la parcourir avec des vêtements inondés d'eau.

Cependant mon automédon s'y prit si bien, il dépensa tant d'éloquence pour me démontrer qu'il était le seul coupable dans cet incident, il mit tant de soin à essuyer les taches de boue qui tigraient de noir mon complet de toile grise, que je finis par rire de ma mésaventure. Cette façon de prendre les choses enchanta mon conducteur.

« Je vois que Votre Excellence est un grand fonctionnaire, ce dont je m'étais bien douté, » me dit-il.

J'allais lui demander de m'expliquer sa pensée d'une manière plus compréhensible pour un Européen, lorsqu'il continua :

« Il y a environ une lune, je ramenais de Pékin un étranger. Voici qu'en chemin, la roue de ma charrette se casse : mon client se met dans une grande colère, et me donne même un grand coup de canne, ce qui ne raccommoda pas la roue. Mais il faut dire que c'était un commerçant; ces gens-là, n'ayant jamais étudié les livres, manquent absolument de patience : un vice-roi peut attendre des heures, sans que sa physionomie trahisse le moindre sentiment de colère, et cela parce qu'il a puisé dans les écrits des sages l'art de commander à ses passions. »

Pendant que mon homme pérore, les champs font défiler devant moi les spécimens des productions du pays : des haricots abrités par des haies vertes de ricin et de sorgho, des millets aux longues grappes, des aubergines rampantes dont les fruits, luisant au soleil, constellent la plaine de gros diamants noirs; et au milieu de toute cette verdure naine, pas un arbre sous lequel le cultivateur puisse se reposer un instant, à l'abri des chauds rayons du soleil : n'est-ce point là l'image de la société chinoise, où l'homme vit enfermé dans un conventionnalisme outré, sans qu'il puisse jamais s'y soustraire un seul instant ?

Durant cette seconde étape, je traverse successivement les villages de Ma-kia-keou, Tsai-tsouen, Ta-touen-ho-chao, Kou-kouan, et enfin la petite ville de Ho-si-vou, où je devrais passer la nuit. Mon Joanne m'apprend qu'il y a dans cette ville un bureau de douane délivrant, moyennant finance, un permis rouge, sans lequel aucune marchandise ne peut pénétrer dans Pékin. Comme on le voit, la Chine attend encore son Turgot qui la débarrassera de ses innombrables lignes de douanes intérieures. Mon guide m'apprend encore qu'outre l'officier de douane, il y a aussi dans la ville un sergent de la garde impériale avec son détachement, renseignement qui me fut fort utile dans la suite.

Mon cocher me conduit dans ce qui est, m'affirme-t-il, le meilleur hôtel du lieu. Nous entrons dans la cour, dont l'apparence me rappelle tellement Yan-tsouen et ses désagréables souvenirs que je suis très-inquiet pour la nuit.

L'enseigne de la maison : *A la rencontre providentionnelle des charrettes*, ne me rassure pas; et c'est avec de véritables appréhensions que je prends mon repas, solitairement cette fois, car une pluie battante retient les curieux chez eux.

Mon dîner terminé, je n'ai d'autre ressource que le repos, le mauvais temps me privant de la promenade. Je demande d'abord une lumière, dans l'espoir de tuer le temps par la lecture ; mais lorsque je vois apparaître le lumignon fumeux que l'on décore là-bas du nom de lampe, j'abandonne vite mon projet par égard pour mes yeux, et je m'étends sur l'inévitable *kang*. Cinq minutes suffisent pour me convaincre que cet instrument de torture est le même partout. Cependant dix heures de charrette sur des routes chinoises avaient produit sur moi l'effet d'une forte dose d'opium; mes membres, endoloris par la fatigue, étaient devenus presque insensibles, et j'étais déjà plongé dans un demi-sommeil, lorsqu'un ennemi, que je n'avais point encore affronté, vint réveiller mes nerfs assoupis. Des légions de moustiques, attirés par la lumière de ma lampe romaine, — la lampe chinoise ressemble tellement à cette dernière qu'on la prendrait, au premier abord, pour un objet déterré de la veille des cendres de Pompéi, — remplissent la chambre d'un sifflement désagréable, m'annonçant un dangereux voisin. Les horribles piqûres de ces insectes m'ont bientôt mis les mains et la figure en sang; n'y tenant plus, je sors dans la cour pour donner à mon cocher l'ordre d'atteler; mais la cour est déjà déserte, quoiqu'il soit à peine neuf heures; le bruit de la pluie trouble seul le silence de la nuit, et l'auberge semble plongée dans le plus profond sommeil.

Me voilà errant dans cette solitude, rasant les murs pour être un peu à l'abri des toits.

J'aurais pu me promener longtemps ainsi, sans une mule qui se mit à braire en m'entendant approcher; ce bruit fit remuer un être que je crus appartenir à la même espèce que moi. Je l'interpellai aussitôt :

« Où sont donc les cochers?

— Il y a cocher et cocher. Comment s'appelle celui que vous cherchez? »

Cette question inattendue m'arrêta net. J'ignorais absolument le nom de mon automédon; mais comme je me souvenais de celui de mon boy, je lui répondis avec aplomb :

« Il s'appelle Tchen.

— Tchen? me répondit-il sans hésiter. Il n'y a ici aucun cocher de ce nom. »

J'allais insister, lorsque mon informant invisible reprit :

« C'est peut-être Ten que vous voulez dire, car vous autres barbares, vous écorchez tous nos noms. »

Une nuit noire, une pluie battante, n'étaient guère une mise en scène convenable pour donner au bonhomme une leçon de politesse; je fis donc semblant de ne pas comprendre l'injure, et cinq minutes après mon cocher, qui était bien le nommé Ten, entrait dans ma chambre. J'échangeai avec lui l'entretien suivant :

« Il faut absolument que nous partions cette nuit.

— Nous resterons en chemin : les routes doivent être ravinées par la pluie, et les mules sont éreintées.

— Je te donnerai quinze francs de pourboire, si nous sommes demain à Pékin.

— Cela est impossible. Dans ces temps de famine, les chemins sont infestés de voleurs, et je n'ai pas envie de risquer ma vie pour quinze francs.

— Je t'en donnerai trente.

— Alors, *pour vous faire plaisir*, je vais atteler; mais je ne partirai que si vous avez une escorte.

— Qu'à cela ne tienne : il y a ici un sergent, fais-moi conduire chez lui, et je me charge du reste. »

Un autre cocher alluma une lanterne en papier et me conduisit chez le *pa-tson.*

Je trouvai ce guerrier dans une pièce sombre, jouant aux dominos, le jeu favori des Chinois. D'abord, il me reçut assez froidement. Je lui exposai le motif de ma visite, ce qui le rendit glacial; et il allait sans doute m'envoyer promener, plus ou moins poliment, lorsqu'il me vint à l'esprit que j'avais sur moi un passe-port portant, par faveur spéciale, le cachet de Li, vice-roi de la province. Je le tendis au *pa-tson,* qui se mit à l'examiner attentivement. Pendant qu'il lisait, j'épiais sa physionomie, qui restait impassible; mais lorsque ses yeux rencontrèrent le cachet de Li, — oh! incroyable puissance d'une simple griffe à l'encre rouge! — son attitude à mon endroit changea du tout au tout. Au commencement de l'entrevue, il m'avait donné du *tu,* il passa sans transition de ce pronom peu poli, — en chinois, bien entendu, — au titre ronflant d'excellence.

« Si Votre Excellence veut se mettre en route ce soir, je lui donnerai une escorte de deux soldats très-courageux, qui ne la quitteront qu'au lever du soleil. »

J'acceptai avec empressement, puisque c'était là ce que j'étais venu demander. Je pris congé après avoir remercié mon homme, que j'eus la plus grande peine à empêcher de m'accompagner jusqu'à mon hôtel.

A l'heure où minuit aurait dû sonner au clocher de Ho-si-vou, s'il y avait en Chine des clochers et des horloges, je laissais cette ville se livrer aux douceurs du sommeil pour aller courir des routes infestées de brigands. Il est vrai que ma caravane était pourvue en conséquence : deux soldats, fort pacifiques d'apparence, ayant pour arme une longue pipe, et pour monture deux mules étiques, l'accompagnaient. Il est vrai que ces dernières portaient chacune un collier de grelots dont le ding ding retentissant annonçait de loin aux voleurs la présence de la force armée, et prévenait ainsi toute chance de conflit. C'est du moins de cette façon que j'explique la confiance des charretiers dans cette escorte toute morale : confiance qui est du reste générale, car je ne tardais pas à m'apercevoir que cinq charrettes, arrêtées à Ho-si-vou avec l'intention d'y passer la nuit, s'étaient mises à la suite des miennes pour profiter de mon escorte.

La nuit était noire; une petite pluie fine s'égouttait doucement sur la bâche de ma charrette; et, au milieu du silence de la campagne endormie, le grincement des roues, le tintement des grelots, dont la cadence monotone était brusquement interrompue, çà et là, par le He! he! ta! ta! d'un cocher, stimulant l'ardeur endormie de ses bêtes, formaient un tableau fantastique, bien digne de figurer une descente aux enfers.

Chemin faisant, la fatigue commençait à m'envahir. Accroupi dans ma charrette, je me laissais aller malgré moi au sommeil, réveillé à chaque instant par un cahot plus fort, qui produisait de terribles collisions entre ma tête et la capote de mon véhicule. Bientôt mon casque indien, en moelle de sureau, fut en pièces. Pour comble de malheur, l'obscurité empêchant mon cocher d'éviter les fondrières, je passai la nuit dans un véritable panier à salade. Maintenu dans un état de demi-veille par le ballottement, je continuai mon voyage dans l'obscurité la plus complète, guidé seulement par l'ouïe : un clapotement m'annonçait une fondrière; des aboiements furieux, la traversée d'un village; l'inclinaison de la voiture, une montée ou une descente.

Pendant la dernière partie de la nuit, mon automédon se mit à chanter, ou mieux à psalmodier, une chanson tout à fait de circonstance : « Il y a ici un *diable* avec une foule de fusils à main à plusieurs coups; — traduisez en bon français revolvers, — il ne dort pas, car il est éveillé, et ses armes sont chargées. » Et il répéta ce monotone refrain jusqu'à la pointe du jour, avec la persévérance d'un auteur récitant ses élucubrations poétiques. Bercé par ce chant, je parvins à m'endormir, et je me réveillai dans la cour d'une auberge.

Nous sommes à Ma-téou; encore une étape de sept heures, et j'entrerai à Pékin, la ville de mes rêves durant les cinq années que j'ai passées à l'école des langues orientales, pour étudier la langue de Confucius. Aussi je donne à peine le temps à mes conducteurs d'avaler un bol de riz; et nous voici de nouveau en route.

L'impression que j'éprouve en approchant de la *ville,* comme disent les Chinois, à l'imitation des Romains, me fait oublier ma fatigue. Je tire de ma poche quelques feuillets, détachés d'un volume, que je conserve précieusement dans ma poche, depuis mon départ de Marseille, pour les relire au moment psychologique, qui est enfin arrivé : c'est la description de la capitale de l'Empire du Milieu, telle qu'elle était en 1373, lorsque le Vénitien Marco Polo la visita. Pour permettre au lecteur de faire lui-même la comparaison entre le Pékin moderne et celui du treizième siècle, au temps de Koubilaï, le plus grand souverain de la dynastie mongole des Yuan, je vais donner cette description en entier.

« La ville de Khan-baligh (Pékin), en mongol « la ville de l'Empereur », dit le célèbre Vénitien[1], a vingt-quatre milles de côté et six milles de long. Elle forme un parallélogramme entouré de murailles qui ont une épaisseur de dix mètres (pas) à la base, et une hauteur au moins égale; mais elles ne sont pas épaisses au sommet, car elles diminuent d'épaisseur au fur et à mesure qu'elles s'élèvent, de manière que, au sommet, elles ont seulement trois mètres d'épaisseur. Elles sont pourvues, dans toute leur longueur, de meurtrières et de créneaux blanchis à la chaux.

« La ville a douze portes; et en dehors de chaque porte, il y a un grand et magnifique *palais*, de manière qu'il y a sur chaque côté du carré trois portes et cinq *palais*; car je dois également mentionner qu'il y a à chaque angle un grand et beau *palais*. Dans ces palais, il y a de vastes pièces dans lesquelles sont gardées les armes de la garnison de la cité.

« Les rues de Khan-baligh sont *si droites et si larges* qu'on peut voir d'une extrémité à l'autre, et d'une porte à une autre. Il y a également partout de magni-

[1] Voir *Marco-Polo travels edited by colonel* Yule, t. I, chap. xi, p. 361.

fiques palais, plusieurs belles hôtelleries, et de très-jolies maisons en grand nombre. Tous les terrains sont assignés aux différentes nobles familles; chaque palais est longé par de magnifiques rues pour le trafic.

« De plus, au milieu de la ville, se trouve *une immense horloge*, c'est-à-dire une cloche qui est sonnée pendant la nuit; et quand elle a sonné trois coups, personne ne doit sortir de chez lui dans la ville, à moins que ce ne soit pour une femme en couches ou un malade, et ceux qui sortent dans ce but doivent porter avec eux des lanternes [1]. »

La lecture de ces lignes ne fit qu'augmenter mon impatience. A un tournant de la route, un pan de mur délabré se dresse devant moi; mon émotion me coupe presque la respiration; et ce n'est que lorsque nous franchissons une poterne, aussi délabrée que le mur, que je puis m'écrier : « Enfin voilà Pékin! » ce à quoi mon cocher répond fort tranquillement :

« Non; c'est Tchouan-kia-ho. »

En effet, je m'aperçois vite de mon erreur. Nous suivons maintenant une rue étroite, bordée de boutiques misérables. L'attitude des indigènes m'apprend cependant que je suis dans une ville : les passants me regardent d'un air moqueur, et les gamins que je rencontre s'enfuient effrayés en criant à tue-tête : Un diable!!! un diable!!!

En sortant de Tchouan-kia-ho, la route traverse un pont dont les parapets de marbre blanc renversés, les

[1] Les passages soulignés sont ceux auxquels il sera fait allusion dans la suite de ce récit.

trois arches en plein cintre délabrées, témoignent de sa splendeur passée. En tête de ces ruines se dresse une stèle supportée par une tortue; elle apprend, — la stèle, bien entendu, — au voyageur que ce pont fut construit sous le règne d'un souverain de la dynastie des Min, par un intendant de circuit nomme Ta, un tel étant vice-roi de la province. Décidément les jaunes nous ressemblent plus qu'on ne le croit : comme nous, ils veulent à tout prix transmettre leur nom à la postérité.

A un endroit, un groupe affreux étale ses misères dans l'espoir d'attendrir les passants; deux cadavres ambulants implorent la charité, tandis qu'un troisième, couché dans un panier, sur le bord du chemin, est en train d'agoniser : ce sont des malheureux affamés du Chan-ton, qui se traînent jusqu'à Pékin, mus par le chimérique espoir que leur Père commun, le Fils du Ciel, les pourvoira du nécessaire. Cette scène de famine me remet en mémoire les brigands, et surtout mon escorte, que j'avais complétement oubliés. Je m'aperçois alors que les grelots de leurs montures accompagnent toujours ma caravane de leur *ding ding* ; mais j'ai beau regarder autour de moi, il m'est impossible de découvrir mes deux gardes.

De guerre lasse, j'interroge mon cocher, et j'apprends alors que ces deux braves m'ont faussé compagnie, à une petite lieue de Ho-si-vou, en me laissant sous la garde de leurs grelots, qu'ils ont confiés à un des cochers, en lui recommandant de les leur reporter, à son prochain voyage à Tien-tsin. Cette découverte m'explique la bizarre chanson du cocher, qui m'avait bercé pendant la dernière partie de la nuit : elle était destinée à augmenter le pouvoir défensif des bruyants grelots.

La singulière escorte qui a tenu, la nuit durant les brigands en respect me fait un peu oublier la *Khanbaligh* de Marco Polo. Plus nous avançons, et plus la pluie fait sentir ses effets sur des chemins verts encaissés, qui me rappellent la Normandie; aussi à chaque instant la charrette enfonce-t-elle dans l'eau jusqu'au moyeu.

Mon horizon est donc des plus bornés; et quoique le cocher m'affirme que la ville est proche, je la crois encore assez éloignée; car j'ai beau sonder les quatre points de l'horizon, lorsqu'il m'est possible de les entrevoir, je n'aperçois rien m'indiquant l'approche d'un grand centre. Partout la plaine étend ses vagues vertes, et les arbres se font de plus en plus nombreux. Déjà je me demandais intérieurement quel intérêt pouvait avoir mon automédon à me tromper sur la distance qui nous sépare de Pékin, lorsque, tout à coup, les talus du chemin s'écartent et me montrent une haute muraille en briques grises.

« Voici la muraille de la Ouaï-tchen, » me dit mon conducteur.

J'étais tellement familiarisé avec la topographie de Pékin, que je compris tout de suite que nous étions au pied de l'enceinte de la ville extérieure ou chinoise.

Avant d'arriver à ce mur d'enceinte, la route traverse un pont jouant un grand rôle dans l'existence monotone des Européens habitant Pékin; c'est jusque-là que ceux d'entre eux qui restent dans la ville accompagnent ceux qui la quittent, d'où le nom qu'ils lui ont donné de « *pont des adieux* », dénomination absolument inconnue des Chinois[1].

Une fois le « pont des adieux » traversé, nous suivons la muraille. Quelques échoppes de sordide apparence me rappellent les beaux vers de Musset :

> Ce qu'on voit aux abords d'une grande cité,
> Ce sont des abattoirs, des murs, des cimetières.

Bientôt un pavage de larges dalles remplace la terre, sans que ce changement rende cependant la route meilleure. Les pierres, usées en maints endroits, forment des trous dans lesquels les roues de la charrette tombent, en produisant des secousses encore plus désagréables que celles causées par les fondrières, car la pierre est loin d'avoir l'élasticité de la terre détrempée par la pluie. Enfin voici dans la muraille une porte voûtée : nous nous y engageons, et nous sommes dans Pékin.

[1] Ils l'appellent le Ta-tong-kiao, — le grand pont oriental.

CHAPITRE II

PÉKIN ET KHAN-BALIGH.

La porte de la ville chinoise par laquelle je fais mon entrée à Pékin s'appelle Ton-pien-meun, — porte orientale de côté. — Sous la voûte, le dallage, plus usé qu'ailleurs par le mouvement de la rue, me prépare une terrible épreuve : mes pauvres bras endoloris ont beau se crisper, mon corps, ballotté par les cahots, s'en va frapper avec tant de violence contre les bâtis de la charrette que la crainte d'arriver en pièces dans la ville impériale me fait mettre pied à terre et continuer mon voyage, ou mieux mon odyssée, à pied.

Dans la ville, des échoppes plus misérables encore que celles que j'ai vues hors des murs, car ces dernières n'ont aucune prétention à l'élégance, tandis qu'ici, les devantures en bois sculpté, avec un vestige de dorure par-ci par-là, vous montrent, dans son affreux réalisme, l'influence dévastatrice du temps.

Après avoir côtoyé la muraille de la ville impériale, du Neï-tchen, — ville intérieure, comme l'appellent les indigènes, — nous tournons à droite pour descendre dans les fossés qui l'entourent, et qui, comme le canal impérial, laissés à sec par l'incurie des mandarins, en sont réduits, eux aussi, à servir de route terrestre. La descente est des plus scabreuses; et je me félicite de ne plus être son hôte en voyant ma charrette dégringoler, bien plus que descendre, un talus à pic parsemé de grosses pierres, tandis que son cocher, cramponné à la roue, fait de vains efforts pour modérer ses allures. Enfin, la descente s'effectue sans accident, grâce à l'habileté des mules et de leur conducteur, qui paraissent accoutumés à ces sortes d'acrobaties.

Une fois au fond du fossé, je reprends ma place sur le brancard. Le dallage a disparu pour faire place à un sol gris, poussiéreux, comme formé de cendre. A ma droite, les murailles de la moderne Khan-baligh profilent leur masse imposante de briques cuites au soleil; à gauche, une lande poudreuse, avec quelques flaques d'eau rappelant sa destination primitive, qui était de servir de première défense au dernier refuge de la *puissance céleste,* puis, de l'autre côté du fossé, la ville chinoise étendant, à perte de vue, ses toits en tuiles noires, semblables aux tentes d'un immense camp, car la digue qui borde le fossé cache complétement les habitations mêmes.

Cette ville de tentes me fait mieux comprendre, et surtout mieux apprécier le système exposé par Charles Blanc, dans sa *Grammaire des arts du dessin,* en vertu duquel il démontre que l'architecture chinoise eut pour origine la tente nomade des plaines de la Mongolie.

Ici, l'approche d'un grand centre est indiqué par la foule des mendiants qui poursuivent ma charrette en criant d'une voix lamentable : « *Grand vieil aïeul! un tsien!!* Je meurs de faim! » Ne dirait-on point que le mendiant jaune a emprunté à son collègue napolitain son invocation favorite : *Excellenza ! un soldo, io morir di fame ! !*

Ces malheureux affamés, tous nus, hommes, femmes et enfants, sont d'une maigreur effrayante, et leur physionomie porte la terrible empreinte des maux qu'engendre la famine. Parmi eux, deux enfants nous poursuivent avec persistance; ce que voyant, mon automédon soulève un des coussins qui garnissent la charrette et en tire un chapelet de ces petites monnaies de bronze appelées *tsien;* il en jette trois aux pauvres petits; et se tournant vers moi, il me dit :

« Ceux-là sont de vrais pauvres, des émigrés du Chanton, d'où ils ont été chassés par la famine : c'est pour cela que je leur fais l'aumône, tandis que je ne donne que des coups de fouet aux mendiants de profession que nous allons voir tout à l'heure. »

Nous sommes au fond du fossé : il nous faut en sortir pour entrer dans la ville. Un bastion s'avançant beaucoup plus que ses voisins, et surmonté d'un énorme donjon à trois étages, garnis de nombreuses embrasures laissant voir la sombre gueule des canons, sa seule garnison : voilà ce que je vis à la place du palais qui s'élevait devant chaque porte de la ville, au temps de Marco Polo. Cette transformation me fit penser, tout d'abord, que les Fils du Ciel sont bien plus belliqueux, au dix-neuvième siècle, qu'ils ne l'étaient à l'époque de Tamerlan, lorsque mon automédon vint détruire cette illusion.

« Ce qui est là devant vous, me dit-il, en me montrant

le donjon, c'est la porte de Ha-ta-meun. Sa puissance est telle qu'elle se garde elle-même ; aussi n'y a-t-il pas de soldats à l'intérieur, et ces gueules de canons que vous voyez sont seulement *peintes* sur les volets des embrasures. »

Au lieu de lui demander des éclaircissements sur la puissance d'une chose qu'il traitait comme un être animé, je crus plus prudent de sauter à terre, car nous étions arrivés à un passage difficile : la sortie du fossé.

Là encore, une rampe à pic, encaissée, il est vrai, entre deux murs, mais parsemée de blocs de pierre si énormes que la charrette verserait sûrement si elle n'était de construction chinoise, c'est-à-dire, si son unique essieu fort long ne faisait pas saillie de chaque côté, en dehors des roues, d'un demi-mètre au moins. Grâce à ce détail de construction, la charrette jaune est absolument inversable : dès qu'elle penche d'un côté, d'une façon quelque peu inquiétante, son essieu démesuré s'en va toucher le sol et lui donne ainsi un troisième point d'appui qui rend tout accident impossible.

Je grimpe la rampe derrière mon véhicule. Le ravin servant de route me conduit sur une chaussée dallée qui, à en juger par les ornières profondes creusées par le passage des chars, doit être une contemporaine du petit-fils de Gengis-Khan. Mais j'appris par la suite que les années comptent double pour tout ce qui appartient à l'État chinois, et que cinquante ans suffisent, dans le royaume des fleurs, pour ruiner le pont le plus solide, le pavage le plus résistant, la muraille la plus inébranlable.

Quelques pas encore, et me voici sous une vaste voûte, toute remplie du grincement des charrettes dansant, sur un chaos de blocs de pierres décoré du nom de pavage, une sarabande faisant l'éloge des ouvriers qui les ont construites.

Cette première voûte franchie, on se trouve dans une sorte de place d'armes carrée, entourée de toutes parts par la muraille. Cette cour, dominée par le gros donjon et par un second moins important, devait constituer un obstacle infranchissable pour des troupes armées seulement d'arcs et de lances; et il leur fallait cependant la traverser pour arriver à la seconde porte percée, non point en face de la première, mais perpendiculairement à elle, pour empêcher l'ennemi de la voir du dehors.

Dans un coin de la place d'armes s'élève une masure, aux murs peints en rouge; de chaque côté de la porte, un grand mât de cocagne, aussi peint en rouge; et entre les deux, un piédestal surmonté d'une vasque en bronze dans laquelle brûle une mèche de bois de santal, dont la fumée odorante s'évanouit bien vite, absorbée par les odeurs pékinoises vous avertissant, dès votre entrée dans la ville, que le service de la voirie y laisse beaucoup à désirer.

Mon cocher s'arrête devant la masure rouge, abandonnant son équipage à la garde de la Providence, et se dispose à y entrer après m'avoir dit :

« Voilà le sanctuaire du Dieu qui garde Ha-ta-meum mieux que ne pourraient le faire vos instruments de guerre. »

Je suis mon automédon, curieux de connaître l'intérieur du temple. J'y retrouve la même misère et la même vétusté qu'à l'extérieur : des divinités branlantes, qui disparaissent ensevelies sous les flots de poussière; des autels, qui donnent asile à des légions d'araignées; un plancher, qui déparerait une étable mal tenue; et enfin, un bonze, le gardien du sanctuaire, aussi ruiné et aussi misérable que son temple.

Mon cocher, sans se découvrir, ni sans montrer, d'une façon quelconque, son respect pour la divinité du lieu, se contente de jeter brutalement au bonze quelques pièces de cuivre et s'empresse de sortir après cet exercice de piété fort prosaïque.

« Voyez-vous, me dit-il, en reprenant place sur son brancard, ce dieu me protége dans tous mes voyages, si je les entreprends avec l'intention bien arrêtée de lui faire une offrande à mon retour; c'est pourquoi je lui consacre volontiers quelques tsien chaque fois que je passe par ici. »

Toute la religion du peuple chinois est là : une grossière superstition qui se traduit dans sa vie par un culte extérieur tout aussi grossier.

J'allais demander à mon homme s'il avait négligé de promettre une offrande au dieu de la masure, lorsqu'il avait fait le voyage qui lui avait valu, de la part d'un voyageur blanc, une raclée de coups de canne; mais la nouveauté de tout ce qui m'entoure porte mon attention vers d'autres sujets d'études.

Devant moi, un large boulevard s'étend sur le bleu pâle du cercle de l'horizon. Enfin je reconnais un peu la ville de Marco Polo!

Voilà bien la large rue dont il parle; et sans une légère montée, arrêtant la vue, je découvrirais la muraille qui ferme l'autre côté de la ville.

Ha-ta-meun-ta-kié, — c'est le nom de ce boulevard pékinois, — rappelle, par sa largeur et la droiture de son tracé, l'ancienne Khan-baligh; mais ce sont là les seuls souvenirs qui lui restent d'une splendeur passée. La rue moderne n'a pour chaussée que celle que lui a donnée la nature; aussi les fondrières y sont-elles nombreuses; quant aux bas côtés, réservés aux piétons, ils sont ou plus bas ou plus hauts que la chaussée; à certains endroits même, ils sont remplacés par des mares dont la surface couverte de végétations indique clairement que leur présence n'est point accidentelle.

A gauche de la porte de Ha-ta-meun s'élève un bâtiment, aussi en ruine, flanqué de deux râteliers branlants où s'alignent une douzaine de lances au fer rouillé, ornées chacune d'une misérable loque rouge, rendue grise par l'épaisse couche de toiles d'araignée qui recouvre armes et supports, preuve certaine que ce belliqueux appareil n'est là que pour la forme. Quant aux soldats du corps de garde, — car la baraque que j'ai devant moi abrite un détachement de la garde des Fils du Ciel, — ils sont encore plus typiques, si possible, que leurs armes. Les voici tous devant la porte, ces vaillants guerriers! Les uns dorment couchés sur la terre dure; d'autres, assis sur un banc, jouent aux dominos; l'un d'eux raccommode une paire de souliers, tandis qu'un autre, accroupi sur ses talons, marchande gravement à un fruitier ambulant un de ces choux monstres, comme on n'en trouve qu'à Pékin; et au milieu de ce groupe je ne vois rien qui rappelle l'uniforme ou le troupier de service.

Je veux demander à mon cocher où est la sentinelle qui garde la porte, mais une difficulté se présente : comment se dit sentinelle en chinois? J'ouvre mon dictionnaire, et j'y trouve mon mot que je m'empresse de servir, tout chaud, à mon homme qui ouvre de grands yeux comme une personne ne comprenant goutte à ce qu'on lui demande. C'est en vain que je m'efforce d'accentuer ce mot de mille façons différentes, dans l'espoir d'attraper ainsi, par hasard, la prononciation jaune; je ne puis parvenir à me faire comprendre. Avoir passé cinq années à étudier une langue, et ne pouvoir, après cela, en prononcer un mot! C'est, il faut l'avouer, une rude épreuve pour mon amour-propre. Je m'en console, en me rappelant la fameuse théorie de l'Italien Filippo Sassetti [1], qui disait que les Européens ne peuvent jamais bien prononcer les langues de l'Inde, parce que leur bouche est plus humide et moins chaude que celle des indigènes.

Mon cocher, persévérant comme tous ses compatriotes, est contrarié de ne pas me comprendre et me paraît fort vexé; aussi, dès que je jette avec découragement mon dictionnaire dans la charrette, il s'en empare et se met à le feuilleter.

[1] Voir l'excellente biographie de Filippo Sassetti par Eugenio Camerini, qui accompagne l'édition d'Eduardo Sonzogno. Filippo Sassetti Lettere. Milano, 1880.

« Ah mais! il y a aussi des caractères chinois dans votre livre! s'écrie-t-il.

— Certainement : le même mot est répété dans les deux écritures.

— Alors montrez-moi le mot que vous me disiez tout à l'heure. »

Aussitôt dit, aussitôt fait. Je lui indique les deux caractères : il les lit sans hésiter, absolument de la même façon que moi ; puis, se grattant la tête, il finit par me dire :

« *Je ne comprends pas. Vous autres étrangers, vous parlez sans doute un chinois différent du nôtre.* »

Et satisfait de son explication, il saute à terre pour guider sa mule dans un passage difficile.

Plus nous avançons, et plus l'encombrement augmente ; aussi, lorsqu'il nous faut quitter Ha-ta-meun-ta-kié pour nous engager dans la rue de Yan-mi-tsian, toute l'habileté de mon automédon et la patience de sa mule ne sont pas de trop pour nous tirer d'affaire ; car il s'agit de tourner sans tomber sur le trottoir qui se trouve, en ce moment, à plus d'un mètre en contre-bas.

Ici, nous sommes dans une rue, et non plus sur un boulevard, sans que pour cela la voirie soit mieux faite ; partout des immondices qui semblent faire le bonheur d'innombrables chiens efflanqués, au pelage hideux, dévorés par la maladie et la vermine. Et de tout cela se dégage un parfum qui vous prend à la gorge les premiers jours, mais auquel on finit par s'accoutumer, tant il est vrai que l'habitude est une seconde nature.

Me voici enfin installé à Pékin, après une nuit sans sommeil, d'abord par suite de la fatigue, puis à cause des mœurs jaunes, qui ne laissent pas d'être gênantes lorsque l'on n'y est pas accoutumé. Dans le palais que j'habite, comme dans tous les autres de la ville, il y a, parmi le nombreux personnel composant une maison chinoise, un veilleur de nuit chargé de le protéger contre les attaques nocturnes. Malheureusement, ce maudit veilleur remplit ses fonctions absolument de la même façon que les escortes jaunes; comme elles, il pense que prévenir vaut mieux que guérir, et, dans ce but, il passe consciencieusement la nuit à parcourir les jardins du palais, en frappant l'une contre l'autre deux planchettes. A l'aide de cette musique, fort peu harmonieuse, il éloigne les voleurs, ce qui est fort bien; mais il empêche de dormir les nouveaux venus qui n'ont point l'habitude d'être bercés par son tic tac, ce qui est fort désagréable. Ma première nuit à Pékin fut donc une nuit blanche, et elle n'en fut que plus pittoresque; aussi je ne puis résister au désir de la raconter. Quant à celle qui l'avait précédée, elle est hors de compte, puisque je l'avais passée sur une grande route.

D'abord c'est l'étrangeté de tout ce que l'on a vu; la sensation indéfinissable que l'on éprouve en se trouvant, après deux mois de voyage, dans cette fameuse ville que l'on a été accoutumé à considérer, dès l'enfance, comme le plus grand centre du monde entier : ce souvenir fait penser au pays que l'on a quitté; et j'allais m'endormir sur ces réminiscences, lorsque la crécelle du veilleur vint m'interrompre dans mes bonnes intentions. Et encore si je n'entendais que celle-là, la fatigue la ferait bien vite oublier; mais elle compte, dans la bonne ville de Pékin, un grand nombre de collègues qui font avec elle des duos, des trios, voire même des quatuors. Il y en a même une de l'autre côté de la rue dont la voix, beaucoup plus grave que celle de mon logis, semble faire les parties de basse, tandis qu'une autre, un peu plus lointaine, a un fort bel organe de baryton, que l'on dirait avoir été créé exprès pour accompagner le ténor qui me garde. Ajoutez à cela les innombrables voix de celles qui gardent les autres palais, formant un accompagnement de chœur aux plus proches sujets, et vous aurez une idée du concert offert chaque nuit aux habitants de la capitale des Fils du Ciel.

Il est vrai que de deux heures en deux heures, une grande voix d'airain, aux accents lugubres et frémissants, vient rompre la monotonie du concert des crécelles : c'est le gong du corps de garde voisin qui apprend aux malfaiteurs que la patrouille fait sa ronde, tandis qu'un tambour, lui servant d'accompagnement, annonce aux paisibles habitants du lieu l'heure de la nuit, en battant deux coups pour la deuxième veillée[1], trois pour la troisième, et ainsi de suite jusqu'à cinq heures du matin, heure à laquelle commence la sixième veille et où patrouilles et crécelles cessent leur service.

[1] La journée chinoise se divise en douze veilles de deux heures chacune, dont la première commence à sept heures du soir.

CHAPITRE III

BOULEVARDS PÉKINOIS ET RUELLES JAUNES.

Ce matin, e me suis réveillé seul habitant de ma couleur, dans l'immense palais qui m'abrite. Tous mes compatriotes l'ont abandonné la veille et sont allés s'installer, pour fuir le typhus et la chaleur, qui dans les montagnes de l'ouest, qui à Tchefou-les-Bains, que j'ai déjà eu l'honneur de présenter au lecteur. Dans ma solitude, je me suis arrangé un petit train de vie tout à fait en rapport avec mes goûts et avec le climat. Levé chaque matin à quatre heures, je travaille avec mon lettré jusqu'à sept à faire des traductions chinoises; de sept heures à onze, je rédige ces mêmes traductions; puis j'étudie du russe et de l'allemand. Après mon déjeuner, je fais une sieste que la chaleur tropicale de l'après-midi rend nécessaire; et dès cinq heures, après mon dîner solitaire, j'entreprends de longues courses d'explorations dans la capitale et aux environs.

Lors de mes premières expéditions, je partais toujours avec l'intention de parcourir beaucoup de kilomètres, de visiter ceci ou cela; mais, chemin faisant, je rencontrais tant de choses curieuses et nouvelles pour moi, dans le mouvement de la rue, que j'oubliais mon but et que je rentrais chez moi, après avoir passé des heures entières à flâner de ci et de là. Et après tout j'étais bien excusable d'agir de la sorte : à peine sorti, je me trouvais transporté dans un monde, non point *des merveilles*, mais de *choses merveilleuses*. D'abord ces larges boulevards, semblables à des champs en friche au milieu d'une ville, avec leurs boutiques aux devantures ouvertes comme les échoppes de Pompéi, aux frontons de bois doré, curieusement sculptés en une vraie débauche de bambous légers, de divinités ventrues, de fleurs impossibles et d'oiseaux fantastiques. Puis de chaque côté de la devanture, plantées dans la terre du trottoir, deux larges planches, hautes de trois ou quatre mètres, ornées, sur leurs deux faces, de gros caractères de toutes formes et de toutes couleurs, apprenant en termes pompeux aux indigènes ce que l'on vend dans le magasin ; et à moi, que dans ce siècle le célèbre précepte de Buffon, pour conserver sa valeur, devrait se dire ainsi : *L'annonce, c'est l'homme.*

Aussi comme ces caractères, dorés, rouges, verts, bleus et blancs, me captivent ! C'est pour moi un véritable plaisir de lire sur ces monumentales enseignes ces amorces tendues aux clients. J'apprends ainsi que le nommé Pou *vend des peaux de martre sous l'enseigne* « *A la fontaine de vertus* » ; que M. Ta, *originaire du Chan-ton, fabrique de confortables cercueils dans les ateliers* « *Abondance, ornement et harmonie* ».

Puis, à côté de l'enseigne écrite, il y a l'enseigne parlante qui n'est guère moins originale. Quand je voyais flotter au vent un morceau de drap rouge, surmonté d'un cylindre de cuivre, je savais aussitôt qu'il coulait là un de ces mille affluents du Pactole qui s'appellent *banques*, car ce tube de cuivre a l'intention de représenter une pile de *tsien* ou sapèques, de la même façon que l'objet informe qui orne la devanture de nos débits de tabac a l'intention de représenter une carotte.

Plus loin, une grosse fleur de lys, tant soit peu chinoise de forme, apprend au vulgaire qu'il trouvera là un débit de tabac à priser; et à l'historien, que cette habitude, si chère à nos pères et si peu agréable pour les mouchoirs, a été importée à la Chine par les missionnaires français, il y a tantôt deux siècles.

Ici ce n'est plus une fleur, mais bien un fruit qui sert d'enseigne : c'est un morceau de bois peint en rouge ayant l'intention de représenter un li-tchi[1]; et pour donner une idée au lecteur de la forme de l'enseigne, je lui dirai que ce li-tchi pourrait tout aussi bien s'appeler, ou poire, ou figue. Li-tchi, poire ou figue, ce qu'il y a de plus extrordinaire dans tout ceci, c'est qu'on le rencontre toujours à la porte des marchands de gâteaux, et les indigènes que j'ai interrogés n'ont pu me renseigner à ce sujet.

Souvent se tient accroupi devant une de ces boutiques un être qui n'a plus rien d'humain que le nom; il reste là à psalmodier pendant des heures une demande d'aumône; quelques haillons, brillant trop souvent

[1] Fruit très-estimé des Chinois, qui le mangent presque toujours séché comme nos pruneaux.

par leur absence, cachent à peine un corps couvert d'ulcères, produits par la malpropreté et une mauvaise alimentation, qui sont dissimulés, durant la chaleur du jour, par des nuées de mouches et de vers. Ajoutez à cela une crinière poussiéreuse à la place de chevelure; un nez dont les sécrétions trop négligées font disparaître une partie du visage sous un masque écœurant; des yeux hagards rappelant la bête féroce, et vous aurez une idée du mendiant pékinois, tel qu'il se montre au voyageur qui, se laissant attendrir par cette horrible dégradation de l'humanité, rentre toujours chez lui les poches vides.

Dans la suite, l'expérience modifie ses sentiments à l'égard de ces industriels de bas étage, qui forment dans la capitale une redoutable corporation. Ces ribauds jaunes sont admirablement organisés : ils ont un chef élu et une cour des Miracles, dont le lieu est assez singulièrement situé.

En suivant Yan-mi-kian, la rue où j'habite, dans la direction de l'ouest, j'arrive à la principale porte du palais impérial, par laquelle le Fils du Ciel seul peut entrer ou sortir. A cette porte du palais correspond une entrée de la ville, appelée Tsien-meun, — la porte de front, — dont les défenses sont absolument semblables à celle de Ha-ta-meun; seulement, la place d'armes intérieure en est beaucoup plus vaste, et au lieu de n'avoir qu'une seule ouverture de dégagement sur l'extérieur, elle en possède trois : une de chaque côté pour le public, et, en son milieu, une troisième qui correspond a l'*entrée réservée* du palais [1] et qui, comme celle-ci, est toujours hermétiquement fermée, ne s'ouvrant que pour livrer passage au plus grand potentat du monde. C'est sous la voûte de cette porte interdite, et sur le pont qui y fait suite, que les truands jaunes ont établi leur quartier général, qui est aussi, il faut le dire, celui de la vermine. C'est là que, chaque matin, le roi des gueux réunit ses dégoûtants sujets et assigne à chacun d'eux la recette d'un quartier : je dis recette parce que ces hideux exploitants taxent chaque rue d'une certaine somme, laquelle est ensuite répartie entre les boutiques qui s'y trouvent. Et malheur au patron qui veut se soustraire à cette odieuse exploitation de la paresse! Si le percepteur a passé en vain des heures entières à réclamer la taxte d'un ton suppliant, le feu détruira son magasin, la crainte éloignera ses clients, souvent même ses enfants disparaîtront. Et contre tous ces maux, il se trouvera sans défense, car les autorités se garderaient bien d'avoir maille à partir avec une corporation aussi puissante que celle des gueux pékinois.

Chaque fois que mes flâneries me ramenaient à Tsien-meun, je ne manquais jamais de passer sur le pont réservé au Fils du Ciel *et aux plus gueux d'entre ses sujets*. Et quoique ces visites eussent infailliblement pour résultat de couvrir mes vêtements de souvenirs par trop parasitaires pour pouvoir m'être agréables, j'étais amplement dédommagé de mes assiduités en pareil

[1] Cette entrée réservée rappelle beaucoup le célèbre *escalier rouge* du Kremlin, à Moscou, dont le Tsar seul peut monter les degrés.

lieu par la vue de scènes que le Zola le plus habile serait incapable de décrire dans leur hideux réalisme.

Toutes les dégradations que produisent, dans la machine humaine, le vice et la malpropreté sont représentées dans ces groupes repoussants. Les uns dorment couchés, moitié à terre, moitié les uns sur les autres, formant d'horribles entassements de bras, de têtes, de chairs en putréfaction, rongées par les ulcères; plus loin, d'autres font cercle autour d'une marmite, dévorant avec des mouvements de fauves et une gourmandise bestiale les détritus qu'elle contient.

Une fois ma curiosité satisfaite, je descendais pas à pas Tsien-meun-ta-kié, l'unique grande rue de la ville chinoise, qu'elle traverse, dans toute sa largeur, du nord au sud. Cette large voie était ma promenade favorite. Les choses curieuses y abondent : outre les nombreuses boutiques qui la bordent, il y a, sur ses larges bas côtés, toute une ville d'échoppes en plein vent qui faisaient mon bonheur. C'était le restaurant en plein air avec son immense parasol rouge qui abrite la cuisine, ses tables et ses bancs toujours occupés par des légions de consommateurs, tenant d'une main leur tasse sous leur menton, et de l'autre manœuvrant avec dextérité deux bâtonnets rendus luisants par un épais vernis de graisse. Quant au menu du jour, point n'est besoin, pour le connaître, de consulter la carte de l'établissement, qui brille du reste par son absence; le cuisinier vous le récite d'une voix nasillarde, tout en surveillant une immense poêle où petille une homérique friture attirant de très-loin le client, par son parfum tout à fait *sui generis.*

La friture joue un grand rôle dans les restaurants ambulants, où elle sert le plus souvent à accommoder la viande de porc et les tripes. Cependant on retrouve jusque dans ces gargotes jaunes les raffinements de l'art culinaire des Célestes. Un jour, mon attention fut attirée par un mets singulier qui se confectionnait en pleine rue : c'étaient des morceaux de glace que le cuisinier jetait rapidement dans sa poêle et faisait servir tout chauds aux consommateurs qui semblaient se délecter de ce plat bien chinois, ce qui me donna l'idée de goûter à cette glace frite. Je pris donc place à une des tables, déjà occupée par trois clients qui s'empressèrent de me l'abandonner en toute propriété; mais, à la façon dont ils se levèrent, il me fut impossible de prendre leur mouvement de retraite pour une marque de condescendance à mon endroit. Ce manége n'échappa pas au gargotier, qui, furieux de voir son établissement souillé par la présence d'un *diable*, se promit de me faire payer cher mon extravagance, — je sus plus tard que cela en était une.

D'abord les garçons firent semblant de ne pas me voir et de ne pas entendre ma commande; puis, pendant que j'étais là à me morfondre, en attendant qu'on daignât s'occuper de moi, le cuisinier se mit à agrémenter son exposition du menu de réflexions fort peu flatteuses pour moi :

« Jambon bien frit! bien cuit! plus tendre que la viande maigre du diable que vous voyez là! Venez le voir, c'est par-dessus le marché!!! Et vous, passants, vous pouvez aussi le regarder sans payer; vous aurez à débourser seulement une sapèque pour le fumet de ma marmite qu'absorbera votre nez, pendant que vous regarderez l'*habitant des enfers!!!* »

Ce boniment produisit son effet. Un cercle moqueur se forma autour de moi, ce qui ne fit que redoubler la verve du loustic cuisinier.

Chi vuol l'uovo deve soffrire lo schiamazzo della gallina, disent les Pisans en la circonstance. Je pris le parti de me conformer entièrement à cet excellent proverbe, et j'attendis patiemment qu'on voulût bien me servir. Enfin, le cuisinier, vaincu sans doute par ma persévérance, m'apporta lui-même trois glaces frites en me recommandant, en riant, de manger chaud.

J'essayai de lui obéir, mais je me brûlai si terriblement, les doigts d'abord, et la bouche ensuite, que je dus renoncer à suivre le conseil du Brillat-Savarin jaune.

Et la galerie de se tordre de rire.

« Il ne peut manger!

— C'est parce que ces *diables rouges* n'ont pas de dents!

— Et non-seulement ils craignent la chaleur, mais encore ils n'aiment pas les bonnes choses : tout ce qu'ils mangent et tout ce qu'ils boivent est empoisonné. »

Ces quolibets me froissèrent tellement que je redemandai des glaces frites chaudes que je jetai dans ma bouche, sans me soucier de me brûler. Mon palais, cuirassé par le premier essai, se prêta de bonne grâce à ce mouvement d'héroïsme; mais à peine mes dents eurent-elles rencontré la glace, que la douleur causée par ce contraste me fit avaler plus vite que je ne l'eusse voulu ce beignet d'un nouveau genre, au grand étonnement de la galerie, qui finit par déclarer que les diables savaient tout de même manger comme des *civilisés,* c'est-à-dire comme eux.

Suffisamment édifié sur la valeur culinaire de la glace frite, je demandai au patron ce que je lui devais.

« Deux *tiaos* », me répondit-il.

Deux *tiaos!* soit mille sapèques! C'était là un vrai prix de barbare, *un prix fleuri,* comme disent les Chinois. Je payai sans mot dire, et je m'éloignai du restaurant, sans regretter ni mes brûlures, ni mon argent.

Cependant, mes expéditions d'étudiant n'étaient point toutes aussi houleuses que celle que je viens de raconter.

Un jour, je m'arrêtai devant une immense affiche en toile, offrant à la vue des cas pathologiques des plus intéressants, par la façon fort fantaisiste dont ils étaient représentés : c'étaient des bras, des jambes, des têtes couverts d'affreux ulcères; puis des malheureux tourmentés par des coliques violentes, et jusqu'à un bonhomme accroupi dans une position montrant qu'il se livrait à une occupation d'une nature tout intime; une vraie rivière de sang sortait de ses entrailles, indiquant qu'il était atteint d'une de ces incommodités si fréquentes chez les gens sédentaires, qu'ils soient jaunes ou blancs. Au-dessous de cette enseigne parlante, une petite table derrière laquelle pérorait un Chinois bien mis, à la bedaine plantureuse, et dont le nez était surmonté de l'immense paire de lunettes à verres ronds, caractère distinctif de tous les savants jaunes.

Celui que j'avais devant moi était ce que l'on appelle

en Chine un médecin, et ce que nous appellerions en Europe un vulgaire charlatan. Au moment où je m'arrêtais devant son estrade, le disciple d'Esculape débitait son boniment devant quelques badauds.

« Le sage Confucius, disait-il, qui a été notre maître, à nous autres médecins, n'a jamais tâté le pouls à un malade; il se contentait de faire décrire la maladie; puis il demandait au Ciel la guérison du patient et l'obtenait toujours. Je suis un des rares humains sachant bien exactement la formule qu'employait le sage des sages pour invoquer la nature; aussi quiconque me consulte peut être sûr de sa guérison, moyennant trente sapèques qui servent à couvrir mes frais, car je pratique par philanthropie et non pour faire de l'argent. »

La fin de ce boniment ayant été reçue plus que froidement par le public, il continua en ces termes :

« Et tenez, je vais vous donner une preuve que je puis faire céder à mes prières les principes de la nature. Voyez ce mouchoir de coton : il est, à cause de sa nature femelle, perméable à tous les esprits liquides mâles. Eh bien, je mets ce mouchoir dans le vase que voici; je le ferme avec soin, *pour que la nature puisse opérer sans craindre les regards indiscrets*. Maintenant, je vais supplier le Ciel de laisser pénétrer ce mouchoir du principe mâle, et de le rendre ainsi imperméable aux liquides. »

Ce disant, le docteur, se tournant vers le soleil, se mit à respirer bruyamment comme un marsouin, et plongea avec gravité une aiguille dans un tas de poussière; puis il retira le mouchoir de la boite, le prit par les coins et le remplit d'eau.

Pas une goutte du liquide ne traversa la toile, à la grande stupéfaction des spectateurs. L'un d'eux, convaincu de la science du docteur, déposa sur la table le prix de la consultation; le sage prit alors une planchette, la recouvrit d'une mince couche de sable sur laquelle il écrivit les symptômes de la maladie au fur et à mesure que le consultant les lui décrivait. Quand ce dernier eut achevé, notre homme reprit son souffle de cétacé, regarda le soleil, plongea son aiguille dans son fragile carnet de sable et déclara avec aplomb que le malade était guéri.

Oh! éternelle puissance de l'imagination qui rend possibles les miracles!!!

Dès que le médecin eut *proclamé* la guérison, la physionomie du malade se rasséréna, et il s'en fut, déclarant à tous qu'il se sentait mieux. Je suivis son exemple pour me mettre à la recherche d'un nouveau sujet d'étude.

Que de choses curieuses sur cet interminable boulevard de Tsien-meun! Je trouvais là le marchand de sachets parfumés, qui débite sa marchandise en criant à tue-tête: « Voici les vrais gâteaux parfumés pour parfumer les vêtements empestés par la sueur d'été!!! »

C'est là un commerce qui doit prospérer dans un pays dont les habitants ignorent absolument l'usage des ablutions, aussi bien pour leur personne que pour leurs vêtements.

Plus loin, un cercle de badauds m'attirait. Au centre du groupe, un diorama déroulait ses tableaux, tandis que le propriétaire les expliquait. Malheureusement ma venue faisait presque toujours cesser brusquement le spectacle; et le montreur s'esquivait dans la crainte que j'eusse vu suffisamment de ses tableaux pour lui payer sa peine d'une volée de coups de canne. Cependant le bonhomme avait bien tort de prendre ainsi la fuite : il était, à mes yeux, excusé par avance des légèretés que commettaient, dans sa machine, la reine Victoria et Napoléon III, le Pape et la reine de Portugal.

Le diorama est, en somme, une importation européenne n'ayant de chinois que son nom de Si-hou-kin, — miroir de Si-hou, — qui lui a été donné parce que ses importateurs s'en servirent tout d'abord pour représenter les merveilleux paysages des bords du lac Si-hou, le Parnasse des poëtes jaunes. Mais si les belles rives du lac ne sont que trop souvent remplacées par des scènes beaucoup moins poétiques, cela vient de ce que les premiers importateurs ont eu des imitateurs beaucoup moins moraux qu'eux, ne rougissant pas de déconsidérer leurs semblables aux yeux des Chinois, et de démoraliser ces derniers.

Lorsque j'étais fatigué du bruit des boulevards, des cris des marchands; lorsque ma gorge s'était desséchée à force d'interroger, je rentrais dans la ville impériale et je me reposais de mes études par de longues promenades dans les *hou-ton* solitaires. La Pékin impériale, qui remonte à plus de trois siècles, a été construite absolument sur le même plan que les modernes cités de l'Amérique, ce qui prouve qu'en cela les Yankees n'ont rien inventé. De même que Chicago et New-York, Pékin est un vaste damier, orienté suivant les quatre points cardinaux; toutes les artères qui la traversent du nord au sud sont ces larges a-kiô que j'ai décorés du nom de *boulevards*, et toutes celles qui vont de l'est à l'ouest sont d'étroits *hou-ton* ou ruelles.

Dans ces *vici* jaunes, où les bruits du boulevard voisin n'arrivent que comme un écho lointain, je trouvais un calme délicieux. J'aimais à errer jusqu'à la nuit entre les deux murailles de la vie privée, interrompues çà et là par la devanture d'un mont-de-piété, cachant dans la solitude la honte de ses clients, par l'échoppe d'un fruitier ou d'un marchand de riz.

Et toutes ces choses avaient une physionomie si purement chinoise!

Quelquefois, le cerveau fatigué par une longue étude des quartiers commerçants, il me semblait que tout ce monde inanimé des *hou-ton* me parlait, dans la langue de Confucius, de la grandeur passée de Pékin, des splendeurs qu'il avait vues, et dont il avait bien mieux conservé le souvenir que le quartier des grandes voies du commerce et du bruit, où chaque jour suffit à sa peine et où chaque heure efface jusqu'à la dernière trace de celle qui l'a précédée. Puis, le calme même de ces ruelles n'était pas sans offrir d'intéressants sujets d'études. Là une porte s'ouvrait : un visiteur sortait, accompagné jusqu'au seuil par le maître de la maison; on échangeait ces grandes inclinations de tête du salut jaune; une charrette s'éloignait; la porte se refermait, et le *hou-ton* reprenait son calme. Ici, scène plus riante; deux mendiants s'égosillaient devant une porte hermétiquement close; l'un était coiffé d'un chapeau ayant la forme d'une tortue, tandis que l'autre portait un couvre-chef devant représenter un lapin, s'il faut en croire le refrain qu'ils chantaient :

« Si je vous souhaite de la prospérité, mon vœu s'accomplit à l'instant. Voilà pourquoi, depuis longtemps, le lapin et la tortue font prospérer votre maison. »

Et les noms seuls de ces ruelles ! Ce sont autant de poëmes qui vous charment sans que vous puissiez expliquer l'attrait qu'ils ont pour vous : le *hou-ton de la farine sèche* où habitait autrefois le Colbert de la Chine, sir Robert Hart ; ceux *de la pie, du poulain de pierre*, et enfin celui des familles *Tchan et Houan*, nous montrant qu'en Chine aussi, il y a des hommes assez peu sages pour être flattés de donner leur nom à un chemin, ce chemin fût-il la plus sale ruelle du lieu.

Un jour que je terminais la journée par une promenade dans *Kan-yu-hou-ton*, — la ruelle du poisson sec, — je remarquai une cloche suspendue presque au milieu de la rue, et qui semblait sonner le glas funèbre de l'humanité, tant étaient tristes ses accents. Comme toutes ses sœurs jaunes, elle était immobile ; et son battant, une grosse bûche de bois venant frapper ses flancs sonores du mouvement d'un bélier battant les murailles d'une ville assiégée, était mis en mouvement par une corde qui pénétrait dans une porte toute grande ouverte, ce qui fit que je n'hésitai pas à en franchir le seuil. Je m'aperçus aussitôt que j'étais dans un temple, ou pour mieux dire au milieu des ruines d'un temple, car le sanctuaire, qui occupait comme toujours le fond de la cour, n'était plus qu'un amas de décombres.

Dans cette même cour, sous l'ombre rare de deux mélèzes, se dressait une cabane en bois, semblable à une guérite. Cet étroit réduit, dont la vigoureuse jeunesse tranchait singulièrement avec les ruines poussiéreuses lui servant de repoussoir, ne communiquait avec le monde extérieur que par quatre judas, un sur chacune de ses faces, dont l'un donnait passage à la corde du battant. C'était donc là que devait se trouver la main ou le moteur qui animait celui-ci. Comme je ne vis aucun être humain au milieu des ruines; qu'un silence de mort, interrompu seulement par le glas de la cloche, régnait dans l'enclos, je me décidai à jeter, par l'un des judas, un regard fort indiscret dans la guérite. Là je vis une scène bien plus intéressante et bien plus curieuse que les paysages du lac Si-hou dont m'avait régalé le montreur de Tsien-meun-ta-kié, deux heures auparavant : quatre cloisons constellées de pointes de fer acérées, et, dans l'étroit espace laissé libre par ces redoutables chevaux de frise, un vieux bonze, au crâne luisant, plus ruiné et plus caduc encore que les restes de son temple. Il était là, assis, les mains jointes, dans une si parfaite immobilité que, l'impassibilité de la physionomie aidant, il avait bien plus l'air d'une momie mal conservée que d'un être pensant.

Ma curiosité indiscrète ne put même lui rendre la vie; mon espionnage, ma double qualité de barbare et d'infidèle, ne changea pas l'expression fixe de ses yeux; aucune trace d'impatience ne vint contracter ses sourcils; et j'allais quitter ce lieu de recueillement sans avoir pu arracher au sphinx le secret de son éternelle sonnerie, lorsque, heureusement pour moi, au moment où je franchissais le seuil, un *jeune apprenti bonze* sortit de derrière un pan de mur et me demanda de vouloir bien laisser à son maître un souvenir de ma visite.

« Et où est donc ton maître ? lui demandai-je, charmé de trouver enfin quelqu'un à questionner.

— C'est lui que vous venez de voir dans sa cellule.

— Mais que fait-il dans cette boite?

— C'est que, voyez-vous, l'esprit religieux s'en va tous les jours. Ce temple a été fondé, il y a cinquante ans, par un mandarin pour remercier Bouddha d'une promotion qu'il avait obtenue; il avait laissé, en même temps, une petite somme pour l'entretien du saint, mon maître, et, grâce à la générosité des fidèles, cela suffisait; mais depuis quelques années, les aumônes et les enterrements sont devenus si rares qu'il a été impossible de réparer le temple, et que le sanctuaire est tombé en ruine. Voyant dans cette calamité un châtiment que lui inflige le Ciel, mon maître a fait vœu de rester en pénitence dans cette boite, où il ne peut ni marcher ni dormir, jusqu'au jour où il aura recueilli assez d'offrandes pour reconstruire une habitation à Bouddha.

— Et a-t-il déjà recueilli beaucoup de sapèques?

— Très-peu. Aujourd'hui les Chinois ne donnent plus au temple; seuls, les Mongols ont conservé la foi dans l'efficacité des offrandes; mais ils ne donnent qu'aux lamas à robe jaune, tandis que nous autres, pauvres bonzes à robe violette, nous mourons de faim.

— Alors pourquoi te fais-tu bonze?

— C'est que pour moi c'est bien différent. Mon père est secrétaire d'un gouverneur de province; et dès que je serai bonze, j'aurai une place de sen-lou-seu, — chef officiel des bonzes d'une préfecture, — avec de gros bénéfices.

— Et comment fait ton maître pour t'instruire, enfermé qu'il est dans cette boite?

— Mon maître ne me fait jamais travailler; seulement autrefois, quand il allait à des cérémonies, il m'emmenait avec lui afin que j'imitasse tout ce qu'il faisait : c'est là le meilleur moyen d'apprendre le métier. Puis, c'est moi qui fais sa cuisine et qui raccommode ses vêtements. C'est de cette façon que je lui paye ma pension. »

La nuit se faisait; je quittais à regret le bonzillon, après avoir jeté quelques sapèques dans la boite. Peut-être serez-vous scandalisé, cher lecteur, en voyant un chrétien contribuer volontairement au rétablissement d'un temple païen, et cela m'arriva plus d'une fois, je le confesse; mais je dois dire, pour m'excuser, que je ne versais jamais mon argent qu'après avoir extirpé du quêteur le plus de renseignements possible, et que mon offrande devenait ainsi le prix d'un service rendu. J'espère que cette explication suffira pour me laver de l'accusation de paganisme.

Au dehors, la ruelle du *poisson sec* se fait tout à fait déserte. Jusqu'à Ha-ta-meun-ta-kié, je ne rencontre qu'un passant, portant sur ses épaules un long bambou aux extrémités duquel se balancent deux piles de grandes boites rondes en laque rouge : c'est un marmiton qui va porter un dîner fin en ville. Les cordons bleus jaunes étant pour le moins aussi exigeants que leurs collègues d'Europe, les particuliers, pour se soustraire à cette tyrannie, se font souvent envoyer leurs repas du restaurant du coin, comme le font les Napolitains; seulement ce qu'on leur apporte arrive toujours froid, le restaurateur jaune ignorant complétement la *stuffa*, si usitée à Naples.

Au bout de la rue, une troupe de gamins, sortant de l'école, s'est fait un jouet d'une grille de bois en ruine destinée jadis à fermer la rue chaque soir. Maintenant ces *lan-kan*, devenus inutiles, meurent un à un de vétusté; bientôt ils auront complétement disparu; et le voyageur, en fouillant dans les bouquins, apprendra qu'au temps de sa splendeur Pékin enfermait chaque soir ses habitants sous le double verrou des portes de la ville et des *lan-kan* placés aux extrémités de chaque rue.

Sur le boulevard de Ha-ta-moun, je retrouve l'animation de la ville, dont le bruit a bientôt couvert l'appel de la cloche du religieux continuant de supplier le passant d'abréger sa pénitence.

QUATRIÈME PARTIE

LOISIRS JAUNES ET LE TEMPLE DES DIX MILLE LAMAS

CHAPITRE PREMIER

SOUVENIR DE LA VIE PÉKINOISE [1].

Les premières chaleurs fatiguent et rendent paresseux; aussi suis-je revenu hier d'une excursion aux montagnes de l'ouest avec la résolution de m'enfermer chez moi, durant une semaine, pour prendre un peu

[1] Puisque ce chapitre est consacré aux présentations, le lecteur me permettra de lui présenter tout d'abord une jeune personne, de peau blanche, celle-là, la *Revue de Genève*, qui voulut bien donner un premier asile à ces *Loisirs jaunes*, dans son numéro de février 1886. Cette *Revue* a été fondée par un groupe de littérateurs et de savants suisses romands, français et belges, sous la direction de M. Adrien Wagnon, docteur philologue, archéologue, déjà connu par son *Mémoire* sur le Laocoon et le groupe d'Athèna à la frise de Pergame. Le directeur de ce périodique s'est inspiré de cette idée bien simple qu'une revue doit être, pour la littérature et les sciences, ce qu'est un musée pour les arts plastiques; c'est-à-dire qu'elle doit mettre sous les yeux de ses lecteurs toutes les manifestations de la pensée littéraire ou scientifique sous ses formes les plus diverses, sans exclure aucune tendance, et sans se rattacher à aucune école. Les visiteurs d'un musée ne s'irritent pas

de repos. Cependant, même dans ma retraite, les sujets d'études de mœurs ne manquent pas : ma vie est tellement mêlée à celle des Chinois qui m'entourent, lettrés, domestiques et marchands, que je continue à accumuler les notes sur mon carnet, sans sortir de chez moi.

Et d'abord, mon *boy* ou valet de chambre, avec sa

s'ils rencontrent dans ses galeries une œuvre d'art qui les choque ou qu'ils ne comprennent pas ; la direction de la *Revue de Genève* réclame la même tolérance pour la littérature; elle n'exclut de son cadre que les illettrés. Dans son programme, on trouve des poëmes romantiques, parnassiens, classiques, à côté des essais de l'école symbolique, dite *décadente*. Des mystiques, comme Léon Bloy, qui a donné à la *Revue* sa très-curieuse étude : *Du symbolisme en histoire*, s'y heurtent à des naturalistes comme Alexandre Herzen, avec ses observations sur les *Conditions physiques de la conscience*. De petits croquis suisses romands, comme les *Virtuoses de cour*, d'Émile Bonjour, des contes bien français, comme le *Nom de l'enfant*, de Francis Melvil, y figurent à côté des nouvelles russes de Nicolas Gogol, des nouvelles espagnoles traduites par M. Hébert Savine et des contes siciliens traduits par M. Édouard Rod, le sympathique auteur de la *Course à la mort*.

La *Revue de Genève* compte déjà plus de cent cinquante collaborateurs, romanciers, poëtes, critiques, savants, etc. Citons au hasard : MM. Harry Alis, Paul Bourget, Émile Hennequin, Charles Buet, madame Henry Gréville, Edmond Harancourt, Paul Hugonnet, Paul Margueritte, Gabriel Sarrazin, Émile Maison; l'orientaliste Moutet; le naturaliste belge Félix Plateau; le physicien génevois Raoul Pictet; Carl Vogt, Émile Yung; les poëtes Charles Fuster, Raoul Russel, Charles Viguier, Charles Morice, Louis Fognetti, Édouard Favan; les économistes MM. Louis Wuarin, le savant auteur de l'*École et l'État;* Théophile Droz, Henry Fazy, Georges Favon, etc., etc.

Souhaitons que la *Revue de Genève* devienne bientôt comme un lien international entre tous les auteurs et les savants de langue française, qu'ils soient Français, Suisses romands ou Belges. L'utilité d'une entreprise aussi largement conçue n'échappera pas à nos lecteurs français.

longue robe de cotonnade bleue, laquelle vient en droite ligne de Manchester, ses boutons de cuivre, ornés de sujets très-chinois, quoique de même provenance, sa toque de crin noir, forme un ensemble bien digne d'être présenté au lecteur.

Eur-tze, — mot à mot deuxième fils, nom qu'il doit à ce qu'il est le second enfant de la famille, — appartient à un clan de catholiques romains, circonstance qui lui a valu la lucrative fonction de domestique des *diables d'étrangers*. Comme tous ses semblables jaunes, il reçoit un salaire fixe chaque mois, plus le logis et le chauffage, sa nourriture restant à sa charge. Il habite, dans la petite cour qui s'étend derrière mon habitation, un taudis n'ayant rien à envier, sous le rapport de l'exiguïté et de la malpropreté, aux loges des portiers des plus grands mandarins de Pékin; mais il est mieux partagé qu'eux sous le rapport des appointements. Tandis que ceux-ci touchent, au plus, 3 ou 4 piastres par mois, — 15 ou 20 francs, — mon *boy* en reçoit 7, — soit 35 francs, — ce qui est une fortune pour Eur-tze, car ces appointements énormes ne l'empêchent pas de profiter de tous les petits avantages qui sont attachés, en Chine, à la qualité de domestique.

Le portier jaune prélève un droit d'entrée sur toutes les personnes qui ont quelque intérêt à pénétrer jusqu'au maître du logis : marchands, clients, protégés et solliciteurs. Quant au *boy*, il prélève, lui, une commission de tant pour cent sur tous les achats faits par son maître. Chargez-vous le vôtre d'acheter dix boîtes d'allumettes suédoises, il les payera 30 centimes et vous les comptera 40 sur le livre de dépenses. Et vous ne gagnez rien à faire vos emplettes vous-même : les boutiquiers chinois ont tellement l'habitude de graisser la patte aux domestiques de leurs clients que, lorsque ces derniers font directement leurs achats, ils leur font payer le prix fort, quitte à verser au *boy* la commission qui lui revient.

Les Anglais ont fabriqué un mot pour désigner ces profits, plus ou moins légitimes, de leurs subalternes; ils appellent cela *squeezing*. Il y a quelques années, un commerçant américain de Shanghaï, ayant acquis la preuve que son *boy* lui avait fait payer un article bien plus cher que sa véritable valeur, eut la malencontreuse idée de livrer le délinquant à la justice. Le tribunal consulaire, après avoir longuement instruit l'affaire, acquitta le prévenu, parce que, disait le jugement, il est d'habitude en Chine que les domestiques reçoivent le sou pour franc, et qu'en vertu de l'adage juridique : *Locus regit actum,* « on ne saurait « punir le prévenu, tant que la commission qu'il pré- « lève ne dépasse pas la quotité établie par la cou- « tume ».

Comme vous le voyez, mesdames les ménagères, votre sort est bien préférable à celui de vos sœurs de Chine; car si vos domestiques font danser l'anse du panier, elles le font en cachette, tandis que la domesticité jaune vous pille ouvertement, sous la protection de la justice.

Après mon *boy,* l'être le plus intéressant de mon

ménage est bien certainement mon lettré Tze-tchen, avec lequel je passe la plus grande partie de mon temps.

Cet excellent Tze-tchen est encore un étudiant, ce qui fait que ses appointements sont à peine plus élevés que ceux de mon *boy;* il ne reçoit que 11 piastres, — 55 francs par mois, — sans le logement. Heureusement pour lui, il est Mandchou, et fait partie de la division de la garde de la bannière bleue, ce qui lui vaut une petite redevance mensuelle en argent et en riz. Mon cher lettré a deux frères qui sont ses aînés : l'un a vingt-huit ans, et l'autre est un vieux barbon de cinquante ans. Voilà entre deux frères une belle différence d'âge que la polygamie seule peut produire! Les trois Tchen sont frères de père, mais ayant chacun une mère différente.

Tzé-tchen me fut présenté le lendemain de mon arrivée. Il fut décidé, en haut lieu, qu'il m'aiderait dans mes études chinoises, et surtout qu'il me servirait de scribe; car l'écriture des disciples de Confucius est tellement difficile qu'un Européen ne peut jamais arriver à manier le pinceau servant à écrire avec assez de facilité ou d'habileté pour pouvoir se passer du concours d'un secrétaire indigène.

Dès que je fus seul avec Tze, nous échangeâmes les politesses d'usage; puis nous convînmes des heures de travail. Le lendemain matin, à cinq heures, il était dans mon cabinet, et nous nous mîmes aussitôt à la besogne. Il s'agissait de traduire, du chinois en français, le récit de la conquête de la Birmanie par les troupes chinoises, au siècle dernier. Ce récit fait partie d'un ouvrage en douze volumes, ayant pour titre : *Histoire des guerres des saintes armées*. Un savant sinologue, M. G. Devéria, avait eu l'obligeance de me recommander ce livre, dont lui-même a extrait de précieux documents sur l'Annam.

Mon lettré est assis à mes côtés, le livre ouvert devant lui. Quant à moi, j'écoute attentivement la lecture du texte qu'il fait à haute voix, en l'accompagnant d'explications et de commentaires. J'ai devant moi une feuille de papier sur laquelle je consigne, à l'aide de ma propre sténographie, — qui consiste en une si mauvaise écriture que j'ai quelquefois peine à me relire, — le sens général du texte ; à ma gauche, l'admirable dictionnaire chinois-anglais de Wells-William ; puis, à portée de ma main, en cas de besoin et comme dernière réserve, les cent vingt volumes du dictionnaire, — tout chinois celui-là, — de Kan-chi, admirable travail d'érudition, auquel je n'ai recours que lorsque mon lettré et Wells-William ne sont pas d'accord sur la valeur d'un caractère.

Dans un ouvrage qui traite des campagnes extérieures des armées chinoises, les noms géographiques étrangers abondent : ce qui rend la traduction du texte fort difficile, à tel point que mon pauvre lettré est arrêté dès le titre du chapitre qu'il s'agit de traduire : Histoire de la conquête du *Mien-tien,* par l'empereur Kan-chi. Pour un novice comme moi, l'explication de Tze ne suffit pas, et je lui demande :

« Mais où se trouve le pays de Mien-tien ?

— Pour ça, je ne le sais.

— Comment! mais c'est un pays tributaire de la Chine.

— C'est possible; mais, nous autres lettrés, nous n'étudions pas la géographie.

— Cependant vous avez un magnifique ouvrage ayant pour titre: *Ta-tsin-y-ton-tché,* qui contient une description du monde entier.

— Oui; mais la géographie ne fait point partie du programme de nos examens.

— D'aucun programme?

— D'aucun. Et je connais bon nombre de docteurs, membres de l'Académie, qui n'ont jamais lu une page du *Ta-tsin-y-ton-tché.* Cependant, si vous voulez savoir où se trouve le Mien-tien, je demanderai à mon frère aîné, qui est depuis longtemps au service des étrangers et qui connait mieux que moi tous ces noms *barbares.* »

Le lendemain, je vis en effet arriver mon lettré, en compagnie d'un vieux barbon, à la peau ridée, qui eût pu fort bien être son père; aussi ma stupéfaction fut grande lorsqu'il me présenta ce vieillard comme son frère aîné. Houan-tchen, c'est le nom de ce frère, paraissait avoir autant de ruse dans le caractère que son cadet avait de simplicité. Il était fort bavard, et possédait un sac d'histoires d'une richesse à faire envie à plus d'un Gascon. Malheureusement, ce vétéran, bon vivant d'ailleurs, avait un petit défaut : c'était un fumeur d'opium endurci. Aussi, malgré ses appointements relativement élevés de 150 francs par mois, était-il misérablement vêtu. Un matin, j'eus besoin de Houan de très-bonne heure; je l'envoyai chercher par mon *boy :* un quart d'heure après, il était chez moi. J'eus peine à le reconnaître, tant il était changé, aussi bien au moral qu'au physique. Ses yeux ternes et larmoyants, le tremblement convulsif qui agitait ses mains, l'air de consternation répandu sur ses traits, en faisaient une vraie ruine ambulante. Je lui demandai aussitôt s'il se sentait malade : il me répondit d'une voix mal assurée :

« Nullement! seulement je n'ai pas encore fumé ce matin ma boule d'opium, et je suis, pour le moment, un propre à rien. Accordez-moi cinq minutes, le temps d'aller fumer une pipe, et je serai en état de faire tout ce que vous me commanderez. »

J'accordai le délai demandé; et, une demi-heure après, mon homme me revint, en effet, avec sa mine habituelle, frais et dispos, ayant comme toujours le mot pour rire.

La première fois que je vis Houan, il s'excusa de l'ignorance de son frère Tze, et se mit à ma disposition, dans tous les cas où les connaissances de ce dernier ne me suffiraient pas. Je mis aussitôt ses services en réquisition; et ses explications au sujet du royaume de *Mien-tien* me permirent d'identifier celui-ci avec la Birmanie.

Comment les géographes jaunes ont-ils fait pour transformer le nom indigène de Birmanie en celui de Mien-tien, avec lequel il ne présente aucune parenté ? Voilà ce qu'aucun lettré n'a pu me dire. Les peuples européens ont bien un peu la manie de transformer les noms géographiques : on voit ainsi une seule et même ville, que les Italiens appellent Livorno, devenir Leghorn en allemand, et Livourne en français; mais il faut avouer que la manie occidentale semble très-anodine en comparaison de celle de sa sœur jaune. Les savants chinois dénaturent tellement les noms géographiques que leur identification constitue un travail aussi ingrat que difficile. C'est ainsi qu'ils appellent *Po-ni* l'île de Bornéo, *Tien-tchou,* l'Inde, et, ce qui est un comble, disent *Si-li* pour Singapoure. Heureusement qu'il se rencontre, de temps à autre, dans le camp des sinologues, de savants bénédictins, comme le docteur Bretschneider, de la légation de Russie, qui, passant leur vie à réunir des matériaux, rendront relativement facile la tâche des futurs traducteurs des ouvrages de géographie chinois.

Plus j'avançais dans ma traduction, et plus les noms propres de villes, de tribus et de cours d'eau se multipliaient, sans que ces obstacles incessants donnassent à mon lettré le sentiment de son ignorance géographique. Chaque fois qu'il se trouvait arrêté, il se contentait de faire une marque à la page et me disait, sans que le rouge lui vînt au front :

« Je demanderai à mon aîné, et demain je vous expliquerai de quoi il s'agit. »

Cependant, il arriva un moment où la science de Houan-tchen fut aussi impuissante à m'éclairer. Alors, d'un commun accord, les deux frères s'adressèrent à Nou-nou, leur frère intermédiaire, comme ils l'appelaient. Nou-nou, me dirent-ils, est un grand savant, qui passe sa vie au milieu des bouquins, ne perdant jamais un instant, et lisant même en mangeant. Cette dernière manie surtout excitait au plus haut point l'étonnement de Houan.

« Voyez-vous, disait-il, quand je suis devant un bon bol de riz, j'oublie complétement les bouquins. Le riz et la science ont chacun leurs bons côtés, à la condition qu'on ne les mélange pas ensemble; mais si on a le malheur de les mettre en même temps dans le sac de la cervelle, — nom chinois du crâne, — ils forment alors un ragoût des plus indigestes. »

Le savant Nou-nou ne ressemblait nullement au physique à ses frères; ceux-ci avaient conservé la haute taille et la forte carrure de leurs ancêtres des plaines de la Mandchourie, tandis que celui-là avait l'aspect chétif d'un Chinois pur sang.

Il était terriblement myope; aussi ne portait-il point sur le nez les lunettes, aux grands yeux ronds, à la lourde monture de cuivre, qui constituent l'accessoire obligé du costume des mandarins.

Peu de jours après sa présentation, Nou-nou vint me faire une visite intéressée : son frère lui avait dit que j'avais acheté une encyclopédie qu'il n'avait pas encore lue, et il venait me prier de lui en prêter quelques volumes. Une fois en possession des bouquins, il se mit à les feuilleter avec une espèce de respect amoureux, qui en disait plus long, au sujet de ses goûts studieux, que les plaisanteries de Houan ou l'admiration de Tze. Ses mains avaient ce frémissement de jouissance intense de l'avare palpant son trésor, et sa physionomie était transfigurée par le plaisir qu'il éprouvait à lire quelque chose de nouveau pour lui. Remarquant qu'il tenait son livre comme un myope, je lui demandai pourquoi il ne portait pas de lunettes.

« Elles ne me serviraient de rien, parce que je *vois de près.*

— Mais vos frères en portent ?

— L'aîné *voit de loin,* et pour cela les lunettes sont très-utiles. Quant à mon cadet, il en porte, parce que c'est de bon ton dans le monde des lettrés. Avoir des lunettes sur le nez vous fait aussitôt passer pour un savant aux yeux du peuple. Dans les rues, les gens se rangent pour vous faire place, et les cochers *vous transportent à moitié prix.* »

Nou-nou était encore, au point de vue du caractère, un enfant de la prairie. Il disait tout ce qu'il pensait, avec une franchise charmante. Le contact des Européens n'exerçait sur lui aucune mauvaise influence, et tant que je le connus il resta lui-même. Peu de jours avant de le quitter, je causais avec lui de son avenir. Il m'apprit que chaque année on tirait au sort le nom des candidats aux charges publiques, et que les premiers numéros étaient attachés au ministère des finances.

« Si seulement je pouvais avoir la chance de tirer un de ces premiers numéros ! fit-il avec un gros soupir.

— Les places du ministère des finances sont donc les mieux payées ?

— Nullement ; mais *on a le maniement des fonds,*

ce qui est plus sûr que le traitement, tout nominal, que vous donne le gouvernement.

— Vous tenez donc beaucoup à l'argent ?

— Énormément. »

Décidément Nou-nou était un type charmant en son genre : il aimait le vil métal à l'égal des livres, mais il l'avouait avec une franchise : trop rare dans notre monde occidental.

Nou-nou était vraiment un savant; son érudition était immense, pour un jeune homme de vingt ans; il avait beaucoup lu et aussi beaucoup retenu; mais sa science était d'un aussi beau jaune que sa peau, car la mémoire y occupait la première place, réduisant les facultés de l'imagination et du jugement au rôle de comparses.

Si je lui demandais un renseignement, il se mettait à réfléchir longuement, avec un clignement d'yeux bizarre, et finissait par me dire :

— J'ai lu à telle ligne, de telle page, de tel volume, de tel ouvrage, telle et telle chose; dans cet autre ouvrage ceci, dans un troisième cela.

Les citations qu'il faisait étaient souvent contradictoires. Lorsque je lui en faisais la remarque, il se contentait de me répondre :

« Je vous apporterai les volumes, et vous verrez que ma mémoire me sert bien.

— Je suis bien sûr que votre mémoire est bonne; mais l'un des auteurs dit blanc et l'autre dit noir. Lequel dois-je croire et citer?

— L'auteur d'un ouvrage ayant pour titre : *l'Art de*

faire des extraits, a dit : — Lorsque deux anciens sages ne sont pas d'accord, *il faut les citer l'un après l'autre, et la difficulté se trouve ainsi aplanie.* »

Tout n'est-il pas bien chinois dans cette réponse? D'abord l'habitude qu'ont les mandarins, qu'il s'agisse de science ou d'administration, de ne jamais émettre une opinion personnelle, mais d'agir toujours en s'appuyant sur les précédents; puis le titre de l'ouvrage cité, qui ne peut avoir été composé que dans un pays où le mot savant n'a d'autre sens que celui de *compilateur habile;* et enfin la citation elle-même, qui nous donne un procédé, d'un jaune très-accentué, pour tourner une difficulté.

Malgré toute sa science, Nou-nou un jour s'arrêta net dans son explication :

« Je ne comprends pas cette phrase », me dit-il.

Cet aveu me surprit.

« Mais ne pourriez-vous vous renseigner auprès de vos frères?

— Ils ne comprendront pas mieux que moi ce passage qui traite de la religion de Fo. — Fo est le nom chinois de Bouddha.

— Et pourquoi ne vous occupez-vous pas de ce qui a trait au culte de Fo? »

A cette dernière question, Nou-nou fit une grimace d'écolier.

« Nous autres lettrés, nous appartenons au culte de Jou, me dit-il; et ce serait nous déconsidérer que d'acquérir les mêmes connaissances que le bonze. »

Et chaque fois que je questionnais un des frères

Tchen, au sujet du bouddhisme, je recevais la même réponse : Nous autres lettrés, nous ne connaissons rien des singeries des disciples de Fo ! ! !

Cela ne faisait guère mon affaire, puisque mes études favorites étaient le bouddhisme et son développement en Chine. J'essayais bien de persuader à Nou-nou qu'un savant devait tout connaître, les canons de Fo aussi bien que ceux de Confucius ; mais il faisait toujours la sourde oreille. Enfin un jour il vint me trouver, après le déjeuner, pour me prier de l'excuser, s'il ne venait pas le lendemain. Son quatrième fils était mort, me dit-il, et il désirait assister aux prières que les bonzes réciteraient, de bonne heure, sur le cercueil du bambin.

« Alors, lui dis-je, vous êtes un sectateur de Bouddha ?

— Pas le moins du monde ; mais c'est l'habitude dans notre famille de faire appeler les bonzes aux funérailles ; nous les faisons venir par respect des traditions que nos ancêtres nous ont léguées.

— Et les mourants ne demandent-ils pas quelquefois qu'une cérémonie religieuse soit célébrée à leurs funérailles ?

— Jamais semblable idée ne leur vient, et pour cause ; au moment de la mort, on pense à bien d'autres choses qu'aux acrobaties des bonzes. Puis, ceux qui meurent savent que rien ne saurait changer les traditions. Dans des familles, les funérailles sont faites par des bonzes rouges ; dans d'autres, par des bonzes lamas, ou par des prêtres de Tao ; ceci est une affaire d'habitude, et l'on n'y change jamais rien.

— A quoi croyez-vous que l'on pense au moment de la mort ?

— Ma foi, je n'ai jamais songé à cela ; cependant je jurerais que ce n'est ni à Fo, ni à ses bonzes. »

Ce que Nou-nou méprisait le plus, après les ouvrages bouddhistes, c'étaient les rares traités techniques que possède la littérature jaune.

« Comment se peut-il, disait-il souvent, qu'il y ait des êtres assez grossiers pour salir du papier à expliquer de quelle façon se fabriquent les porcelaines, les laques et autres objets tout aussi prosaïques ? »

Cependant, un jour que je lui demandais de me traduire, ou mieux de me commenter un traité sur la fabrication de l'encre de Chine, je fus étonné du plaisir qu'il prenait à le lire et à me l'expliquer. Il déclamait la façon de produire un beau noir de fumée ou de mouler des bâtons élégants, avec autant de feu que les plus belles pages des entretiens de Confucius. Il lisait avec ce rhythme accentué que la prose chinoise possède au même degré que nos vers, dodelinait de la tête, pour mieux marquer la cadence, et s'arrêtait longuement à la fin des phrases. Pendant ces repos, il exprimait sa grande admiration en claquant la langue contre son palais, comme un gourmet qui déguste un verre de vin de derrière les fagots. Et tout cela pour un vulgaire manuel bien digne de figurer dans la collection Roret ! Cette admiration me parut tellement déplacée, après des mois passés dans la société des lettrés, que je me permis d'en faire l'observation à Nou-nou.

« C'est que, voyez-vous, me répondit-il, avec son

plus beau sang-froid, — et le sang-froid d'un jaune paraîtrait encore glacial même au pôle nord, — *sans encre pas de lettré !* »

La réponse était très-spirituelle. Je la notai avec d'autant plus de soin, que ce fut la seule fois que Nou poussa la licence jusqu'à avancer une idée sans l'avoir, au préalable, incorporée dans une citation d'un auteur célèbre, destinée à lui donner de l'autorité, comme nos pharmaciens qui font avaler des horreurs en les dissimulant habilement sous une épaisse couche de sucre.

« Et alors les lettrés doivent aussi fort apprécier les manuels traitant de la fabrication du papier?

— Point du tout! le papier sert à tant d'usages que ceux qui le fabriquent n'ont pas droit pour cela au respect des lettrés. »

J'essayai d'obtenir de Nou des explications plus étendues sur la différence que l'on fait, dans son pays, entre un papetier et un fabricant d'encre, au point de vue de la classification sociale. Je lui fis remarquer qu'en somme le papier était aussi nécessaire que l'encre à l'écrivain; mais il réfuta tous mes arguments à l'aide de raisonnements d'un jaune si intense que, le soir venu, il me fut absolument impossible d'en faire un résumé assez digeste pour un cerveau européen.

Heureusement, Nou n'était pas toujours aussi Chinois dans la façon d'exposer ses idées, et les entretiens que j'eus avec lui m'ont fourni plus d'une page intéressante de mon journal.

Après mes trois lettrés et mon boy, les personnages

les plus importants de ma petite société jaune étaient ces fameux brocanteurs que j'ai déjà eu l'honneur de présenter à mes lecteurs, dans la *Chine inconnue* [1]; mais dans cette étude, faite spécialement pour des collectionneurs, je ne me suis occupé que d'une façon incidente de ces intéressants personnages, les objets qu'ils vendent les ayant relégués au second plan. Maintenant, je vais essayer de réparer l'affront que je leur ai fait en leur consacrant une étude spéciale. Je pousserai même la condescendance à leur égard jusqu'à les présenter individuellement aux lecteurs.

Au moment où j'écris ces lignes, on frappe discrètement à ma porte.

Dans tout autre pays que la Chine, une façon aussi modeste de s'annoncer n'eût pu venir que d'un solliciteur honteux ou d'une timide visiteuse; mais comme les solliciteurs sont rares et que les jolies visiteuses font complétement défaut sur les bords de la mer Jaune, je répondis au coup discret, sans même tourner la tête, par un négligent *Laï!!!* Le mot chinois que je viens d'employer dans le sens de « entrez » est tellement usité en Chine que je vais me permettre, à son sujet, de faire étalage de mes connaissances sinologiques.

Si l'on frappe à votre porte, vous répondez : *Laï*, entrez; si vous appelez votre *boy*, il vous répond : *Laï*, voilà. Ces deux emplois du caractère *Laï* n'ont rien de très-chinois; ils nous montrent simplement que la valeur de ce caractère correspond à notre mot venir;

[1] *La Chine inconnue*, par Maurice JAMETEL. Rouam, éditeur, librairie de l'Art, Paris, 1886.

mais là où il devient bien jaune, c'est lorsqu'il est employé en qualité de verbe auxiliaire. Ainsi l'on ne se sert jamais, en parlant, du mot *houei*, — retourner, — sans le faire suivre de l'auxiliaire *laï*, qui en fait revenir; de même le mot *tchou*, — sortir, — accompagné de *laï*, fait le mot venir. Enumérer les verbes dont le sens est modifié par l'adjonction de l'auxiliaire *laï* remplirait un volume; ce qui n'a rien d'étonnant dans la langue d'un peuple pour lequel l'avenir ne compte pour rien, et qui ne sait que *revenir* vers le passé.

Dès que mon *Laï* eut ouvert ma porte à mon visiteur, celui-ci vint s'accouder familièrement sur la table où je travaillais.

« Comment a dormi le *Grand aïeul?* me demanda-t-il.

— Pas mal, et toi? Comment a été la chasse? Es-tu encore revenu bredouille?

— Aujourd'hui, je n'ai rien de bien beau. »

Ce disant, il tira d'une de ses vastes manches un gros paquet qui n'eût certainement pu trouver place dans aucune poche européenne, n'en déplaise au *portier du temple du ciel*. Il se mit lentement à défaire ce ballot en miniature, et finit par extraire du mouchoir de cotonnade anglaise qui les emmaillottait deux petites statuettes de bronze, qu'il posa devant moi.

Ces statuettes représentaient deux bonzes, revêtus de l'étole, les mains jointes dans l'attitude de la prière. Au point de vue artistique, elles étaient d'une facture grossière; puis leur corps était littéralement rongé par ce culottage particulier qui envahit toutes les divinités bouddhistes de second ordre. Cette patine, qu'elles ne peuvent acquérir que par de longs services, se renouvelle constamment, au grand détriment de leur pauvre corps, qui finit par devenir tout à fait informe; sous son influence, le bronze se recouvre d'un dépôt noirâtre; des soulèvements se produisent à sa surface; et au moindre choc, les parties soulevées tombent en poussière, pour être aussitôt remplacées par de nouvelles cloches, dont l'existence est tout aussi éphémère.

Cette espèce de lèpre du bronze le ronge si rapidement que les pauvres Bouddhas qui en sont atteints maigrissent à vue d'œil. Ceux que j'ai devant moi étaient, au temps de leur jeunesse, tout d'or habillés : un petit point brillant, çà et là, sur leur patine grisâtre est tout ce qui reste de cette riche parure.

Je me suis souvent demandé d'où pouvait provenir ce *culottage sacré*, qui n'attaque que les divinités de second rang, tandis que les maîtres Bouddhas peuvent vivre des années sur les autels sans en être atteints. A force d'étudier cette intéressante question sous toutes ses faces, mes connaissances sur ce sujet se sont tellement étendues que je me propose d'écrire un traité ayant pour titre : *De l'art d'empêcher les Bouddhas de se culotter, par un bouddhiste émérite*. Ce sera là un bien bon pendant à l'intéressant ouvrage : *l'Art de culotter les pipes, par un fumeur émérite*.

Le culottage divin paraît produit par la fumée des mèches parfumées au bois de santal, que l'on brûle sur l'autel. Il entre dans la composition de ces bâtonnets très-peu de santal, lequel est fort cher, et beaucoup de fiente de chameau, laquelle est au contraire bon marché. Or, mes souvenirs chimiques me portent à croire que la combustion de cette dernière matière, très-chargée de sels ammoniacaux, doit produire des vapeurs corrosives.

Maintenant, pourquoi, demandera le lecteur, ces vapeurs ne *culottent-elles* que les divinités de second ordre, et respectent-elles les autres?

Évidemment ce n'est pas par esprit religieux : les molécules gazeuses se laissent peu influencer par des considérations de ce genre, et pour ma part je n'hésite pas à reconnaître à ce phénomène une cause beaucoup plus terrestre. Les dieux de second ordre en sont réduits au triste rôle d'adorateurs des gros bonnets de l'Olympe bouddhique, et comme tels, ils passent leur vie à prier devant eux, les mains jointes, exposés aux vapeurs délétères des bâtonnets de bois de santal, tandis que leurs seigneurs et maîtres, placés au fond de l'autel, sont à l'abri de leurs atteintes.

Les pauvres dieux enfantés par l'esprit religieux de la race jaune sont faits à l'image de l'homme. Dans l'Olympe bouddhique, comme dans nos sociétés, ce sont les humbles qui payent de leur vie les satisfactions d'orgueil des grands.

Quoi qu'il en soit, les deux divinités que mon homme vient de déposer sur ma table sont si laides que je ne puis retenir mon indignation :

« Tu es toujours le même! Tu ne m'apportes que les pièces de rebut. Quant aux beaux morceaux, tu as soin de les porter chez les grands hommes, Leurs Excellences MM. Po-ho et Ouei. Après tout, mon argent vaut bien celui de ces personnages, et tu pourrais au moins venir chez moi avant d'aller chez eux.

— *Grand aïeul*, il ne faut pas *produire* de l'air. » Dans la belle langue de Confucius, produire de l'air veut dire : se mettre en colère, sans doute parce que la colère jaune produit plus de fumée que de feu.

Comme il vit que, loin de suivre son conseil, je me disposais à lui adresser de nouveaux reproches, il ajouta :

« Attendez un instant; je vais vous montrer un Bouddha très-beau. »

Et il sortit sans attendre ma réponse.

Je vais profiter de l'absence de To pour le présenter au lecteur; de la sorte sa modestie n'aura pas à souffrir de cette présentation.

To fait partie de la puissante colonie de *turbanais*[1] qui exploite avec tant de succès la capitale des Fils du Ciel. Chose bien digne d'attirer l'attention des philosophes : tandis que les musulmans de la Méditerranée se laissent exploiter par les Grecs et les Arméniens, leurs frères en Mahomet de la Chine montrent au contraire des aptitudes si extraordinaires pour le négoce qu'on pourrait, sans les flatter, les appeler les Juifs de l'extrême Orient. Comme son coreligionnaire, le patron du restaurant « de tous les cieux », To se faisait remarquer par la propreté de sa personne. Tou

[1] Nom des musulmans en chinois.

jours vêtu d'une longue robe de cotonnade bleue en parfait état, rasé de frais, il avait fort bonne apparence; et la gracieuse génuflexion dont il honorait ses bons clients aurait disposé en sa faveur l'anti-Chinois le plus endurci. Cependant, ce qui distinguait surtout To de ses nombreux collègues, c'est qu'il n'avait rien à craindre de leur concurrence; sa qualité de musulman fervent lui permettait de se livrer à un commerce singulier, qui donnait autant de satisfaction à sa conscience qu'à sa bourse. Il faisait le trafic de toutes les divinités jaunes, quel que fût leur *habitat*, et il se chargeait de fournir aux Européens tous les dieux de l'Olympe des bouddhistes.

Comme il n'avait à craindre aucune concurrence, il abusait de sa situation, en faisant payer fort cher des horreurs; et si l'on avait le malheur de se prêter de mauvaise grâce à ses entreprises commerciales, aussitôt il allait porter ailleurs toutes ses belles prises, car de temps à autre il vous offrait des choses vraiment remarquables.

Quant à la façon dont il s'y prenait pour dépeupler les temples de leurs habitants, je n'ose trop m'étendre sur ce sujet, de peur que ces lignes ne tombent sous les yeux de quelque Pékinois, bon bouddhiste, qui ferait un mauvais parti au pauvre musulman. Plusieurs fois, je demandai à To comment il s'était procuré une belle statuette que je venais de lui acheter fort cher.

« C'est le bonze de garde qui me l'a cédée pour des morceaux d'argent », répondait-il invariablement à mes indiscrètes questions.

Quant aux menues divinités, sa réponse était fort acceptable; moi-même, en dépit de mes poils rouges et de ma qualité de diable, je suis parvenu plus d'une fois à traiter directement, avec le bonze d'un petit temple, de l'achat de jolies statuettes; mais aucune de ces dernières n'occupait dans les sanctuaires une des places d'honneur. Et chaque fois que j'avais voulu m'attaquer aux puissances présidant aux destinées du temple, mes offres avaient été repoussées avec indignation.

Aussi, un jour que To m'apportait un magnifique accouplement de *Siva* en bronze doré, je résolus de lui arracher le secret du procédé qu'il employait pour dépouiller ainsi les autels de Bouddha de leurs plus beaux ornements. Depuis longtemps j'avais déjà remarqué, dans le temple des dix mille lamas, plusieurs accouplements de Siva, auxquels j'aurais bien volontiers accordé une place d'honneur dans ma modeste collection, même en payant une bonne somme pour cela faire. Certes, le spécimen que je devais à l'habileté diplomatique de To avait bien sa valeur. Siva y était représenté avec tous les attributs que lui donne la légende mongole, toute remplie de lointains échos de notre histoire sainte : les trois têtes grimaçantes du dieu en trois personnes; le serpent, un frère sans doute de celui du paradis terrestre, foulé aux pieds par la divinité; et sa perfide compagne, une vraie sœur d'Ève, abusant de ses charmes pour faire accepter à son seigneur, sous la forme d'une grenade, le fruit défendu. Cependant les Siva des lamas ont pour moi l'attrait du fruit défendu. Aussi, après avoir, sans marchander, payé 50 francs la statuette de To, qui reste ébahi en me voyant si peu *marchandeur*, j'entreprends de lui arracher les secrets du métier.

« Le bonze qui t'a vendu cette statuette doit être ton ami, pour qu'il t'ait cédé son Siva qui est un dieu très-vénéré dans ces parages, à cause du voisinage du *dehors de la grande muraille*, — nom que les Pékinois donnent à la Mongolie orientale.

— En effet. Malgré cela, il m'en a demandé un bon prix, quoique je sois cependant un bon intermédiaire pour lui. Grâce à moi, il a déjà tiré un petit tas de lingots d'argent de ces horribles diables qui remplissaient autrefois son temple, et qui font maintenant les délices des Occidentaux, mes clients.

— Malgré cela, je suis convaincu que si tu n'avais pas été connu du bonze, il ne t'aurait jamais cédé ce Siva.

— Et pourquoi pas? Un bonze vendrait même son âme pour de l'argent, s'il trouvait acquéreur pour une aussi mauvaise marchandise. — N'oublions pas que To est un musulman, nourri dans l'intolérance du Coran.

— Cependant je n'en ai jamais rencontré un qui voulût bien me vendre quelque belle pièce.

— Cela n'a rien d'étonnant. Les beaux Bouddhas ne se trouvent que dans les grandes lamasseries, toutes remplies de bonzes paresseux, passant leur temps à s'arracher les offrandes des fidèles ou le prix des Bouddhas. Si vous essayez de traiter, dans ces établissements, un marché *coram populo*, — l'expression est de moi, car les jaunes ignorent jusqu'au mot *latin*, — vous n'arriverez à aucun résultat, parce que les lamas présents craignent les trahisons, lorsqu'il s'agit de partager le butin.

— Alors comment faut-il faire?

— On donne rendez-vous à un des lamas dans une maison de thé; on traite l'affaire avec lui; il vous indique l'heure et le jour où il sera de garde dans le sanctuaire, et le tour est joué. Il ne reste plus, au jour fixé, qu'à aller chercher la statuette achetée et à la sortir du temple, sans que les collègues du vendeur s'aperçoivent de la chose, ce qui est toujours facile, avec une robe un peu ample et de grandes manches. »

Pendant que je le présente aux lecteurs, To est allé chercher, je ne sais où, un nouvel assortiment de divinités; et à peine avais-je fini d'écrire les lignes qui précèdent, qu'un coup discret m'annonça son retour.

Cette fois, le produit de sa chasse était trop volumineux pour le dissimuler dans ses manches, et il le portait soigneusement caché dans un ballot de cotonnade. C'était un magnifique Bouddha, en bronze laqué, haut d'un demi-mètre. Pour une aussi belle pièce, le marché fut vite conclu; et la statuette une fois casée dans ma collection, j'expliquai à To que j'avais aperçu, la veille, dans une lamasserie, un joli rouleau à prières et un *Sakiamouni* indien, pur sang. Après avoir pris tous les renseignements nécessaires pour son expédition, il me quitta.

Cinq jours après, il revint et déposa sur ma table le petit rouleau à prières, en bronze, portant en relief, sur son pourtour, une invocation en caractères thibétains, et un rêveur *Sakia,* au torse frêle, au nez droit, dont le type était bien différent de celui des divinités ventrues nées sur les bords de la mer Jaune.

Avant de conclure le marché, j'examinai avec soin la marchandise : je soulevai le fond supérieur du rouleau; je le trouvai rempli par une immense bande de papier, enroulée avec tant de soin autour de son axe qu'un couteau ne pouvait attaquer ce bloc de papier comprimé, portant tout un volume de prières en caractères sanscrits. Quant au Bouddha, je fis sauter d'un coup de canif la plaque de cuivre garnissant sa base avec une facilité telle qu'il n'était que trop à présumer que la cachette venait d'être récemment fouillée, soit par To, soit par son vendeur. Et en effet, je la trouvai vide des rouleaux de prières, des écheveaux de soie, des perles et des pierres précieuses que les croyants ont l'habitude d'introduire dans le corps des statuettes de divinités, au moment où elles sont consacrées au culte.

« Eh bien! dis-je à To, ta statuette a déjà été profanée, car elle est vide.

— Oh! c'est moi qui l'ai vidée, pour vous éviter de retirer de sa carcasse ces nids à poussière qu'y placent les bonzes. »

J'allais protester, et lui demander de me laisser, à l'avenir, la peine de fouiller moi-même mes acquisitions, lorsqu'un de mes marchands favoris envahit mon domicile, escorté de deux commis, chargés de volumineux ballots.

To, toujours fort discret, s'esquiva, laissant la place

libre au nouveau venu, Po-Lo, le grand marchand de soieries d'occasion, vendant de vieux habits dans la ville chinoise, sous l'enseigne : *Au changement constant*, et des fourrures, dans la ville officielle, au comptoir de la *Fontaine de toutes les vertus*.

Po était originaire de la province du Chan-ton, comme tous les tailleurs et marchands d'habits de la capitale des Fils du Ciel. Presque chaque jour, il venait, après le déjeuner, me tenter en me montrant les rebuts des garde-robes de mesdames les princesses du sang et des femmes des grands dignitaires de la cour.

Tous ces rebuts avaient bien leur valeur pour un collectionneur. Dans les harems jaunes, l'oisiveté rend la mode encore plus changeante qu'en Occident; les sultanes chinoises se dégoûtent vite de leurs plus beaux costumes, qui arrivent ainsi entre les mains des revendeurs, après avoir été à peine portés.

Po défait ses ballots, dépliant, un à un, les trésors qu'ils renferment; et pour mieux me les faire apprécier, il les étale sur un ballot, encore intact, avec un chic que lui envierait plus d'un de nos *calicots*.

Avec quelle habileté diabolique il dispose les plis d'une belle robe, de façon à mettre en lumière une fleur artistement brodée et à faire disparaître prudemment dans l'ombre une grosse tache! Aujourd'hui, cependant, son assortiment ne renferme que quelques vieilles robes; les couvre-pieds, les garnitures de chambre, etc., etc., y occupent la première place. Il me montre d'abord deux bandes de soie, longues d'un mètre et demi et larges de 50 centimètres. Sur le rouge flamboyant du fond se détache une grande cigogne, brodée en soie blanche. Grâce à l'étonnant contraste des couleurs, cet emblème du bonheur domestique jaune a des reflets argentés d'une extraordinaire vivacité. Il faut être né sur les bords du fleuve Bleu pour assembler des nuances aussi disparates!

J'étais en train de marchander les deux bandes, lorsque l'aîné des Tchen survint. Il venait, me dit-il, profitant d'un moment de loisir, fumer une pipe en ma *savante compagnie*.

Après avoir bourré sa pipe au gros réservoir de cuivre rempli d'eau destinée à refroidir la fumée qui le traverse, il vint s'asseoir sur le kan, et To reprit l'exhibition de ses soieries. Mes deux compagnons étaient bien faits l'un pour l'autre; tous deux envisageaient l'existence sous ses bons côtés, et plaisantaient volontiers de leurs infortunes, comme Figaro, dans la crainte sans doute d'être obligés d'en pleurer.

Il y avait dans les ballots de To une grande pièce de soie rouge sur laquelle étaient représentés des centaines de bambins prenant leurs ébats, rangés en ligne comme des oignons, les uns jouant à la balle, les autres au cerf-volant, quelques-uns se tenant à cloche-pied, tout comme nos collégiens.

« Voilà ce qu'il vous faut acheter, monsieur *Jann*, me dit Tchen, en me montrant cette nombreuse famille.

— Ma foi, non. Je ne collectionne que les pièces brodées, et tous ces marmots ne sont que tissés dans l'étoffe.

— Oh ! je ne parle point de ce couvre-pied de jeunes mariés au point de vue artistique, mais bien sous le rapport pratique. Lorsque vous prendrez femme, vous l'utiliserez durant quelques jours, juste le temps nécessaire pour apprendre à la jeune personne que vous l'avez prise à seule fin de vous donner de nombreux descendants mâles.

— Comme couvre-pied, je préférerais infiniment cette portière, répondis-je à Tchen, en lui montrant une grande pièce de soie, violet foncé, qu'un ouvrier, aussi habile que patient, avait ornée d'une jolie scène d'intérieur en broderie, avec le kiosque indispensable, les rochers bleus, le pêcher aux fleurs roses et l'inévitable bouquet de bambous au feuillage léger.

— Celui-ci viendra après; mais il est presque obligatoire chez nous que les jeunes mariés se servent, pendant une lune au moins, d'une couverture aux *mille bébés*. Cela leur rappelle les obligations sérieuses de la famille. Après, ils sont libres de couvrir leur lit comme bon leur semble.

— Comment ! dit Po, le grand aïeul Jann n'a pas encore pris femme ?

— Non, lui répondit Tchen. Les Occidentaux ne se marient pas de bonne heure; il y en a même qui restent célibataires. Jann a encore le temps d'y songer. Le grand homme To, son voisin, qui est bien plus âgé que lui, s'est marié il y a deux ans à peine.

— Cependant, à en juger par sa barbe, M. Jann doit avoir plus de cinquante ans.

— Il n'en a que vingt-cinq, répondit Tchen en riant.

Les Occidentaux laissent pousser leur barbe à tout âge, si cela leur plaît. Un sage a dit avec raison : *Les habitudes de tous les pays ne sauraient être les mêmes.* Chez nous, un homme de moins de quarante ans qui laisserait pousser sa barbe serait considéré comme un rebelle, tandis que l'on voit des Européens de vingt ans aussi barbus que des Indiens. Chez nous, un jeune homme de vingt ans qui n'a pas encore une femme est considéré comme un viveur, indigne du respect de ses semblables, tandis que l'on voit des Européens aux cheveux blancs encore célibataires et jouir de beaucoup de considération.

— C'est égal, ajouta Po, je préfère nos habitudes à celles de l'Occident. Un homme sans enfants est comme un pommier sans pommes. »

Po parti, il fut aussitôt remplacé par un autre marchand, qui attendait à la porte que la place fût libre.

Et tous les jours, de une heure à trois, c'est le même défilé de brocanteurs, arrivant les uns après les autres, et portant sur leur dos les *pao-pei* (trésors) qu'ils se proposent d'échanger contre mes piastres.

En entrant, le brocanteur dont le tour est venu vous salue bien bas ; puis, après les compliments d'usage, il s'accroupit à terre et procède au déballage de ses *pao-pei*. l dénoue les quatre coins du mouchoir de cotonnade bleue formant le ballot, prend un à un les objets de la pyramide qui s'élève devant lui et dont la base est formée par une légère corbeille d'osier.

Que de patience, que de délicatesse de main pour défaire cette construction compliquée de porcelaines, de jades et d'ivoires, et dont chaque pièce, aux formes bizarres, semble avoir été créée spécialement, par de patients artistes jaunes, pour mettre à l'épreuve la patience des marchands, leurs compatriotes!

La pyramide défaite, il s'agit de sortir les *pao-pei* de leurs enveloppes de papier de soie; et à peine ce délicat travail sera-t-il achevé, qu'il faudra le recommencer en sens inverse pour retourner au ballot final, que le pauvre diable fera et défera peut-être vingt fois, avant de trouver à caser une des nombreuses pièces qui le composent. Il faut être né sur les bords de la mer Jaune pour pouvoir passer sa vie à emballer et à déballer cent fois le même objet!

La besogne est toujours la même. Mais combien les ouvriers qui la font sont différents les uns des autres! Réunis, ils forment une collection qui ferait le bonheur d'un anthropologiste.

Voici d'abord le vieux Hen, aux joues creuses, au visage tanné et ridé; le peu qui lui reste de sa dentition le fait bredouiller si terriblement que j'ai peine à le comprendre; et comme ses ballots ne renferment jamais qu'un assortiment complet d'affreux objets, je ne prends même pas la peine de marchander ce qu'il appelle, par un euphémisme de langage des plus hardis, des *pao-pei*. Malgré le peu de cas que je fais de son étalage, il est plus assidu que pas un à mes réceptions de l'après-midi; et je suis toujours sûr de le voir un des premiers, avec sa grande taille déjà courbée par le poids des ans, bien plus que par le poids de ses ballots, qui en général sont fort légers.

Tchen, assis sur le kan à mes côtés, prend le plus grand intérêt à ce défilé. Il oublie que le grand homme To l'attend pour adresser au régent de l'Empire une communication de la plus haute importance. Il cause avec les marchands, leur demande leur âge, leur nom et leur demeure. Les questions qu'il leur adresse m'apprennent qu'il est encore plus ignorant que moi au sujet des productions artistiques de son pays. Pour lui, un Ming, un Kan-chi ou un Kien-lon, c'est tout un. Aussi, au lieu d'admirer les *pao-pei* que l'on étale devant lui, cancane-t-il avec leurs propriétaires, commentant le scandale du jour, et se permettant de temps à autre un bon mot qui transforme la face de son interlocuteur en une véritable lune. Le rire jaune est silencieux, mais il se traduit par une incroyable déformation de la physionomie.

« Ah çà, toi qui m'as l'air d'un malin, — mot à mot, toi qui as un nez très-élevé, — dis-moi un peu ce que c'est qu'une troupe de jeunes filles, toujours chantant, toujours dansant, qui ne se réunissent que pour causer de l'ennui, ne craignent ni roi, ni mandarin, et n'ont peur que de la fumée. »

Le brocanteur, ainsi interpellé, s'accroupit sur ses talons et se met à chercher la solution de l'énigme. Au bout d'un quart d'heure de réflexion, il avoue que Tchen est plus malin que lui. Ce dernier, flatté de ce compliment (ô faiblesse humaine ! tu es la même partout !), se montre bon prince.

« Mes jeunes filles, dit-il, sont simplement des moustiques qui mordent comme ta belle, et ont une taille bien plus fine que la sienne. »

Cette dernière plaisanterie avait sans doute une saveur toute particulière pour un palais jaune, car toute ma *maisonnée* en fut ravie. Les marchands, qui faisaient antichambre, s'esclaférent, et le rire, moitié chinois, moitié européen, de mes *boys* se fit entendre dans le lointain. Mis en belle humeur par son succès, Tchen voulut se surpasser lui-même. Par la porte entre-bâillée, vingt paires d'yeux malins l'épiaient. C'est à cet auditoire nombreux qu'il s'attaqua cette fois.

« Eh ! vous autres, qui riez si fort, ne vous croyez pas plus malins que votre collègue. Ainsi nous avons tous un ami commun. Je vais vous décrire ses mœurs, et je suis sûr qu'aucun de vous ne sera capable de me dire son nom.

« Notre ami a des habitudes singulières : lorsqu'il veut dormir, il s'habille ; lorsqu'il se met au travail, il se déculotte ; tout ce qu'il mange est noir ; et chaque fois qu'il vomit, il le fait à un endroit bien propre. »

Comme personne ne répond à sa question, Tchen saisit mon pinceau à écrire, et, le montrant à son auditoire, il dit :

« Voilà notre ami ! Lorsqu'on le laisse dormir, on l'habille de sa gaîne ; lorsqu'on veut s'en servir, on lui retire cette même gaîne : on le déculotte ; sa seule nourriture se compose d'encre, qui est noire ; et lorsqu'on lui fait rendre ses aliments, on a soin de le conduire, pour cela faire, dans un endroit bien propre. »

Au moment où Tchen achevait sa démonstration, au milieu de l'admiration générale, un courrier me remit une lettre me rappelant que mes huit jours de repos appartenaient déjà au passé, et qu'il me fallait les classer au plus vite dans la collection de mes souvenirs; car la vie active allait bientôt entasser dans mes cartons des matériaux si nombreux que le temps me manquerait pour me permettre de remonter, même de quelques heures, le cours de mon aventureuse existence.

CHAPITRE II

LE TEMPLE DES DIX MILLE LAMAS.

Ce matin, en me levant, j'ai pris une grande résolution. J'ai déjà passé bien des heures à errer à l'aventure dans les rues de la moderne Khambaligh, et je n'ai encore rien visité. Je veux me réformer : au lieu de flâner, je vais maintenant voyager dans Pékin à la façon des *Cook's excursions*.

Pour commencer, je commande une charrette. J'ai résolu d'aller à midi au temple des dix mille lamas, au Yu-ho-kon, comme l'appellent les Chinois. A l'heure dite, mon équipage est à ma porte, et me voilà parti en expédition, par une température de quarante-trois degrés de chaleur.

Le trot allongé de ma mule me fait parcourir en moins d'un quart d'heure le boulevard de Ha-ta-meun. Plus on avance sur cette large voie, et plus ses bas côtés se dégarnissent des étalages qui l'encombrent. Les magasins se font plus rares, et les passants aussi. Le calme de la rue semble vouloir annoncer aux voyageurs l'approche des asiles de l'étude et de la prière : le temple de Confucius et celui de Yu-ho-kon qui occupent l'angle nord-est de la ville.

Lorsque je descends de ma charrette, je suis presque

dans une solitude, ce qui me permet de délibérer, sans être importuné par les curieux.

Que visiterai-je aujourd'hui? Le temple de Confucius ou celui des lamas? Telle est la question que je me pose.

Les lamas sont peu aimables, m'a-t-on dit, pour les infidèles de peau blanche, à tel point qu'il est prudent de ne les visiter qu'en nombre. Malgré cela, peut-être même à cause de cela, la balance penche terriblement de leur côté. En ma qualité d'étudiant du bouddhisme, je serais heureux de montrer à ces religieux qu'il y a des diables qui comprennent très-bien les livres tibétains et sanscrits. C'est donc vers eux que je dirige mes pas, sans tenir aucun compte des charitables avertissements de mes compatriotes.

L'entrée de la lamasserie ne donne point directement sur le boulevard. Je franchis d'abord une grille en bois, toute grande ouverte, et j'arrive devant un magnifique portail à trois portes, comme toutes les entrées des résidences officielles : une grande, celle des Excellences, flanquée de deux plus petites, dont celle de droite est ouverte à tout venant. Ce portail est à angle droit avec la direction du boulevard, de sorte que les passants ne peuvent jeter un regard indiscret dans le couvent.

La grille franchie sans aucune difficulté, je me croyais hors d'affaire, et je riais déjà des frayeurs que l'on m'avait faites à ce sujet; mais voici qu'au moment où je vais franchir le seuil du portail, trois lamas surgissent, comme des diables d'une boîte, d'un petit cabanon, et se précipitent sur moi avec tant de violence que je crus d'abord à une attaque à main armée. En conséquence, je battis prudemment en retraite vers le mur le plus proche, afin de m'y mettre sur la défensive, en ayant au moins le dos couvert.

« Il ne faut pas vous sauver, me dit alors l'un d'eux. Si vous voulez entrer, donnez-nous un petit cadeau, et nous vous laisserons passer. »

Dans mon ignorance, j'eus la bêtise de répondre :

« Et combien voulez-vous ?

— Quatre taels. »

Soit trente francs : ce qui représente au moins cent francs ici.

Cette demande exorbitante m'effraya tellement que je repris le chemin de ma charrette. En voyant cette bonne aubaine leur échapper, les dégoûtants cerbères virent qu'ils avaient fait fausse route. Ils se précipitèrent de nouveau sur moi et me saisirent, qui par un pan de ma jaquette, qui par un bras, qui par une main, pour me ramener, presque de force, devant la porte intérieure.

Là, je parvins à me dégager de l'étreinte de ces lamas sans vergogne, et je commençai à entrer en marché avec eux, tout comme s'il se fût agi de l'achat d'une potiche ou d'un cloisonné.

Après une longue discussion, le prix d'entrée fut enfin fixé à neuf francs, que je versai immédiatement entre les mains d'un vieux lama qui m'arracha, sans plus de façon, mon billet de banque des mains, au moment où je le tirais de mon portefeuille.

Je me disposais à franchir la porte, lorsque les deux

portiers, qui n'avaient rien reçu, se précipitèrent sur moi et m'empoignèrent solidement, avec l'intention évidente de me retenir prisonnier. En présence de cette trahison, je n'avais qu'à payer une seconde rançon; mais avant d'en discuter le prix, j'exigeai impérieusement de mes deux gardiens qu'ils se tinssent à distance respectueuse, et pour cause. Ces repoussants personnages, avec leurs habits jaunes vernis de graisse, leur crâne pouilleux sans un cheveu, me donnaient presque le mal de mer. Et leur physionomie était bien en harmonie avec leur plumage : nez crochu de la rapacité, lèvres épaisses de la bestialité, front fuyant de l'imbécillité; en un mot, les stigmates de tous les vices.

Quand enfin je fus dégagé des étreintes de ces affreux cerbères, et que l'air fut un peu purifié de l'odeur qui se dégageait de leur personne, je leur proposai avec calme trois francs, et je finis par passer en ajoutant cinquante centimes.

Me voici sauvé ! Je suis maintenant dans la place sans qu'il m'en ait par trop coûté. Telle est l'agréable réflexion que je fais, tout en parcourant une large avenue plantée d'arbres, bien dallée, qui sert pour ainsi dire d'antichambre au temple.

Au bout de cette avenue, je me trouvai devant une haute muraille percée de deux portes hermétiquement closes. J'eus beau frapper à l'une et à l'autre, en explorer les fentes, il me fut impossible d'y découvrir la moindre trace d'être humain. Je me retournai du côté de l'avenue : même silence et même solitude. Le portail que je venais de franchir s'était refermé sur moi.

J'étais pris comme dans une souricière. Sûrement les lamas, maintenant que toute retraite m'était coupée, allaient me rançonner sans pitié. En attendant le moment critique, je me promenais de long en large au pied de la muraille, lorsqu'une de ses portes s'ouvrit, et un lama, plus propre que ceux auxquels j'avais payé mon droit d'entrée, vint s'asseoir sur le seuil. Je lui demandai si je pouvais visiter le temple sans troubler le culte; sur ce, mon lama se leva pour me laisser entrer, en me faisant un signe que je pris pour une invitation.

Je me trouvais dans une magnifique cour, tout entourée de bâtiments à un seul étage; celui qui en occupait le fond se faisait remarquer par son élévation et une sorte de terrasse qui le précédait.

J'allais pénétrer dans une seconde cour, pensant que la première n'était qu'une sorte de vestibule, lorsque le lama muet me dit :

« Ne voulez-vous pas visiter le sanctuaire des trois Bouddhas ?

— Très-volontiers.

— Alors je vais prévenir mon camarade qui a la garde de ce sanctuaire. »

Cinq minutes après, je me trouvais devant un autel carré, portant trois grandes statues en bois doré. Celle du centre est le Bouddha Sakiamouni; et ses deux compagnons, dont l'un porte un livre et un chapelet, et l'autre une fleur de lotus, sont Dharma, le dieu de la loi, et Chamgha, le dieu de l'église.

Le lama qui m'a laissé entrer prend au sérieux son métier de cicerone.

« Ça, me dit-il, ce sont les divinités de la multitude; c'est à elles que celle-ci adresse ses prières et offre des sacrifices; c'est pour cela qu'elles sont placées près de la porte. »

Il y avait en effet devant les statues tout un assortiment d'assiettes et de coupes remplies de fruits, de gâteaux secs, attestant de la ferveur des fidèles. Du plafond, des murs, pendait toute une collection d'étendards bouddhiques, aux formes bizarres; de rouleaux couverts de devises pieuses. Entre les trois Bouddhas, des gerbes de palmes en papier doré. Et sur l'ensemble de ce mobilier religieux, la poussière et les toiles d'araignée mettaient une teinte grise et fade. Au milieu de ces vieux vestiges, je remarquai un trésor d'une immense valeur : c'était une superbe garniture en cloisonné, composée d'un grand brûle-parfums, en forme d'auge carrée, monté sur quatre petits pieds de cuivre, et de deux chandeliers.

A voir les belles teintes des émaux, le fini du travail des cloisons, on reconnaissait facilement leur âge; et pour les non initiés, le brûle-parfums portait, gravé en relief, sur le large rinceau de cuivre garnisssant ses bords : « Fabriqué sous le règne de l'empereur Kienlong. »

« Vous trouvez ces *fa-lan* jolis? me dit mon cicerone.

— D'une beauté qu'on ne peut exprimer, lui répondis-je en mon plus pur chinois.

— Tous les Occidentaux qui les voient pensent de même. Il y a quelques années, au moment de la fête des « pains en lune », il en vint un qui voulut absolument voir le Tdzassak, et lui proposa 40,000 taels (300,000 fr.) pour les trois pièces.

— Et votre supérieur refusa de conclure cette affaire ?

— Il ne le pouvait pas. Ici tout appartient au Fils du Ciel; et distraire la moindre chose de ses propriétés, ce serait encourir la peine de mort. »

Après avoir examiné d'un œil envieux les superbes cloisonnés, je remerciai le lama du sanctuaire et je sortis.

Je vis alors, en face de moi, adossée à la maussade muraille qui m'avait fait passer un si mauvais quart d'heure, une petite chapelle avec deux autels dressés de chaque côté de la porte. Chacun d'eux portait un couple de divinités vraiment hideuses. Quand je fus au milieu de ces quatre guerriers de bois, au visage grimaçant, maniant avec des bras désarticulés leurs armes diaboliques, j'éprouvai un véritable sentiment de répugnance pour une religion aux divinités si peu esthétiques.

— Ai-je pu être assez fou, me disais-je en moi-même, pour consacrer la plus belle partie de ma vie à étudier la légende et les préceptes moraux de ces magots horriblement peinturlurés de toutes les nuances de l'arc-en-ciel ! Dans le silence du cabinet, mon imagination s'était créé un Olympe jaune peuplé de Bouddhas au front pensif, aux traits émaciés par les veilles et les jeûnes !

C'était, là encore, une véritable désillusion.

Aussi ce fut d'une oreille distraite que j'écoutai les

explications de mon cicerone, qui, me croyant d'une ignorance crasse en fait de bouddhisme, commença à me raconter, en remontant plus loin que *ab ovo*, les infortunes des quatre rois des Dévas qui sont condamnés à défendre à perpétuité contre les mauvais esprits les quatre régions du paradis bouddhiste. Pour lui montrer qu'il avait affaire à aussi savant que lui, je lui récitai les noms sanscrits des hideux magots que nous venions de visiter : Vaïschrammana, Vidouraka, Dristrarastra et Viroupakcha.

Cet étalage de mon savoir fit son effet : mon guide se montra plus ouvert; et il disait à chacun de ses collègues que nous rencontrâmes :

« Cet étranger, malgré la couleur de sa peau, connaît le sanscrit et le nom des quatre gardiens du sanctuaire. »

Et tous de s'émerveiller de ce fait étrange.

Cette première visite eut pour résultat de me donner, dans la suite, droit de circulation dans le monastère. Cependant le passage de la première porte constitua toujours le moment difficile des nombreuses visites que je fis à mes amis les lamas. Les hideux portiers semblaient former une troupe de parasites établis à la porte du temple, en vertu de je ne sais quel droit, pour exploiter le zèle des fidèles, car chaque fois que je fis allusion à leurs exigences, en causant avec les lamas, ceux-ci me répondirent toujours qu'ils n'avaient rien à voir aux faits et gestes des portiers.

Des nombreuses heures que j'ai passées dans le temple des dix mille lamas, il m'est resté un traité sur le bouddhisme tibétain, dont je n'ai pu publier encore qu'une livraison [1], et toute une liasse de notes que je vais utiliser, chemin faisant, en continuant ma visite sous la garde de mon premier cicerone.

Nous sortons de la première cour par une porte étroite qui nous conduit sous une véranda.

Me voici enfin dans la principale enceinte de la lamasserie : une immense cour dont deux des côtés sont bordés de petites chapelles. Le fond est occupé par le principal sanctuaire dont le toit, qui dessine sa silhouette bien haut dans le ciel, étincelle comme un monstrueux diamant.

Quant au quatrième côté, celui par lequel on entre, il est formé par une véranda légère, avec ses inévitables piliers de bois, peints en rouge, et ses ornements, découpés en arabesques rouges et vertes. C'est sous cette véranda que se trouve suspendue la grosse cloche qui appelle les lamas aux offices et aux exercices.

Au milieu de la cour s'élève un vaste bâtiment carré, à la façade largement percée de six portes à deux battants grands ouverts. Nous montons, mon guide et moi, un perron de quelques marches qui nous conduit à l'entrée de ce bâtiment. Une grande salle l'occupe tout entier. Au plafond garni de solives de cette halle brille çà et là une paillette d'or, montrant qu'il fut richement peint, il y a quelques siècles; mais poussière et toiles d'araignée, qui ne respectent pas même les

[1] *L'Épigraphie chinoise au Tibet.* Inscriptions recueillies, traduites et annotées par Maurice JAMETEL. — Pékin, imprimerie du Peï-tang; Paris, Leroux, éditeur, 28, rue Bonaparte.

temples, ont fait, depuis longtemps, disparaître ces décorations sous une épaisse couche grisâtre. Les piliers qui soutiennent les solives, les fenêtres, les doubles rangées de bancs qui s'alignent de chaque côté d'un autel nu, et jusqu'au trône de l'incarnation du Bouddha vivant de Pékin, tout a été envahi par elles. Ce trône occupe le devant de l'autel et lui tient lieu de divinité.

Après avoir jeté rapidement un coup d'œil dans ce sanctuaire vide et dénué d'intérêt, je me dirigeai vers le haut bâtiment qui occupe le fond de la cour.

Plus tard, lorsque je fus un peu familiarisé avec les lamas, gardiens du temple, ils me procurèrent l'occasion de voir le sanctuaire dans toute sa splendeur. Tansan, c'était le nom d'un de ces gardiens, me dit un jour :

« Venez donc ici vers la troisième veille qui suit le midi, et vous assisterez à l'office des *chabis* (élèves lamas). »

Je ne me fis point répéter deux fois cette invitation ; et le lendemain, à trois heures de notre temps, j'étais à la lamasserie, après avoir comme toujours payé un fort droit d'entrée aux portiers.

Un lama de mes amis vint à ma rencontre et me pria d'attendre dans la grande cour, en s'excusant, lui et ses collègues, de ne pouvoir me tenir compagnie, dans la crainte que le « dalama » (supérieur du couvent) ne trouvât mauvais que ses subalternes fussent en relation avec un blanc.

Je me promenais en attendant, lorsqu'un lama s'approcha de la cloche et se mit à la frapper avec un morceau de bois. La voix de bronze, lente d'abord, parla dans la solitude, et ce fut seulement lorsque ses accents devinrent plus rapides que les *chabis* commencèrent à arriver. Ils venaient de toutes les directions, un à un, sans se presser, comme des gens allant à leurs affaires, et non comme des écoliers qui rentrent en classe. Et cependant tous ces lamas en herbe étaient des jeunes gens ou même des enfants, car si quelques-uns paraissaient avoir vingt ans, d'autres, par contre, comptaient au plus huit printemps.

La cloche parlait toujours sur un rhythme de plus en plus vif, et toujours aussi les *chabis* se dirigeaient vers la salle où ils allaient prendre place sur les bancs. Toutes ces physionomies juvéniles avaient perdu la fleur de la jeunesse; leur démarche, rendue encore plus lourde par la longue robe jaune, serrée aux reins à l'aide d'une ceinture rouge, n'avait rien de la légèreté de l'insouciance; chez eux, aucun de ces gestes qui rappellent l'enfant et qui persistent encore chez l'adolescent, dernier souvenir de ses jeunes années. On devinait aisément que chez tous la gaieté avait trop tôt cédé la place au cynisme qu'engendrent les nombreux vices qui naissent et prospèrent là où l'on essaye de faire vivre un grand nombre d'hommes en dehors des saintes institutions de la famille et du foyer domestique.

La cloche sonnait encore quand je vis apparaître, sur le péristyle du sanctuaire, un vieillard de haute taille, à la physionomie sévère jusqu'à la dureté. Il portait une vaste chasuble de soie jaune; sur la tête, un casque, aussi de soie jaune, surmonté d'un plumet rouge et orné de deux rubans, couverts de caractères tibétains, qui retombaient sur ses épaules. Il descendit lentement dans la cour et en fit le tour. Il portait des deux mains, à la hauteur du menton, un petit triangle de bois d'où sortait un mince cierge en sciure de santal, dont le parfum se répandit dans toute la cour. Lorsqu'il arriva près de moi, il me décocha, en passant, un regard qui m'apprit qu'il n'était point satisfait de ma présence en ce lieu.

Comme je le sus plus tard, la promenade du dalama avait pour but la purification du sanctuaire, avant le commencement des exercices.

La cérémonie de la purification terminée, je m'approchai du sanctuaire. Tous les *chabis* étaient là, agenouillés, tandis que deux dalamas, le casque en tête, les surveillaient en circulant entre les bancs.

Les élèves psalmodiaient en chœur des prières sur un rhythme semblable à celui du rappel au tambour de l'armée française. Le texte du cantique était en sanscrit; et, à chaque instant, la même phrase baroque revenait comme un refrain : *Boudhia sidhia bodhaia vibhodaia*. Dominant le chant nasillard des *chabis*, un accompagnement d'orgue en marquait la mesure. Je cherchai des yeux l'instrument pour voir comment était fait un orgue chinois, mais mes recherches furent vaines.

Je pénétrai dans le sanctuaire, en dépit des regards courroucés que me lançaient les dalamas chaque fois qu'ils passaient dans mon voisinage. Je m'aperçus alors que le ronflement sonore que j'avais pris pour le son d'un orgue était produit par des gosiers humains;

quatre ou cinq *chabis*, agenouillés dans un coin, faisaient sortir de leur appendice nasal une voix d'orgue si basse et si vibrante que je crois fort vraie l'assertion du lama qui m'affirma que six années au moins étaient nécessaires pour former ces « orgues vivantes ».

« Et encore, ajouta-t-il, même en commençant l'éducation des *chabis* de très-bonne heure, il s'en trouve beaucoup dont le cerveau ne peut se développer suffisamment pour arriver à produire de beaux sons. »

La séance dura une grande heure. J'espérais que le spectacle présenterait quelque variété; mais je fus déçu de mon attente. L'office terminé, les dalamas disparurent, et les *chabis* reprirent le chemin de leurs cellules plus lentement encore qu'ils n'étaient venus, car l'appel de la cloche ne se faisait plus entendre.

Lorsque les dalamas se furent éloignés, mes amis se rapprochèrent de moi; et l'un d'eux, gardien d'une petite chapelle habitée par des divinités auxquelles on avait présenté en offrande toute une collection d'animaux empaillés, m'invita à aller prendre une tasse de thé dans « son humble cellule ».

Cette cellule ressemblait fort, mais en plus petit, à une chambre d'auberge : comme celle-ci, elle possédait l'inévitable kan de briques, servant de sofa dans la journée. C'est sur ce meuble que j'allai prendre place. Mon hôte alluma quelques morceaux de charbon placés dans un trou creusé au pied du kan, posa sur ce foyer primitif une grande bouilloire de cuivre, et, en attendant le thé, nous nous mîmes à bavarder.

Tous les invités de cet *afternoon tea,* moi excepté, étaient des lamas mongols, originaires de la même province : du Chan-ton. Cette particularité me frappa.

« Votre lamasserie ne reçoit donc que les lamas du Chan-ton? demandai-je à un des invités.

— Nullement. Il y a ici des lamas de tous les pays situés en dehors de la Grande Muraille.

— Alors comment se fait-il que tous ceux d'entre vous qui s'occupent du temple soient du même pays?

— Cela tient, dit mon hôte, à ce que chaque bannière est employée ici au travail qui lui convient le mieux. Nous autres Sokpomis — mon ami ne manquait jamais une occasion de placer ce mot tibétain, le seul qu'il sût, qui sert dans cette langue à désigner les Mongols — nous sommes très-fidèles, et c'est pour cela que l'on nous confie la garde des sanctuaires. Les Tibétains apprennent la langue sacrée aux chabis, et c'est parmi eux que se recrutent tous les dignitaires de notre *soumé* (nom mongol qui veut dire lamasserie). Quant aux fonctions de *dimtchi* (prieur lamaïque), nous sommes obligés de les confier à un *kitat* (nom mongol des Chinois), tant nous sommes incapables de nous y reconnaître dans les questions de ventes et d'achats.

— Et pourquoi ne comprenez-vous rien au commerce?

— Ce n'est pas notre affaire, à nous autres religieux, de gagner de l'argent.

— Pour les bonzes, il en est donc autrement?

— Certainement. Le bonze est avant tout un kitat,

et tout kitat fait du commerce absolument comme l'aigle vole et le poisson nage; cela est dans sa nature, et le bonze considère son saint ministère comme une profession qu'il s'applique à rendre aussi lucrative que possible.

— Cependant les bonzes adorent le même Bouddha que vous?

— En effet, ils adorent aussi *Abisam-Samboudha* (le Bouddha complet et véritable); seulement il y a trois façons d'adorer ce dieu : la première, celle du *grand véhicule*, consiste à perfectionner sa propre nature et celle des autres; la deuxième, qui admet la divination, s'appelle le *moyen véhicule;* et enfin la troisième, qui est celle des bonzes, admet même les sortilèges, d'où son nom de *petit véhicule*.

— Cela est très-vrai, reprit un autre lama. Je me rappelle qu'au temps où j'étais chabi à la lamasserie d'Altan Some (le temple d'or situé en Mongolie), mon maître, pour me mieux faire comprendre la différence des trois sectes, avait coutume de me dire :

— Figure-toi trois véhicules dont le premier est traîné par un chameau, le deuxième par un taureau, et le troisième, qui porte un bonze, par un mouton. Voilà les trois sectes de Bouddha. A toi de suivre la seule bonne qui est la première. »

Là-dessus, une longue discussion, à laquelle mon ignorance m'empêcha de prendre part, s'engagea entre les lamas présents. Ce qui me frappa dans tout ceci, c'est que ces derniers étaient loin d'être d'accord entre eux au point de vue religieux, et que chacun étayait son opinion à l'aide de citations des textes. *Geen ketter sonder letter* (point d'hérétiques sans lettre), disent les Hollandais. Ce proverbe est aussi vrai à Pékin qu'il peut l'être à la Haye!

C'est pendant une de ces causeries à la lamasserie que je fis la connaissance d'un jeune lama qui semblait craindre fort le voisinage d'un diable comme moi. Cependant, un jour que je le rencontrai dans la cour, il m'aborda.

« *Mendou! Mendou!* me dit-il, voulez-vous visiter mon sanctuaire? »

Le mot qu'il venait d'employer indiquait de si excellentes dispositions de sa part que j'acceptai son invitation.

Mendou est, en effet, une façon de saluer que les Mongols n'emploient guère qu'entre eux. Ce mot signifie Dieu, et son emploi, dans ce cas, suffit pour démontrer combien le sentiment religieux est inné chez le Mongol; tout comme le *fa-tsaï* (devenez riche) du chinois dénote le peuple matérialiste par excellence; le *come sta?* des Italiens, celui qui fait passer l'orgueil avant tout; le *how do you do?* des Anglais, l'amour de l'activité; et le *hoe vaart ge?* (comment naviguez-vous?) des Hollandais est bien le salut qui convient chez un peuple comptant plus de marins que d'agriculteurs, plus de navires que de villages.

Mon lama était justement le gardien du sanctuaire qui occupe le fond de la cour et qui est le plus important de la lamasserie, à en juger par l'élévation de son toit de tuiles bleues vernissées [1]. La divinité qui l'habite est la plus grande, par la taille, de toute la Chine.

Mon guide m'ouvre la porte du temple. A peu de distance, j'aperçois un immense autel, dont le dieu, un colossal morceau de bois informe, est laqué en or brun.

La divinité du lieu est sans doute une grosse bûche, me dis-je à part moi ; mais, dès que je me fus approché, je vis qu'il s'agissait d'une gigantesque image de Bouddha.

Cette monstrueuse figure mesure au moins trente mètres de hauteur, sans gasconnade ; et je ne serais pas étonné que ce fût elle qui ait donné au sculpteur Bartholdi l'idée de sa Liberté éclairant le monde en général, et la rade de New-York en particulier.

Un si grand dieu doit se suffire à lui-même : il règne seul sur l'autel ; et son sanctuaire renferme pour tout mobilier une douzaine de bannières défraîchies et un chaudron perché, bien en évidence, sur un piédestal.

« C'est un vase à offrandes? demandai-je à mon guide.

— Non : c'est le gong qui sert à appeler le dieu. »

Ce disant, il prit un morceau de bois tout emmaillotté d'étoffe et commença à le passer lentement sur le bord du chaudron, comme un archet sur les cordes d'un

[1] Les teintes magnifiques de ces tuiles artistiques sont aujourd'hui très-connues et très-appréciées en France, grâce aux perfectionnements apportés dans leur fabrication par M. Alfred Brault, de Choisy-le-Roi.

violon. J'épiais tous ses mouvements, croyant déjà assister à une scène d'incantation. Tout d'abord, le chaudron resta muet; puis un léger murmure se fit entendre, remplacé bientôt par un timbre argentin qui alla en élevant la voix. Sans force à sa naissance, il finit par remplir de son ampleur tout le sanctuaire. Puis soudain, sans que rien eût pu faire prévoir ce brusque changement de mesure, le lama passa une dernière fois son primitif archet sur son violon de bronze, en donnant un coup sec. Alors une éruption de notes puissantes et lugubres s'élança de la prosaïque marmite. L'onde sonore monta jusqu'à la voûte, puis retomba en une pluie bruyante qui enveloppa le Bouddha, en faisant frémir sa longue robe de bois. Les bannières s'agitèrent sous ce souffle tempétueux, remplissant le sanctuaire de leur poussière sacrée, imprégnée de musc et de santal.

Ce grand bruit cessa aussi vite qu'il s'était produit, ne laissant après lui que la même voix argentine qui l'avait précédé, et qui fut si longtemps à exhaler son dernier soupir que lorsque je partis, une heure après, elle avait encore un souffle de vie.

Le grand Boudha n'occupait pas tout le bâtiment où il résidait, et quantité de divinités secondaires formaient autour de lui une espèce de cour. Ces nombreux courtisans étaient relégués aux quatre étages supérieurs du temple, lesquels étaient percés, en leur milieu, d'une grande ouverture permettant au géant de bois de se tenir debout sur son autel. Mon guide me fit consciencieusement les honneurs du lieu. Il me fit monter aux étages supérieurs par un escalier de bois si droit et si roide qu'il mériterait mieux le nom d'échelle.

En haut, un autre lama, car il y a un gardien à chaque étage, vint à notre rencontre. Ici la disposition du lieu est tout à fait différente : point d'autel; seulement, çà et là, porté sur un piédestal, un cadre de bois rempli de petites divinités se détachant en bas-relief sur un fond de terre cuite. Chacun de ces cadres contient plusieurs centaines de ces dieux de terre, plus baroques les uns que les autres, ayant chacun une forme différente, mais possédant comme trait commun l'épaisse couche de poussière qui les recouvre.

Pendant que j'inspecte cet Olympe jaune, son gardien m'épie avec une attention si soutenue que je finis par demander à mon guide la raison de cette surveillance.

« C'est que, voyez-vous, me répondit-il, vos compatriotes — pour un sujet du Fils du Ciel, l'Occident ne forme qu'un seul pays — ne sont pas tous aussi *religieux* que vous. Autrefois ils venaient librement ici et en profitaient pour nous enlever en cachette de saintes images. Voyez cette place vide : elle était occupée par la Sanjé Anouttara qui a disparu de cette façon. »

Mon lama, dans son ignorance, s'imaginait certainement que nous autres Occidentaux sommes tous des bouddhistes, fort tièdes en général.

Sur le premier point, il se trompait; sur le second, il ne tombait malheureusement que trop juste, car l'irréligion est le grand mal dont nous souffrons, mal d'autant plus grave que nous persistons à l'ignorer.

« Mais n'arrive-t-il pas quelquefois que vos collègues vendent ces images aux étrangers? »

Cette question me fut dictée par mes souvenirs de chasseur de Bouddha endurci. Il me souvenait d'avoir plus d'une fois dépouillé des autels de leurs saints habitants, en corrompant leur gardien à l'aide de l'*almighty dollar*. Pécheur endurci, je me demandais si la robe jaune des lamas défend mieux que la soutane rouge des bonzes contre les tentations du vil métal.

Mon guide se récria.

« Un bonze chinois, me dit-il, vendrait jusqu'à son âme, s'il en trouvait un bon prix. Cependant, il faut bien le dire, mes collègues qui vivent au milieu des kitats depuis longtemps sont devenus comme eux; et s'ils ne vendent pas leurs dieux, c'est bien plus par crainte du *vérificateur de l'inventaire* que par respect religieux.

— Vous êtes donc depuis peu ici ?

— Il y a environ un mois que je suis arrivé du Tibet, mon pays.

— Et aimez-vous Pékin ?

— La ville, oui; mais pas ses habitants qui cherchent toujours à exploiter les étrangers, sans respecter même la robe jaune. Hier, j'ai pris une charrette pour aller à la « ville extérieure », et le cocher m'a demandé deux tiaos pour cela. En revenant, mes camarades m'ont dit que je n'aurais dû ne lui donner qu'un demi-tiao. »

Et moi qui payé, pour faire la même course, huit

tiaos ! Il faut que les cochers pékinois s'imaginent que la bêtise d'un diable d'Occident est encore bien plus grande que celle d'un lama débarqué la veille des plaines désertes de la Mongolie !

Je fus tellement honteux de cette dépréciation du caractère blanc sur le marché jaune, que je n'osai avouer à Sa-skya, mon guide, la somme que l'on extorquait à mon ignorance.

Nous arrivons au deuxième étage, et nous sommes à peine à la hauteur de la ceinture du Bouddha. Au lieu de continuer notre ascension, mon guide ouvre une porte, et nous voici sur une légère passerelle couverte, jetée entre le temple et une pagode élancée.

Du haut de cet observatoire — les étages chinois comptent double — je vois à mes pieds toute la lamasserie. Juste au-dessous de moi, j'aperçois, au travers des interstices du plancher, le dallage de la cour; et les lamas qui y circulent sont si petits que l'on croirait voir de grosses feuilles balayées par la bise d'hiver. J'étais fort occupé à observer la vie d'un temple, lorsqu'un craquement se fit entendre, et le sol manqua tout à coup sous moi; en même temps Saskya me cria :

« *Man man ! man man !* Doucement ! doucement ! »

Le plancher de la passerelle, datant du temps de Kien-lon, venait de céder sous mes pieds. Heureusement pour moi, je n'eus le sentiment du danger que je courais que lorsque je fus hors d'affaire; si la peur s'était emparée de moi, — et je suis fort peureux de

14

ma nature, — quelque mouvement désordonné, causé par l'effroi, eût mis en pièces le plancher vermoulu, et j'eusse été précipité dans la cour.

Une fois en sûreté de l'autre côté de la passerelle, mon guide me dit avec flegme :

« Inutile de tant vous presser de « transmigrer ». Vous savez ce que vous êtes, mais vous ignorez ce que vous serez : un bon tiens vaut mieux que deux tu l'auras.

— Oh ! moi, je ne crois pas à la métempsycose.

— Alors vous êtes un *tirthika* (nom bouddhiste).

— Vous savez donc le sanscrit? lui répondis-je, étonné du nombre de mots empruntés à cette langue dont il émaillait ses discours.

— Un peu.

— Et vous l'enseignez à vos collègues?

— Pas à tous. Il n'y a que les dignitaires qui sont tenus de savoir cette langue, les offices se disant ici en tibétain.

— Que tous les lamas savent?... ajoutai-je.

— Qu'ils devraient savoir, me répondit-il avec amertume. Mais le plus grand nombre en est réduit à apprendre par cœur des prières et des formules auxquelles ils ne comprennent pas un mot. Après tout, les paresseux ont raison, et les beaux vers de mon compatriote et homonyme sont toujours aussi vrais. »

Là-dessus, il se mit à réciter, en scandant les mots, une strophe du poëme tibétain : *le Trésor des belles paroles*. Voici à peu près le sens de cette citation, qui trouve aussi trop souvent son application en Occident :

« Auprès des ignorants, un montreur de singes est beaucoup plus estimé qu'un savant. Le montreur de singes est servi avec du beurre et des mets; le savant s'en va les mains vides. »

Nous étions maintenant sur un balcon suspendu aux flancs de la pagode qu'il entoure. Ici plus de danger de passer au travers de la plate-forme faite, celle-ci, d'énormes morceaux de granit. Mais lorsque nous voulons faire le tour de ce balcon, nous sommes obligés de longer la muraille pour ne pas être pris de vertige; de la balustrade de bois qui existait jadis, le temps n'a respecté que les trous creusés dans la pierre où elle était scellée.

De ce balcon, la vue s'étend sur toute la ville tartare. Voici d'abord les sombres cyprès du temple de Confucius; puis, plus loin, la masse des toitures en tuiles vernissées vertes, jaunes et bleues de la ville interdite, où habite le Fils du Ciel et ses cinq cents femmes. Du côté opposé, un coin de la muraille me permet de m'orienter. La lamasserie est située dans l'angle nord-est de la ville. Et tout autour de nous, les neuf donjons des neuf ports dessinent leur sombre profil sur l'horizon violacé d'un crépuscule d'hiver pékinois.

Nous voulons faire le tour de la pagode pour voir sa sœur, qui flanque l'autre côté du grand Bouddha; mais nous sommes bientôt arrêtés par un obstacle beaucoup plus grave que le manque de balustrade : devant nous, les énormes blocs formant le balcon penchent d'une telle façon au-dessus de l'abime qu'une secousse, un coup de vent, le poids d'un oiseau même suffirait pour les précipiter sur la lamasserie, écrasant sans pitié dieux et lamas, adorateurs et adorés. Et cependant personne, au couvent, ne se préoccupe de ce danger menaçant.

Ce péril, ce calme, n'est-ce pas là l'image du monde chinois? Comme ces pierres pesantes, l'Empire du Milieu penche, lui aussi, sur l'abîme, où la moindre secousse suffirait pour le précipiter; et cependant la société qu'il écraserait sous ses ruines montre autant d'insouciance et de paresse que les lamas.

Après notre excursion aérienne, Sa-skya me fait visiter la bibliothèque de la lamasserie. Sa situation, dans un misérable grenier, montre que les lamas n'ont pas envie d'être traités moins bien que les montreurs de singes.

Les boites de bois de santal, qui remplacent nos reliures, sont surchargées d'ornements de cuivre et forment sur le plancher, ici une pile branlante, là un tas informe. Avec la permission de mon guide, j'ouvre quelques-unes de ces boites pour voir les ouvrages qu'elles contiennent: ce sont de minces cahiers, aux couvertures de soie bleue ou jaune, d'une magnifique impression; la plupart, des traductions chinoises d'ouvrages religieux sanscrits. J'y trouve aussi des ouvrages tibétains : un magnifique Kandjour en cent volumes et un Tandjour qui en compte deux cent vingt-cinq. Cette immense encyclopédie bouddhiste, en deux parties, est le plus vaste monument que possède la littérature religieuse; ce fut elle qui rompit la glace entre Sa-syka et moi, et, depuis lors, je n'eus point de meilleur ami que lui dans tout Pékin. Sa science était très-grande, et je lui dois le peu que je sais de tibétain et de mandchou.

Ce jour-là, je fis une si longue station à la lamasserie que, lorsque j'en sortis, mon cocher, las d'attendre, était parti. Je dus donc me résigner à rentrer chez moi à pied. Il y avait bien à deux pas une station de fiacres, mais tous ces cochers jaunes n'avaient pas l'habitude de travailler pour les diables d'Occident, et la crainte de salir leur carrosse fut plus forte chez eux que l'amour du gain. Tous répondirent en levant les épaules à mes propositions fort libérales.

Il y a des mois déjà que je suis dans la capitale des Fils du Ciel. Aux chaleurs de l'été a succédé l'hiver pékinois, avec sa sécheresse, son air calme et son brillant soleil, qui n'empêche pas le thermomètre de descendre jusqu'à 30° au-dessous de zéro. Aussi le boulevard de Ha-ta-meun est-il bien différent de ce qu'il était lors de mon arrivée. Des êtres rendus méconnaissables par les peaux de mouton qui les enveloppent remplacent les travailleurs au tronc nu ; les fruitiers ambulants ont disparu. Puis le vent du nord nous a amené, avec le froid, de nouveaux habitants : sur mon chemin, je croise de longues files de chameaux conduits par des Mongols dont les jambes arquées, la démarche penchée, montrent l'homme qui passe sa vie à cheval ; et dans l'obscurité naissante, ces chameaux, avec leur long cou, leur double bosse, ressemblent à des êtres apocalyptiques. Dans les airs, de grands oiseaux de proie décrivent d'immenses cercles, et les appels de leur voix sinistre troublent seuls le silence de la nuit.

Quand j'arrive chez moi, l'obscurité est complète, et cependant il est à peine six heures.

CHAPITRE III

MAISON D'OR ET CUISINE DORÉE.

Chaque fois que je vis Sa-skya, je fus frappé de la transformation qui s'opérait en lui. Sa croyance religieuse perdait peu à peu sa farouche intolérance; la vie civile des *hommes noirs,* comme il disait, l'envahissait de plus en plus; le veau d'or, sans être devenu l'objet de son adoration, ne lui inspirait déjà plus de dédain; et lorsque, en le quittant pour aller à Canton, je lui demandai de me donner une idole en souvenir de lui, il se contenta de me répondre :

« Et le contrôleur de l'inventaire! »

Ce fut la seule réponse que lui dicta cette foi jadis si vibrante.

Un jour, Sa-skya accepta même de venir diner avec moi dans un restaurant de la ville chinoise renommé pour sa bonne cuisine.

A dix heures, je montais en charrette pour me rendre au restaurant de *Tous les Cieux.* Ce *Tcha-kouan* — en chinois, restaurant — est situé dans la ruelle *Tsian-kia,* voie parallèle au boulevard de *Tsien-meun.* Je passai donc devant la porte interdite du palais royal; je traversai le quartier général des mendiants, et j'abandonnai ma charrette à l'entrée de

Tsiau-kia pour me rendre à pied à la Maison Dorée pékinoise.

La ruelle est très-commerçante : partout des boutiques bien montées, et un va-et-vient continu de charrettes et de piétons ; aussi la marche n'y est guère facile. La voie a un peu plus que la largeur d'une charrette ; de chaque côté des deux ornières creusées par les roues, il ne reste qu'un étroit passage, si raboteux et si inégal que ce n'est que par un miracle d'équilibre que l'on arrive à éviter de glisser dans ces abîmes en miniature.

Puis, à ces mille embarras viennent se joindre les longs essieux des véhicules, balayant littéralement le passage des piétons sans aucun souci de leurs jambes. Dans ces ruelles pékinoises, le mieux, pour se préserver de tout accident, est de suivre le milieu de la chaussée et de se garer, en entrant dans une boutique, dès qu'une charrette est en vue.

Suivant cette tactique, je cheminais au milieu de la rue, plus occupé, je l'avoue, des boutiques que de l'état des chemins, lorsqu'un coup violent que je reçus dans les jambes me fit faire un bond de côté. Il n'était que temps : une seconde de plus, et j'allais me trouver en collision avec une brouette dont le chargement n'aurait pu, il est vrai, m'écraser dans sa chute, mais m'aurait mis en bien piteux état. La Chine est certainement le pays du monde où l'engrais humain est le plus apprécié et le mieux recueilli. A Pékin, par exemple, tous les matins, un industriel passe dans chaque famille et vide le contenu des water-closets dans une hotte de bois qu'il porte sur son dos. Puis, lorsque ce singulier personnage a plein chargement, il va le verser dans deux grands paniers montés sur une brouette, permettant de les transporter hors de la ville, où nous aurons le plaisir de les suivre un de ces jours.

Aussi rencontre-t-on à chaque instant le matin, dans la capitale des Fils du Ciel, ces brouettes dont le chargement liquide, ballotté par les cahots, leur fraye facilement un chemin au travers des foules les plus compactes.

C'est un véhicule de ce genre que je venais d'éviter en faisant un bond de côté. Il faut croire que je l'échappais belle, car les passants riaient déjà à l'avance de la tête que j'allais faire en roulant dans cette *marchandise* au parfum si peu agréable.

Enfin j'arrive sain et sauf, et tout à fait inodore, à la porte de *Tous les Cieux*. Le patronme reçoit avec de grands saluts — c'est moi qui dois payer la note, et il compte la faire fleurie, en dépit d'une saison peu propice aux fleurs. — Il me fait traverser deux cours et m'introduit dans une grande chambre où m'attendent mes deux convives, car l'exactitude est une des qualités des Chinois.

L'un des invités, Sa-skya, est connu du lecteur; je n'ai donc point à le lui présenter; quant à l'autre, c'est un marchand de vieux bouquins, de ma connaissance. A force de manier les livres, on finit par les connaître: c'est le cas de mon ami Yu; aussi sa conversation est-elle très-instructive et ses connaissances bibliographiques très-étendues. Ai-je besoin de renseignements sur les îles Liéou-kiéou, sur l'encre de Chine, sur la médecine, ou même sur la danse, je n'ai qu'à aller le trouver dans sa boutique, et aussitôt il m'indique le nom des ouvrages qu'il me faut consulter.

Au moment de mon arrivée, mes deux convives causent fort cordialement, car, en Chine, les présentations se font sans l'intermédiaire d'une tierce personne. On s'adresse mutuellement un certain nombre de questions, fixées par les rites, sur les *nobles* antécédents des deux parties, et la présentation est faite. Je n'ai donc point à m'en occuper, et je me joins à la conversation de mes invités, en attendant qu'on nous serve. Yu, qui ne veut point tarder à me rendre ma politesse, nous invite à passer l'après-midi au théâtre voisin, où il envoie retenir une loge.

Un bonze qui va au théâtre! j'en tombe de mon haut. Mais mon étonnement ne connait plus de bornes lorsque j'entends mon ami Sa-skya, le vertueux cénobite d'autrefois, nous entretenir de choses qui n'ont aucun caractère religieux, en Chine pas plus qu'en Occident. Décidément mon Tibétain s'est bien vite *chinoisé!*

Ce peuple chinois, si énigmatique, est ainsi fait. Avec sa persévérance insinuante, il s'assimile tout ce qu'il rencontre sur sa route : hommes et institutions. Ces êtres peureux par système, qui n'ont jamais conquis, mais qui ont été si souvent conquis, s'assimilent leurs conquérants plus facilement encore qu'ils ne se laissent conquérir, ce qui n'est pas peu dire. Grâce à ce système de conquête pacifique, toute l'Asie orientale, Singapour, les possessions hollandaises, Poulo-Pinang, Malacca, l'Australie, les îles Sandwich, ont été ou sont en voie de devenir des possessions chinoises. Et n'avons-nous pas vu récemment les Yankees, qui s'assimilent chaque année, sans difficulté, cent mille Allemands et autant d'Irlandais, avouer qu'ils ne peuvent défendre leur pays contre l'invasion jaune, qu'au moyen d'une législation d'exception inique ?

Tandis que lama et bouquiniste causent comme deux vieilles connaissances, j'examine notre cabinet particulier : c'est une grande pièce, propre, pour une pièce chinoise, et n'ayant pour tout mobilier qu'une table et les fauteuils qui nous servent de siéges. Dans un coin, une cloison légère, en treillis de bois garni de papier de couleur, forme un petit cabinet qui est l'ultra du particulier; ce *buen retiro* renferme un grand divan avec sa petite table marquant les deux places, et les tabourets pour y monter.

« C'est une chambre à coucher ? demandai-je à mes hôtes, en leur montrant le petit réduit.

— Non, me répondit Yu : c'est un divan à opium.

— La maison est donc aussi une fumerie ?

— Nullement, c'est un restaurant; mais comme une bonne pipe d'opium est un excellent moyen pour activer la digestion d'un repas un peu trop copieux, tous les bons établissements possèdent maintenant des divans à opium dans les salles à manger. De la sorte, leurs clients peuvent, au sortir de table, savourer une pipe, sans être obligés d'aller dans une fumerie, où l'on risque fort de faire de mauvaises rencontres, et où l'on se trouve toujours en très-mauvaise compagnie. »

Enfin un domestique, tout de blanc habillé, nous sert le premier service à la russe; aussi le nombre des plats qu'il nous apporte sur son plateau est si grand que notre table en est encombrée. Nous ne savons où mettre les tasses et les bâtonnets qu'il nous distribue.

Avant de commencer notre repas, il nous faut accomplir les ennuyeuses cérémonies prescrites par les rites pour la circonstance. Ce matin, j'ai pris une dernière répétition avec mon lettré, qui m'a recommandé de commencer la présentation par le thé. Pour les viandes, m'a-t-il dit, le cérémonial est si difficile que vous n'arriveriez jamais à vous en tirer. Je suis son conseil, et me voilà exécutant avec mes deux hôtes un trio de salamalecs ayant pour objectif trois tasses de thé : beaucoup de peine pour bien peu de chose.

Mais avant de décrire le cérémonial en usage pour offrir le thé, je dois donner à mes lecteurs quelques renseignements sur la manière de le préparer à la Chine.

D'abord les Chinois n'emploient jamais que le thé noir, le thé vert, qu'ils préparent à l'aide d'une solution d'indigo, étant spécialement réservé à l'exportation. Le thé est apporté sur la table en même temps que les tasses, et chaque convive met dans la sienne une quantité de feuilles en rapport avec ses goûts; puis un valet portant une bouilloire d'eau bouillante fait le tour de la table et en remplit les tasses; une fois pleines, ces dernières, qui n'ont jamais d'anses, sont recouvertes d'une petite soucoupe leur tenant lieu de couvercle et empêchant l'infusion de perdre de son arome.

Ces préparatifs terminés, il s'agit maintenant de procéder à la *présentation des tasses*. Comme de raison, c'est moi qui suis le porte-parole.

« Je prie les vieux aïeux de vouloir bien prendre chacun sa tasse. »

Ce disant, je prends la mienne des deux mains, je l'élève à la hauteur de mon front, puis l'abaisse jusqu'à mes lèvres et bois lentement deux gorgées. Pendant ce temps, mes convives singent tous mes mouvements. A nous voir ainsi boire au commandement, on nous prendrait pour un trio de volontaires faisant l'exercice individuel, sous les ordres d'un sergent. Cette idée me donne un terrible fou rire, lequel heureusement est arrêté, avant d'avoir pris son essor, par une désagréable brûlure que produit l'infusion bouillante. Ces mâtins de Chinois doivent avoir un gosier étamé pour pouvoir avaler un liquide encore en ébullition! Quant à moi, je dois me contenter de faire semblant de boire.

Nous voilà donc humant notre thé, mes hôtes consciencieusement, et moi ne faisant que semblant, ce qui me permet de m'occuper entièrement du cérémonial. C'est encore moi qui commande.

« Veuillez les mettre à sec », — en bon français, veuillez vider vos tasses, — dis-je avec un sérieux par trop superficiel.

Je devrais, en disant cela, pour prêcher d'exemple, boire ma tasse d'un trait, et montrer ensuite à mes hôtes qu'elle est vide; mais je modifie le cérémonial en faveur de mon palais trop délicat, et ma tasse reste pleine.

« Je vous prie, mes aïeux, de boire une paire de tasses. »

Ici mes hôtes prennent enfin la parole, ce qui me permet de reprendre haleine.

Ils se confondent, ou plutôt feignent de se confondre en excuses pour leur peu de *capacité stomacale*.

« Nos forces ne le permettent pas! disent-ils en chœur.

— Ma tête est faible, dit l'un, qui oublie qu'il s'agit de thé et emploie le *récitatif* du chapitre des spiritueux.

— Je vous prie de m'excuser », reprend l'autre avec plus d'à-propos.

La parole me revient.

« Non, mes aïeux, je n'admets pas vos excuses; vos forces sont grandes. »

En achevant cette dernière phrase, je me mords la langue jusqu'au sang, me rappelant trop tard que cette formule est réservée pour la présentation du vin! Après tout, ma bévue est un peu de ma faute, mais elle est beaucoup plus de celle de mon voisin qui s'est trompé, lui aussi, de service et m'a fait perdre le fil de mon rôle.

Maintenant mes deux convives prennent leurs bâtonnets, moi ma fourchette, et nous nous présentons mutuellement les armes avec nos instruments de combat, en les élevant à la hauteur du front.

Je n'énumérerai point les nombreux plats composant le premier service de notre festin, ce serait une nomenclature aussi longue qu'ennuyeuse. Je me contenterai donc de ne citer du menu que les plats excentriques, ou ceux que peut supporter, sans trop de dommage, l'estomac d'un blanc.

A la fin du premier service, quatre valets viennent débarrasser la table, et, pendant qu'ils exécutent cette opération, un cinquième en fait le tour, présentant à chaque convive un mouchoir plié, imbibé d'eau chaude.

Le libraire, qui occupe la place d'honneur et qui est par conséquent assis à ma droite, a aussi les honneurs du mouchoir. Il le prend et se l'applique d'un seul coup sur la figure, comme un gigantesque cataplasme, en rejetant la tête en arrière pour éviter que l'eau ne lui dégoutte dans le cou. Puis, il s'en frotte énergiquement la face, et, par un habile mouvement des deux indicateurs, en la retirant, pardon de ce détail très-intime, il s'en sert pour se moucher.

La serviette est ensuite retrempée dans le vase d'eau, et présentée au lama, qui, à son tour, s'en bassine la face, et se nettoie le nez de la même façon que son voisin. Enfin elle m'est offerte, après avoir été de nouveau retrempée; mais le souvenir des épreuves qu'elle a déjà subies est plus fort que mon désir de *chinoiser*, et je la renvoie sans en faire usage.

Mon dédain scandalise Yu.

« Comment! dit-il, vous ne vous dégagez pas la tête?

— Merci; ce n'est pas l'habitude en Occident, et je craindrais de troubler ma digestion.

— Mais au contraire, cela l'activera : Tête dégagée, estomac libre, dit avec raison le proverbe. Essayez, et vous verrez qu'après ce rafraichissement, vous vous sentirez autant d'appétit pour le second service que si vous ne vous étiez rien mis sous la dent depuis vingt-quatre heures. »

Comme ses arguments me laissent froid, il continue :

« Vous verrez qu'il vous sera impossible de goûter au troisième service ! »

Au fond, Yu avait parfaitement raison. J'ai essayé moi-même plusieurs fois de cet apéritif chinois, en employant une serviette n'ayant servi de mouchoir à personne, et j'ai toujours éprouvé un grand bien-être de ce bassinage à l'eau tiède, après le repas, qui décongestionne la tête, et fait renaître un sentiment d'appétit assez vif. J'engage fort les gourmets blancs à tenter des essais d'acclimatation de cette coutume jaune ; leur palais pourra, grâce à elle, augmenter ses plaisirs ; quant à leur estomac, comment se trouvera-t-il de cet accroissement de besogne? Je leur laisse le soin d'éclaircir ce point.

Yu avait aussi bien raison de me prévenir que le troisième service serait tout à fait au-dessus de mes forces. Homère lui-même serait ébahi de la prodigieuse quantité de mets dont se compose un simple dîner chinois. Chaque service, — un dîner en comprend au moins quatre, — est composé de trois plats de résistance, rôtis ou bouillis, et d'une douzaine d'assiettes contenant toute espèce de choses, plus ou moins comestibles pour un palais occidental. Et c'est dans ces hors-d'œuvre, qui pourraient composer une très-bonne *zakouska,* que le génie culinaire de la race jaune se montre dans toute sa splendeur.

Ce sont ces hors-d'œuvre qui me fournirent presque toutes les notes que j'emportai de mon premier dîner chinois, et cela d'autant mieux que mon ami Yu, qui avait beaucoup fréquenté, paraît-il, les cuisines européennes, — comme apprenti marmiton sans doute, — se donnait la peine d'attirer mon attention sur les mets n'ayant point d'équivalents dans nos menus.

J'avais devant moi une assiette remplie d'un bouillon fort clair, dans lequel nageaient de larges filaments de pâte semblables aux *lasagne* des Italiens. Ces vermicelli monstrueux me paraissaient si peu cuits, que je goûtai au bouillon sans oser y toucher.

« Comment! vous n'aimez pas les nids d'hirondelles? me dit Yu. C'est étonnant! En général vos compatriotes en sont fort friands, et j'en ai vu partir de grandes caisses pleines pour l'Occident, où on les vend, m'a-t-on dit, plus cher qu'ici. »

Je me décide à goûter aux nids de *salanganes;* je les trouve très-insipides pour un mets aussi recherché.

« Comment les trouvez-vous?

— Ni bons ni mauvais!

— C'est bien cela : vous autres Occidentaux, il vous faut des mets de feu ; vous vous nourrissez de poivre et de sel, deux ingrédients qui sont de vrais poisons pour nous, tant ils sont forts. Un jour, à Shanghaï, un Occidental, avec lequel je dînais, voulut absolument me faire mettre sur ma viande une pâte jaune qui est appelée *mou-ta-eur-tsa,* — traduisez moutarde. — Je suivis son conseil, et je pris une bouchée de ce mets. Je crus avoir avalé le feu lui-même, tellement j'avais l'estomac brûlé. J'eus beau boire tasse de thé sur tasse de thé, rien n'y fit; et le lendemain j'en avais encore le gosier tout endolori.

— Vous trouvez donc un goût quelconque à ces nids? lui demandai-je.

— Pas précisément; ce que nous apprécions dans ce mets, ce sont ses qualités nutritives. L'homme assez riche pour s'en nourrir ne craint pas la maladie; sa force le protége contre le mal.

Tenez : voilà par exemple une salade complétement inconnue en Occident. »

Et il me présente une assiette remplie de tiges d'un jaune pâle, me rappelant notre barbe de capucin. Je goûte à cette salade doublement jaune, et mon essai est si heureux que je redemande le plat à Yu.

« Et de quoi est faite cette salade?

— De sommets de jeunes tiges de bambous, assaisonnés au vinaigre du Seu-tchouan. »

Je savais bien que le bambou rendait aux Chinois de grands services, sous forme de bois, de papier, de vêtements; mais j'ignorais qu'il leur fournit aussi un aliment fort bon, ma foi. Dans un autre ordre d'idées, on peut donc dire que le bambou est à la Chine ce que le chameau est au désert, c'est-à-dire que l'un et l'autre jouent un si grand rôle dans la vie des pays qui les possèdent qu'il est difficile de se représenter ceux-ci sans eux. Il serait certainement plus facile à un jaune de concevoir un homme sans tête, qu'une civilisation sans bambous, ou une Mongolie sans chameaux.

« Prenez donc de ces graines de lotus, me dit Yu, cela vous mettra en appétit, et si vous les trouvez trop sucrées, essayez de ces pepins de pastèques. »

Je goûte à ces deux hors-d'œuvre, qui sont simplement des graines séchées au soleil. Je leur trouve une saveur insipide.

Mon ami le lama, qui ne veut pas laisser à Yu tout le soin de me révéler les mystères de la cuisine jaune, m'accable de prévenances au second service. A ce moment, le milieu de la table est occupé par un poulet nageant dans une grande jatte de sauce à l'anis, destiné, — l'anis, bien entendu, — à parfumer le vacarme poli de toute digestion chinoise. Autour de ce morceau de résistance, une nouvelle suite de hors-d'œuvre toujours très-chinois.

« Voilà un mets exquis, me dit Sa-skya, en remplissant son bol d'un comestible indescriptible. Cela ne se trouve que dans un pays civilisé comme la Chine. On n'en mange jamais au Tibet, et je suis sûr qu'il en est de même en Occident. Nous autres gens de l'Ouest, nous sommes trop pauvres pour nous payer de semblables douceurs.

— Et quel est donc ce mets si raffiné? lui demandai-je.

— Ce sont des cervelles de pigeon. Certainement, lorsque vous y aurez goûté, vous regretterez aussi que votre pays soit trop *barbare* pour connaître ces raffinements culinaires. »

Je goûte de ce nouveau plat; c'est toujours cette même saveur fade qui distingue toutes les productions des Vatels jaunes. Faites-vous servir une cervelle de mouton cuite à l'eau; mangez-la, si vous en avez le courage, sans aucun assaisonnement, et vous aurez une idée exacte de ce mets si prisé des gourmets en Chine.

Comme mon lama vit sur ma physionomie que les cervelles de pigeon ne m'avaient nullement transporté, il me passa un autre bol en me disant :

« Tenez, voici des langues de coq qui conviendront peut-être mieux à votre goût occidental? »

Je fais un effort sur moi-même, pour tenter encore une nouvelle expérience. Mon pauvre estomac commence à trouver fort peu de son goût cette excursion dans les domaines de la cuisine chinoise, et, au fond, il n'a pas tort. Depuis trois heures, je lui impose la tâche difficile de digérer une bouchée de cinquante mets différents, se ressemblant tous par leur goût insignifiant. Dans tout ce menu asiatique, il n'avait trouvé qu'un seul plat qui lui rappelât son régime habituel, sous la forme d'un canard laqué. Cette préparation consiste en un canard que l'on recouvre d'une couche de lard, avant de le rôtir, de façon à lui faire une carapace croustillante d'où lui vient son nom.

Enfin! nous voici au sixième et dernier service. Il se compose de riz cuit à l'eau, accompagné de confitures et de petits gâteaux de farine de riz.

Quant aux liquides, ils sont représentés par de l'eau-de-vie de grain parfumée à la rose, ce qui la fait ressembler à notre vinaigre rosat.

Les Chinois ne connaissent guère qu'une seule manière d'accommoder le riz, ce qui est extraordinaire, puisqu'il constitue presque exclusivement leur nourriture : c'est le mets national par excellence, à tel point que le pain des Français, la choucroute des Allemands, le macaroni des Napolitains, ne peuvent soutenir la comparaison avec lui. C'est ainsi que l'expression chinoise correspondant à notre mot repas signifie manger du riz, — tché-fan. — Aussi, un Chinois, pour vous demander si vous avez pris votre repas, vous dira : Avez-vous mangé du riz? quoiqu'il soit convaincu qu'il n'en a pas été servi un grain sur votre table.

A ce dernier service, je me permets de donner une teinte occidentale, en y intercalant quelques bouteilles de champagne. Mes hôtes se gardent bien de protester contre cette modification du menu chinois. Ils font même si bon accueil au chian-pin-tsieou, — vin de bouteille parfumée, — comme ils l'appellent, que leur langage en devient simple. Sous l'influence du cliquot, le vernis confuséen s'écaille, laissant voir le naturel de mes hôtes dans toute sa pureté, ce qui m'enchante.

« Ce vin est décidément meilleur que notre vin brûlant, — nom chinois de l'eau-de-vie. — Il est plus doux ; puis il y a ce gaz qui redonne du ton à l'esprit. »

Cette remarque du bouquiniste fut approuvée par Sa-skya, qui ajouta :

— Mais comment les diables font-ils pour enfermer du gaz dans une bouteille ? »

Le malencontreux mot de *diable* prouvait que déjà le gaz en question produisait son effet sur le lama, et lui faisait oublier qu'il était l'hôte d'un de ces diables.

« Voyez-vous, lui fut-il répondu, les Occidentaux sont très-habiles dans l'art de dompter les gaz. Ils en font ce qu'ils veulent; ils arrivent même à le brûler pour s'éclairer. N'avez-vous pas vu les lampes à air, — traduisez becs de gaz, — qui éclairent les bureaux de Son Excellence Ho, — nom chinois de sir Robert Hart, — au Keou-lan-hou-ton?

— Si fait, répondit le lama. Ces bureaux sont tout près de ma lamasserie, et nous y allons souvent, le soir, pour voir les lampes à air. »

Sir Robert Hart, en homme intelligent, a en effet pensé que le meilleur moyen de faire accepter aux Chinois nos procédés perfectionnés, était de leur en montrer, *de visu*, les avantages, et, dans ce but, il a fait établir, dans ses bureaux, une usine à gaz minuscule. Donner l'exemple est encore ce qu'il y a de mieux pour prêcher le progrès comme la vertu!

« Pourquoi ne mangez-vous pas de riz? me dit Yu, en voyant mon bol encore plein.

— C'est que je suis déjà rassasié!

— Oh! mais votre capacité est bien petite! Moi, je mange chaque jour huit bols de riz.

— Moi, dit Sa, je n'en mange que cinq; mais je prends aussi quatre bols de millet. » Et s'adressant à moi : « De combien de bols est votre capacité?

— Je ne mange presque jamais de riz, lui répondis-je.

— Alors que mangez-vous? » me dit-il d'un air stupéfait.

Yu voulut bien se charger de répondre à sa question. Il lui expliqua que les Occidentaux ont un régime tout différent de celui des *Civilisés*. Pour être vrai jusqu'au bout, il eût dû ajouter que le régime de ces derniers est beaucoup moins compliqué que celui des *Barbares*.

L'alimentation des Célestes simplifie singulièrement la tâche du médecin. Un malade qui veut une consultation se présente chez lui en disant :

« Je mange ordinairement huit bols de riz par jour; mais maintenant je n'en puis plus avaler que quatre : voilà une preuve certaine de malaise. »

S'agit-il de mettre un client à la diète? rien de plus simple : on diminue le nombre de bols *ad libitum*, on met ainsi le patient à la diète, à la demie ou au quart de diète.

Chaque matin, lorsque je demandais à mon lettré des nouvelles de sa santé, il me répondait par le nombre de bols de riz qu'il avait engloutis la veille. C'était là le baromètre de sa santé. Dix bols indiquaient le beau fixe; huit, le variable; cinq, le mauvais temps, et trois, la tempête.

Les explications que Yu avait données au lama, au sujet de l'alimentation des blancs, l'avaient tellement fatigué, que, se tournant vers le petit cabinet, il s'écria :

« Comme on serait bien là dedans avec une bonne pipe d'opium ! On y réparerait en une heure les fatigues de toute une année !

— Vous fumez donc l'opium?

— Certainement; cela m'est nécessaire. Dans mes affaires, lorsqu'un marché m'embarrasse, je fume une pipe, et alors *le pour et le contre* de la transaction proposée m'apparaissent avec une netteté qui me permet de décider en toute connaissance de cause.

— Ne craignez-vous pas les dangers de l'opium?

— Nullement! Les Occidentaux et bon nombre d'hommes aux *cheveux noirs,* — Chinois, — se font à ce sujet des idées erronées. L'opium, pris ou fumé à petite dose, loin d'être un poison, est un excellent stimulant pour le corps aussi bien que pour l'esprit. Certainement, trop fumer mange la santé aussi bien que l'argent; l'excès en tout est un défaut; même la meilleure chose, prise avec abus, se transforme en un poison violent. Tous les grands mandarins, les régents eux-mêmes, fument une ou deux pipes chaque jour pour s'éclaircir le cerveau; et l'empire, loin d'en souffrir, ne fait qu'y gagner.

— Oui, ajouta le lama, cela est très-vrai. Seulement souvenez-vous que tout bien est comme *une olive sur la tête d'un bonze :* il est difficile de le maintenir sur la hauteur, d'où il domine et commande les abîmes du vice. Ainsi notre supérieur, un saint homme qui observait à la lettre les lois de l'église et qui avait approfondi le sens des trois substances : l'intelligence, la connaissance et la transmigration, était considéré comme un grand saint. Un jour, il fut invité à souper par un prince mongol. Après le repas, ce dernier qui fumait de l'opium en offrit à notre supérieur, qui n'osa refuser. Il trouva cela si bon qu'il se permit d'abord une pipe à chaque décade, puis une chaque jour, et enfin il fuma tellement qu'il ne put plus sortir de sa cellule. Le pire de tout cela fut que, pour trouver l'argent nécessaire à satisfaire sa passion, car l'opium vaut son poids d'argent, il dut s'approprier les fonds de la lamasserie. Sur ces entrefaites, un censeur fit une tournée dans les temples et s'arrêta plus que de coutume dans le nôtre, sans doute parce qu'il avait été prévenu de ce qui se passait par un des *gilons*[1], désirant devenir supérieur à son tour. Le censeur découvrit les fraudes et menaça le coupable; mais celui-ci, qui avait des appuis à la cour, se déclara prêt à rembourser au ministre compétent les sommes qu'il avait soustraites depuis six ans. Cette proposition calma le censeur, qui n'avait nulle envie qu'on lui demandât comment il se faisait qu'il avait mis six années à découvrir une fraude aussi colossale. L'affaire tomba donc à l'eau; mais la leçon profita à notre supérieur, qui se mit aussitôt au traitement antinarcotique, sous la direction d'un médecin occidental. D'abord il mangea par jour six pilules d'opium, puis quatre, puis deux. Et aujourd'hui, il y a près de dix ans qu'il n'a touché à ce poison de l'intelligence. »

Combien le récit du lama était instructif pour moi! Ce spectacle des petitesses du caractère humain me rappelait tristement l'Occident. Tant il est vrai que la nature et les vices de l'homme sont partout les mêmes, que l'étiquette sous laquelle ils sont classés soit jaune, blanche ou noire!

[1] Membres de la première des trois classes formant l'ordre des lamas.

Malgré la mésaventure de son chef, Sa-skia finit par accepter de Yu une pipe, que celui-ci promit de bourrer lui-même, suivant les principes des plus fameux amateurs.

Mon lama s'en fut donc s'étendre sur le *kan*, et l'on apporta le nécessaire de fumeur, qui fait partie du matériel de tout bon restaurant chinois, au même titre que la vaisselle et les bâtonnets.

Après de minutieux préparatifs, où Yu déploya une habileté qui dénotait une grande habitude, le lama put enfin aspirer deux bouffées d'une fumée presque invisible, mais dont l'odeur fade et écœurante se répandit aussitôt dans la pièce.

Mon homme, en se couchant sur le *kan*, avait la face congestionnée d'un dîneur rassasié, de quelque couleur qu'il soit; mais à peine la pipe fut-elle vide qu'il changea subitement d'aspect : les traits du saint personnage se tirèrent; ses yeux se cerclèrent; son nez se pinça, et son teint devint livide. Il me rappelait ainsi mon compagnon de voyage du Pao-ta, sous l'influence du mal de mer; ce qui n'est point étonnant, car mon ami le lama souffrait d'une maladie analogue, quant au résultat. Il n'eut que le temps de sortir dans la cour, et quelques lointaines rumeurs nous annoncèrent qu'il abandonnait à la gent ailée qui la peuplait l'excellent dîner qu'il venait de faire.

Pendant l'absence de Sa, Yu eut l'audace de me proposer de prendre sur le kan la place qu'il venait d'abandonner; je lui répondis que je n'avais nullement envie d'être malade; car l'exemple du lama me témoignait assez que les séances d'apprentissage d'un fumeur d'opium sont loin d'être agréables.

Pour être franc, je devrais ajouter que mon pauvre estomac se souvenait encore de certaine soirée de mon été pékinois. La solitude aidant, j'avais eu l'idée de goûter un peu à l'ivresse jaune, et cet essai avait produit des phénomènes analogues à ceux que je venais d'observer sur un fumeur aussi novice que je l'étais alors.

Je ne voulus pas raconter ma mésaventure à Yu. Aussi se récria-t-il bien fort en m'entendant :

« Mais ce n'est pas l'opium qui a troublé les esprits du lama : c'est le changement de régime. A la lamasserie, il ne mange que du riz et du millet : mauvaise préparation pour des fêtes aussi somptueuses que celle que vous venez de nous offrir. »

Yu avait bien un peu raison. Si l'opium était pour une grande part dans l'indisposition de notre ami, la richesse du menu y était certainement aussi pour quelque chose.

Pour retrouver en Europe des équivalents des festins jaunes, il nous faut remonter au dix-septième siècle, alors que Louis XIV, partageant son temps entre la salle à manger et un endroit plus intime, se bourrait littéralement d'excellentes choses, qu'il faisait ensuite passer à l'aide de purgatifs beaucoup moins agréables : faits fort intéressants, qui remplissent la majeure partie du Journal de Dangeau.

Louis XV se montra, à table, bien digne de succéder à son aïeul, et une intéressante collection nous permet de juger que, sous le rapport de l'appétit, la race des Bourbons n'avait point dégénéré.

Les *Voyages du Roy au château de Choisy-le-Roy, avec les logements de la cour et les menus de la table de Sa Majesté,* nous apprennent que, le 2 mars 1757, le dîner du monarque se composait de deux oilles, deux potages, huit hors-d'œuvre, huit entrées, deux grands entremets, six grands rôtis et huit petits entremets chauds. N'est-ce pas là un menu bien chinois par sa longueur? Et en le parcourant, on ne tarderait point à y découvrir des mets rappelant les cervelles de pigeon et les langues de poulet.

A la fin du dîner, nous fûmes honorés de la visite du restaurateur, qui venait, suivant l'excellente habitude de tous ses collègues, nous demander si nous avions quelque observation à lui faire au sujet de la cuisine et du service. Notre homme était fort heureusement des plus bavards. Comme de raison, l'art culinaire fut le principal sujet de la conversation.

« Ce qui fait, nous dit-il, la célébrité de ma maison, c'est tout d'abord la propreté; nous autres musulmans, nous nous distinguons par cette qualité. Ainsi, si je rencontre dans la rue un passant aux habits sans tache, au linge bien blanc, je sais aussitôt que j'ai affaire à un *coreligionnaire.* Et en cuisine la propreté est tout aussi nécessaire que le savoir : le plus savant cuisinier ne fera jamais que de mauvais ragoûts s'il n'est point propre.

— Vous êtes sans doute le seul restaurateur musulman de Pékin? lui demandai-je, pour me renseigner quant au nombre de musulmans qui habitent la capitale des Fils du Ciel.

— Nullement. Il y a au moins douze restaurateurs musulmans dans la ville; mais tous font la cuisine conformément aux prescriptions du Coran. Ainsi si vous allez à l'enseigne de l'*Antique Confiance*, vous verrez écrit, au-dessus de la porte : Restaurant de *turbanés*, — nom chinois des mahométans, — et si vous y entrez pour manger, vous ne pourrez y trouver ni un morceau de viande de porc, ni une goutte de liqueur fermentée; tandis que moi, je fais de la cuisine pour tout le monde.

— Même pour les diables d'Occident? ajoutai-je en souriant.

— Et pourquoi pas, puisqu'ils payent comme les autres? Et moi, je n'ai point de haine pour les *gens de la mer occidentale*, — les Occidentaux. — D'ailleurs, j'ai été pendant deux années aide de cuisine dans un comptoir occidental à Canton.

— Alors, vous êtes Cantonnais?

— Non. Je suis originaire du Chan-ton. Seulement, à l'âge de quatorze ans, sur les conseils d'un ancien de la mosquée, mon père m'envoya à Canton y faire les trois années d'apprentissage nécessaires pour devenir un bon cordon bleu, parce que, disait-il, la cuisine du Sud est bien plus fine que celle du Nord. Comme mon père n'avait point de gens de son clan à Canton, je fus recommandé au chef de la mosquée de cette ville, qui se chargea de me trouver une place d'apprenti dans une des meilleures maisons de la place, c'est-à-dire dans un *bateau de fleurs* [1], car dans ces restaurants flottants on fait non-seulement de l'excellente cuisine cantonnaise, mais aussi des ragoûts de toutes les provinces, voire même de la Mongolie et de l'Annam. Les places de marmiton dans les bateaux de fleurs sont fort recherchées; pour pouvoir en obtenir une, il faut être ou fils ou parent du chef de ces établissements. Aussi, après une lune de recherches infructueuses, le chef de la mosquée me conduisit dans un grand palais habité par un Européen qu'il instruisait dans notre religion. Cet Occidental reçut fort bien son maître, qui était aussi mon protecteur, ce qui bouleversa les idées que je m'étais faites au sujet des *diables aux poils rouges,* dont j'avais entendu faire de si horribles descriptions.

Il parlait (l'Occidental) avec un accent si bizarre que je ne pouvais comprendre tout ce qu'il disait. Cependant, quelques mots saisis çà et là m'apprirent qu'il s'agissait de me faire entrer, comme marmiton, chez un de ses compatriotes. Une heure avant, semblable découverte m'eût fait mourir de frayeur. Mais maintenant, je savais ce que c'était qu'un prétendu diable aux poils rouges; aussi me réjouissais-je fort de cette combinaison à laquelle je dois d'être le premier restaurateur de Pékin.

— Vous ne faites cependant pas la cuisine vous-même?

— Je ne pourrais la faire, car, outre les trois cuisi-

[1] Voir une description des bateaux de fleurs dans mon ouvrage *la Chine inconnue*. J. Rouam, éditeur.

niers de mon établissement, j'emploie cinq chefs qui ne font que le travail en ville. Mais tout se fait ici sous ma surveillance, et mes chefs sont mes élèves. Quelquefois, cependant, je mets la main à la pâte : ainsi, hier, je suis resté aux fourneaux toute la journée pour remplacer un de mes chefs dont l'élève vient de passer maître. Comme c'est l'habitude en pareille occurrence, ce dernier a offert à son professeur une place au théâtre.

— Vous portez aussi à domicile?

— Certainement, et j'ai toujours douze porteurs occupés au service de la ville.

— Il y a donc beaucoup de Pékinois qui n'ont point de cuisine chez eux ?

— Pardon; toute famille pékinoise fait sa propre cuisine. Seulement, c'est un domestique *sans instruction* qui en a la charge. Aussi, lorsqu'un riche mandarin reçoit ses supérieurs ou ses amis; lorsqu'il s'agit de célébrer un jour de fête ou une cérémonie funéraire, on fait préparer le repas chez un restaurateur; et, à l'heure convenue, ce dernier envoie les mets au domicile de son client dans des boites rondes et plates, en laque rouge.

Ces boites ne contiennent qu'un seul mets. On les transporte en pile de quatre ou cinq, suspendues aux deux extrémités d'un bambou qu'un homme porte sur ses épaules. Quant au service de table, que fournit aussi le restaurant, on l'envoie dans des boites rondes communes. »

J'avais souvent rencontré, dans mes promenades,

des coolies portant, suspendus à leurs flexibles bambous, les uns, des piles de coffrets en laque rouge, semblables à de colossales boites de dragées; les autres, de hauts cylindres de sapin, paraissant avoir été copiés sur nos boites à fromage; mais j'ignorais que ces pauvres diables, à la mine famélique, portaient de quoi rassasier tout un bataillon de leurs semblables.

« Comment! dit le lama, qui semblait aussi désireux que moi de s'initier aux mystères de la vie pékinoise, les riches ne se payent point le luxe d'un chef! Ce serait cependant plus agréable pour eux que de se faire servir par le restaurant.

— Oui ; mais cela coûte infiniment plus cher, car rien n'est plus voleur qu'un bon cuisinier. Ainsi, j'ai quatre chefs qui sont constamment occupés chez des particuliers qui me les louent pour une journée, dans les grandes circonstances, se chargeant de leur fournir tout ce qui est nécessaire à la confection des mets. Eh bien! croiriez-vous que ces chefs prétendent qu'il est de leur droit de voler une bonne partie des victuailles qu'on leur fournit? Aussi la malhonnêteté de la corporation est-elle devenue proverbiale, et l'on dit que les cuisiniers ne voleront plus que lorsque la terre ne produira plus d'aliments. »

CHAPITRE IV

LE TEMPLE DU CIEL.

Ce matin, je me mets en route à six heures pour aller visiter le *temple du Ciel*, ce fameux sanctuaire qui a vu bien des fois le plus grand souverain de l'univers se prosterner au pied de ses autels, y confesser ses fautes et se repentir de sa vie passée.

Pour cette visite aussi, on m'a prédit un accueil des moins bienveillants; mais je ne tiens plus guère compte de ces mauvais présages, depuis qu'il m'a suffi, pour forcer l'entrée du temple des lamas, de sortir quelques tiaos de ma poche.

Le temple du Ciel, et son voisin le temple de la Terre, occupent toute la partie sud de la ville chinoise; ce qui fait que pour m'y rendre, il me faut la traverser dans toute sa longueur, depuis Tsien-meun. Heureusement, mon charretier, trouvant le grand boulevard — que je connais par cœur d'un bout à l'autre — trop encombré, tourne à droite et s'engage dans une des ruelles qui le suivent parallèlement.

Ici au moins, je puis continuer mes études. L'heure matinale me permet de saisir au vol plus d'un secret de la vie pékinoise.

Nous croisons des charrettes dont les occupants ont

bien la hideuse physionomie d'un lendemain d'orgie : les uns me regardent d'un air hébété, d'autres dorment, ballottés comme des masses inertes par les cahots des véhicules. Et tandis que la vie vicieuse de Pékin rentre chez elle pour y chercher un repos énervant, la vie laborieuse se réveille et envahit la rue de son bruit.

La rue que je parcours est réservée aux marchands de comestibles en gros. C'est là que, chaque matin, la capitale des Fils du Ciel vient chercher son pain quotidien.

D'abord, ce sont les négociants en riz, avec leurs grandes corbeilles de farine, d'une blancheur neigeuse, qui leur servent d'enseigne. Puis les marchands de légumes, avec leurs cargaisons de ces choux — en chinois *pie-tsaï* — énormes, dont le port rappelle une botte de cardons; de ces haricots verts aux cosses prodigieusement longues; de ces aubergines à la mine violette; mais ce qui domine surtout dans les étalages des fruitiers pékinois, ce sont les cucurbitacées. Pendant quatre mois d'été, les habitants du nord de la Chine abandonnent presque complétement leur riz cuit à l'eau, et le remplacent par des potirons, des melons, des concombres et des citrouilles de toutes formes et de toutes couleurs. Je remarque en passant des monceaux de ces fruits dont les vives couleurs feraient, bien certainement, le bonheur d'un peintre d'Occident.

Tout à coup, les maisons disparaissent. Nous traversons un pont délabré, jeté sur un canal en tout aussi mauvais état, car il est complétement à sec, et nous nous trouvons transportés dans un désert, sans être cependant sortis de l'enceinte de la ville qui est considérée, bien à tort, comme la plus grande métropole de notre planète.

C'est un vrai changement à vue digne d'une féerie : tout à l'heure, le mouvement et le bruit d'un marché matinal ; maintenant, le calme et la solitude.

Tout autour de moi, une plaine grise, coupée çà et là par un monticule ou par de profondes ornières, que les dernières pluies ont transformées en des mers en miniature; au fond du tableau, la sombre silhouette de la muraille de la ville; à droite et à gauche, de longs murs, d'une couleur rouge sale : voilà les abords du seul et unique temple où le Fils du Ciel, en personne, daigne se prosterner devant les autels du Ciel, son père, et de la Terre, sa mère!

Le mur le plus proche, à ma gauche, est celui du temple du Ciel; l'autre entoure le temple de la Terre.

Arrivé à une centaine de pas de distance de la porte monumentale du temple du Ciel, mon cocher, en train de faire fortune en charriant de par la ville des diables d'Occident, me dit, dans l'espoir d'augmenter ainsi son pourboire :

« Maintenant, descendez à terre et allez vite à la porte du temple.

— Et pourquoi ?

— Parce que si le gardien aperçoit de loin la charrette, il va barricader la porte et ne vous l'ouvrira que moyennant le payement d'un fort droit d'entrée; si, au contraire, vous vous approchez sans attirer l'attention, on ne pourra plus que se recommander à votre générosité.

— Et si l'on me met de force à la porte ?

— Oh ! quant à cela, il n'y a point de danger. Les gardiens sont trop intéressés à éviter tout scandale ; ils savent bien qu'il leur est interdit, sous peine de mort, de laisser pénétrer qui que ce soit dans le sanctuaire. »

Ces renseignements m'avaient appris quelque chose ; mais en les écoutant, j'avais laissé passer l'occasion de les utiliser. Aussi, à peine étais-je arrivé à cinquante pas de la petite porte de côté, que je vis un bambin en sortir et me montrer du doigt. Un pressentiment de ce qui se préparait me fit hâter le pas ; malgré cela, j'arrivai trop tard, et je dus subir l'humiliation de me voir fermer littéralement la porte au nez, car j'en étais si près, lorsqu'on la fit tourner sur ses gonds, que, par un mouvement instinctif, je jetai ma canne entre les battants encore entre-bâillés.

Trois Chinois, qui fumaient leur pipe, accroupis sur les talons, s'amusèrent beaucoup de ma mésaventure, et l'un d'eux poussa l'ironie jusqu'à m'indiquer, par un geste de la main, qu'il était temps de faire charger mes billets de banque. C'était sans doute aussi l'opinion du portier, car, avant même que j'eusse eu le loisir de prendre une décision sur la conduite à tenir, la porte fit un léger mouvement, et une voix me demanda :

« L'aïeul désire entrer ?

— Certainement. J'attends que la porte soit ouverte.

— Et combien me donnerez-vous si je l'ouvre ?

— Six tiaos — deux francs cinquante environ.

— Et combien à mon camarade ?

— Comment, à ton camarade?

— Certainement. Nous sommes ici deux portiers, et *nous ne pouvons ouvrir la porte qu'à deux.*

— Je lui donnerai deux tiaos.

— Ce n'est pas assez. »

Et pour rendre plus désolante encore cette laconique réponse, un bruit de pas m'annonça que c'était là le dernier mot du rapace cerbère.

J'attendis cinq minutes pour voir s'il se raviserait : le silence le plus complet continua de régner à l'intérieur. De guerre lasse, je me mis à frapper la porte avec ma canne. Bientôt un bruit de pas m'apprit qu'on avait compris que le moment psychologique était venu. Le dialogue recommença.

Le portier. — Combien donnez-vous?

Moi. — Six tiaos à chacun.

Le portier. — Mon camarade trouve que ce n'est pas assez pour risquer sa tête.

Moi. — Eh bien, quatorze tiaos pour les deux. Cela va-t-il?

Le portier. — Je vais consulter mon camarade.

Cinq minutes après, il revint me dire que moyennant trente tiaos, le marché serait conclu.

C'était un peu cher, mais à prendre ou à laisser. L'impatience, comme la peur, rend généreux, même les avares. Il y avait plus d'une heure que je parlementais à travers la porte, situation qui n'a rien de parlementaire. Je promis donc les trente tiaos. Un bruit de verrou se fit entendre, la porte s'entr'ouvrit, et une main avide se montra. Comme je regardais étonné cette apparition, la même voix intérieure me dit :

« Donnez les tiaos, et j'ouvrirai après. »

C'était moins brutal, mais beaucoup plus blessant que la façon dont vous reçoivent les portiers du temple des dix mille lamas. Cependant il y a déjà si longtemps que j'habite le Céleste Empire que je n'hésite point, et je remplis de billets de banque la main qui les attend, tout en me disant, à part moi, que si les Européens sont mal cotés au temple du Ciel, cela est peut-être de leur faute ou, ce qui revient au même, de celle de leur canne, qui leur sert trop souvent d'*ultima ratio*.

Si la main a peu de confiance dans les étrangers, il faut reconnaître qu'elle est fort digne de celle qu'elle exige d'eux, car à peine eus-je versé la somme convenue que je l'entendis ouvrir les volumineux cadenas qui fermaient la porte. Cinq minutes après j'avais franchi le seuil du temple du Ciel.

Devant moi, un étroit sentier trace sa ligne grise au travers d'un superbe tapis de verdure, sur lequel le printemps a brodé de magnifiques bouquets champêtres, aux brillantes couleurs. Les nuits sont encore froides, et, à cette heure matinale, l'herbe humide a des reflets de moire antique. Un parfum pénétrant se dégage de cette fraîche nature à son réveil. Un moment j'oublie mes études géographiques, et, sans le bavardage de mon guide, qui me tient éveillé, je me laisserais tenter par le désir de repos que fait naître la vue d'un beau tapis de verdure.

Une magnifique prairie, voilà bien la plus belle parure que l'on puisse rêver pour un temple ! mais n'est-ce point bien terrestre pour un temple du Ciel? N'est-ce point trop gai, trop frais, je dirai presque trop poétique pour le seigneur du lieu, qui inflige à l'homme de si dures punitions, en dépit des prières qu'il lui adresse et des sacrifices qu'il lui offre?

Seuls, quelques cyprès, que l'âge a rendus chauves, mettent dans ce paysage une note morose. Leur ombre chagrine semble faite pour abriter une divinité qui épargne ses fils lorsqu'ils sont des monstres de tyrannie, et accable de son dédain ceux qui se montrent bons et compatissants pour leurs sujets.

Me voici arrivé devant une seconde enceinte plus élevée encore que la première. La prairie que je viens de traverser forme autour du temple une zone neutre destinée à le séparer complètement du monde profane, à le protéger de tout sacrilége, à empêcher jusqu'aux bruits de la vie de troubler le calme du sanctuaire. La vue de cette seconde muraille me rappelle désagréablement le temple des lamas. Sans doute, il va me falloir subir de rudes conditions, ou abandonner les avances que j'ai déjà faites. Cependant, contre toute attente, ces secondes Fourches Caudines furent franchies pour la somme relativement minime de trois tiaos, grâce aux bons offices du portier de la première enceinte, qui se chargea des négociations à travers la seconde porte.

Maintenant, je suis dans le sanctuaire, et les deux portiers m'assurent que je n'aurai plus à discuter avec leurs collègues les conditions de mon admission en contrebande, m'affirmant que si un mandarin, gardien du temple, me voyait dans son enceinte, mes deux guides perdraient infailliblement leur tête, en punition de leur désobéissance aux lois de l'État.

Dans la seconde enceinte, on sent bien le temple d'une grande ville en décadence; ce n'est même plus la fraîche nature du premier tableau, cachant les ruines sous ses flots de verdure. Ici, les cyprès rabougris dominent en maîtres, et sous leurs ombrages, de maigres buissons, où le bois mort occupe plus de place que les branches vertes, croissent avec peine. Seul, le sentier ne change pas; il reste aussi poudreux et aussi étroit que tout à l'heure; évidemment, l'œil du maître ne pénètre jamais jusqu'ici. Je le fais remarquer à mes guides.

« Cependant, me dit l'un d'eux, il y a une inspection du temple chaque dix jours; et chaque fois, c'est un mandarin différent qui en est chargé.

— En quoi consiste cette inspection?

— A nous interroger séparément, pour découvrir si les ordonnances impériales n'ont pas été violées. »

Tout en causant, nous étions arrivés devant des bâtiments à un seul étage, de sordide apparence; l'herbe poussait entre les pierres; la mousse couvrait les toits; la façade des chambres semblait avoir été renversée par l'ouragan. Dans un coin de ces ruines, une marmite, rongée par la rouille, se tenait campée, tant bien que mal, sur un fourneau de briques scellées à l'aide de torchis, et entourée de gros paquets de poils noirs; on eût presque dit la boutique d'un perruquier de nègres géants, la veille d'un jour de fête.

« Ce sont, me dit mon guide, les écuries où les

bœufs sont gardés jusqu'au moment du sacrifice. C'est près de cette marmite qu'on les tue, en leur coupant les oreilles; ensuite le sang cuit, les poils coupés et la viande sont portés sur la *Montagne Ronde*, où ils sont offerts au *Ciel*.

— Mais les bœufs du dernier sacrifice étaient donc tous noirs?

— Oui. Les rites exigent que les animaux sacrifiés soient blancs si ce sont des chevaux, et noirs si ce sont des bœufs. Maintenant, on ne sacrifie plus guère que des bœufs, qui sont engraissés avec beaucoup de soin sur les terres de l'Empereur. Pour leur donner une belle apparence, on pousse même le soin jusqu'à les laver et peigner tous les jours.

Au jour du sacrifice, si les bêtes ne paraissent pas assez belles aux grands dignitaires qui officient au nom de l'Empereur, le mandarin chargé de l'élevage reçoit quarante coups de bambou.

— C'est un peu sévère.

— Nullement. Ce n'est que justice. Nous autres *hommes aux cheveux noirs*, nous sommes tous égaux devant le Fils du Ciel. Moi aussi, je reçois du bambou à la moindre infraction aux devoirs d'un bon portier. Venez passer un instant dans mon humble demeure, et je vous montrerai les lois du temple. J'habite à deux pas d'ici, afin de protéger contre les voleurs les bœufs à sacrifier, durant les quelques jours qu'ils passent ici avant la cérémonie. »

J'acceptai cette invitation, sûr à l'avance d'en tirer profit.

Vraiment, pour le portier d'un sanctuaire impérial, le logement de mon guide est bien minable : une petite pièce, au sol en terre battue, aux murs non recrépis; et, pour tout mobilier, un petit *kan* en briques, un escabeau bancal et un vieux tapis en poils de chameau. Dans un coin de ce taudis humide, trois briques, posées à terre, servent de fourneau à son occupant.

Je fis à mon homme quelques remarques sur la pauvreté de sa demeure, comparée aux fonctions de confiance qu'il remplit dans une demeure impériale.

« *Un pauvre homme en bonne santé est déjà presque un richard, parce qu'il n'a pas de frais de médecin à payer* [1] », me répondit-il gaiement, pour me montrer que sa pauvreté lui paraissait tout aussi dorée que la médiocrité d'Horace.

Au reste, il en est ainsi chez tous les peuples n'ayant encore pour guide que la morale vivifiante de la nature. Chacun y accepte son sort, en se contentant d'en savourer les avantages, sans s'appesantir sur ses inconvénients. En Chine, le pauvre se compare au richard, qui passe son temps à se faire martyriser par des médecins; en Perse, le seul homme heureux du pays n'a point seulement une chemise à se mettre sur le dos; et Klaus Groth, dans son *Platt-Deutch* inimitable, nous décrit ainsi le bonheur au Ditmarsh :

Wat weert en mann! Wat weert en mann!
De harr ni putt de haar ni pann.

[1] Proverbe chinois.

Un homme heureux ! un homme heureux ! qui n'eut jamais ni pot ni plat.

« Mais on vous paye donc bien peu? lui demandai-je, médiocrement satisfait de son proverbe.

— Nous sommes bien payés par le Fils du Ciel; mais notre salaire passe par les mains de beaucoup de mandarins, et ces derniers en retiennent une grande partie pour se rembourser des dépenses qu'il leur a fallu faire afin d'obtenir leur situation.

— Alors c'est vous en somme qui payez les charges des mandarins vos supérieurs?

— Non. Ils les payent de leurs deniers; mais depuis des siècles, il est d'usage de leur abandonner une partie de nos gages, ce qui fait qu'aujourd'hui ils ont autant de droits à ce prélèvement que nous à notre salaire. »

A cette façon d'envisager les choses, il n'y avait absolument rien à répondre. Puis, à quoi bon vouloir convertir en un radical malheureux et envieux une victime d'une mauvaise organisation sociale, alors qu'elle vit fort heureuse dans la peau d'un conservateur? Le meilleur gouvernement n'est-il point, après tout, celui qui pèse le moins sur ses administrés, quelles que soient, au reste, ses tendances autoritaires ou radicales?

Lorsque je fus aussi confortablement assis que le permettait le mobilier de mon hôte, celui-ci m'apporta une grande feuille de papier jaune, — la couleur réservée aux affiches officielles en l'Empire du Milieu. — L'affiche officielle jaune est infiniment plus esthétique que ses pareilles de différentes couleurs d'Occident, car tandis que ces dernières ne présentent au public qu'une physionomie sans expression, rendue plus terne encore par le style administratif baroque qui les dépare, l'affiche chinoise, au contraire, se pare de toutes les plus belles tournures du vocabulaire *confusséen*, et ces devoirs de style sont encore rehaussés par un magnifique cortége de dragons ailés, — l'emblème des Fils du Ciel, — dessiné sur la bordure de l'affiche.

Mon hôte, peu convaincu de l'étendue de mes connaissances sinologiques, s'assoit à mes côtés, et se met à me paraphraser le texte de l'édit impérial. Ces explications sont trop curieuses pour que j'en prive le lecteur; je vais donc les rapporter, aussi *in extenso* que me le permettront mes notes et mes souvenirs.

« Le cinquième jour de la sixième lune de la cinquante-quatrième année du règne de Kan-chi, le ministère des rites a présenté au trône le décret suivant :

« Le saint aïeul, l'Empereur humanité, était un homme des bannières; aussi il voulait que l'ordre régnât partout, et c'est pour cela qu'il fit préparer ce décret, afin de préserver le sanctuaire du Ciel de toute profanation. Les personnes qui pénétreront dans une de ses enceintes seront punies de cent coups de bambou, et transportées à deux cents lieues au moins de leur pays, c'est-à-dire en Mongolie. Quant aux gens qui auront laissé leurs bestiaux circuler dans ces mêmes enceintes, ils seront condamnés à cent coups et à une lune — un mois — de cangue. »

— Ce règlement est une preuve de la miséricorde de l'Empereur pour nous tous, ses esclaves. Il peut arriver que des animaux pénètrent ici, à l'insu de leur maître : le crime est grand; mais la bonté de notre maître est plus grande encore, car cent coups de bambou et une lune de cangue, c'est la punition du plus petit méfait.

— Vous trouvez que cent coups de bambou, c'est peu de chose ?

— Une bagatelle ! J'en ai reçu plus de mille dans ma vie, et je n'ai pas *le cœur plus mal accommodé pour cela*. L'important est de ne point recevoir plus de trente coups en une seule fois; alors, moyennant un petit cadeau, on rend la main du soldat du prétoire si légère, qu'on en est quitte pour quelques jours de repos. »

Après ces intéressantes considérations, mon homme reprit l'explication des édits impériaux :

« Mais si l'Empereur se montre miséricordieux pour ses esclaves qui l'offensent par négligence, il se montre, par contre, impitoyable pour ceux qui portent une main profane sur les autels, en les punissant de trois années de déportation. »

Il allait continuer; mais je l'arrêtai en lui disant que j'avais chez moi un exemplaire de ces ordonnances; je continuai ma visite interrompue.

Notre chemin ne change guère; c'est toujours le même sentier au travers de prés qui cèdent de plus en plus la place à des buissons beaucoup moins poétiques. Enfin voici quelques monceaux de briques annonçant l'approche d'une construction. A quelques pas plus loin, un grand mur se dresse devant nous. C'est, me dit mon guide, le *temple de la Montagne Ronde*. Nous gravissons des degrés de marbre qui nous conduisent au sommet de l'autel.

Une fois là, on peut se rendre bien compte de la topographie du lieu. Nous sommes au centre de neuf cercles concentriques, formés par des balustrades de marbre blanc. Ces neuf enceintes sont placées au centre d'une terrasse, à laquelle trois escaliers, aussi en marbre blanc, donnent accès. Nous descendons un de ces escaliers, aux marches ébréchées par le temps et aux balustrades renversées, ce qui donne à penser que les fonctions d'inspecteur du temple ne sont peut-être que des sinécures. Tout autour de la terrasse s'élève, de distance en distance, un massif piédestal, surmonté d'un grand brûle-parfums de bronze, aux formes carrées. Un de ces brûle-parfums est placé près de l'escalier par lequel nous descendons; la matière même dont il est fait n'a pu le défendre contre les injures du temps; il est tout couvert de rouille, et des deux anses qui formaient autrefois ses uniques ornements, l'une d'elles a disparu. La charité chrétienne me commande d'attribuer cette disparition à quelque miracle, ce qui n'a rien d'étonnant dans un temple du Ciel. Quant aux coups de ciseaux qui marquent maintenant la place qu'elle occupait, ils ont bien l'air d'avoir une origine profane; mais n'essayons point d'approfondir ce mystère : le temps d'ailleurs nous manque pour cela.

Nous descendons un second perron, et nous voici sur une terrasse, absolument semblable à celle que nous venons de quitter; puis en vient une troisième, tout aussi délabrée que les deux qui la précèdent, avec ses balustrades renversées et ses brûle-parfums sans anses.

Je m'éloigne sans regret de ce sanctuaire en décadence. Nous sommes maintenant au centre du temple; nous marchons sur une large chaussée artificielle, élevée de sept à huit mètres au-dessus du sol. Cette avenue relie les deux sanctuaires du temple; les larges dalles dont elle est pavée lui donneraient un grand caractère, si elles n'étaient presque complètement cachées par les herbes qui croissent entre leurs joints. Çà et là, une graine d'arbre a trouvé la place nécessaire pour germer et croître. Et l'hôte des bois, en vieillissant, a poussé au loin des racines qui soulèvent le sol de la chaussée et, chose plus grave, menacent de renverser le mur de soutènement.

A cinq cents mètres de l'*Autel de la Montagne Ronde*, la chaussée s'élargit; elle est occupée tout entière par un temple que nous traversons pour nous rendre au premier sanctuaire. Avant d'y pénétrer, je me retourne pour dire un dernier adieu à la montagne.

De même que la séparation vous fait sentir plus vivement l'affection que vous éprouvez pour une personne aimée, de même les distances semblent embellir ce qui, vu de près, vous paraissait horrible. Autant l'autel de la *Montagne Ronde* m'avait paru laid et prosaïque, alors que j'en gravissais les degrés, autant je le trouvais maintenant grandiose, dans sa simplicité poétique.

Avec la blancheur éclatante de ses marbres, on dirait une île enchantée flottant sur un lac de verdure. Et au-dessus du sanctuaire, le beau ciel bleu de Pékin, avec ses teintes napolitaines, formant un dôme qui n'a rien à envier à ceux de Saint-Pierre et du Panthéon.

Décidément j'emporte de la *Montagne Ronde* une agréable impression : de loin, ses degrés mutilés, ses brûle-parfums meurtris, ses balustrades renversées disparaissent dans l'ensemble, ce qui fait peut-être que MM. les inspecteurs ne les voient point, lors de leur visite à chaque décade.

Je traverse le petit temple sans m'y arrêter, et pour cause. Une suite de bâtiments délabrés abritant, tant bien que mal, des monceaux d'objets fort abîmés par le poids des ans : voilà un spectacle qui n'offre guère d'intérêt, surtout en Chine, où l'on n'a que trop l'occasion de contempler de semblables ruines.

Au sortir du temple, je retrouve la chaussée. Devant moi se dresse une autre montagne ronde ; mais au lieu d'avoir pour dôme la voûte céleste, celle-ci est surmontée d'un grand pavillon rond, au toit à trois étages recouvert de tuiles vernissées. Mon guide m'affirme que ces tuiles sont bleues pour rappeler la couleur de la divinité du lieu ; mais vraiment, par ce beau jour de printemps, elles me paraissent presque noires sur l'azur du ciel.

Ce sanctuaire est appelé par les Chinois la *salle circulaire*. Nous y pénétrons par une porte haute au moins de dix mètres, dont les battants sont formés, dans leur partie supérieure, de bois découpés, se continuant tout autour du sanctuaire pour y laisser pénétrer les rayons du soleil.

J'entre dans le pavillon : ce sont toujours les mêmes ruines qui font regretter de n'avoir pu visiter Pékin un siècle plus tôt, alors que les vestiges qui vous environnent étaient dans tout l'éclat de la jeunesse.

Tout d'abord, les ruines jaunes paraissent moins misérables qu'elles ne le sont en réalité, tant elles ont été réduites à peu de chose par le temps inexorable. C'est ainsi que je crus que les bois découpés devaient former l'unique clôture du sanctuaire; mais en m'en approchant, je découvris, çà et là, des fragments de baguettes de verre bleu de la grosseur d'une plume d'oie; mon guide, me voyant examiner ces débris, s'approcha aussitôt de moi et me dit :

« Il ne faut pas toucher à ces morceaux ; cela pourrait me coûter la tête. »

Cette observation, faite avant même qu'un geste eût pu faire supposer mes intentions, m'étonna fort; je pris cela pour une invite habile, et j'y répondis en conséquence.

« Soyez tranquille : si je prends quelque chose, je vous le payerai.

— Il n'est nullement question d'argent, me répondit-il; il s'agit seulement de ne rien prendre, afin que ma tête reste sur mes épaules. Il y a une vingtaine d'années, ces écrans de verre étaient presque intacts; mais depuis que les Européens viennent ici, ils disparaissent peu à peu; car chacun de vos compatriotes veut en emporter un morceau.

— Et pourquoi ne les empêchez-vous pas d'agir ainsi?

— *Le dire est facile, mais le faire est difficile*[1]. Ils profitent d'un moment où j'ai le dos tourné, et le tour est joué; car vous autres Occidentaux, vous avez, dans vos habits, toute une collection de petits sacs qui semblent avoir été inventés pour la plus grande commodité des voleurs.

— C'est vrai; mais si vos compatriotes n'ont point de petits sacs — poches — à leurs vêtements, ils ont par contre de larges manches qui les remplacent fort avantageusement pour les malintentionnés. »

Et en disant cela, je voyais encore certain brocanteur qui s'était introduit chez moi, sous prétexte de me faire voir des bibelots, et que j'avais surpris au moment où il emmagasinait habilement dans sa manche les menus objets se trouvant sur une table à portée de sa main.

« Pourquoi les Occidentaux ont-ils un si grand désir de s'approprier ces baguettes de verre? demandai-je.

— L'un d'eux m'a dit une fois que c'était parce qu'elles ont été fabriquées par des docteurs de la Foi, — missionnaires catholiques, — qui étaient devenus les serviteurs de Kan-chi et de Kien-lon. Ces missionnaires apprirent aussi à nos ouvriers l'art de fabriquer le verre. »

[1] Proverbe chinois qui est la contre-partie du nôtre : Vouloir, c'est pouvoir.

Cette explication, qui était complétement d'accord avec les données de l'histoire, me fit désirer aussi de posséder un de ces rares spécimens de la verrerie en Chine, à l'époque de son enfance; mais il n'y avait point à songer en ce moment à satisfaire ma manie de collectionneur. Seul avec mon guide, il m'était difficile de détourner son attention; mais je dois avouer que la première fois que l'occasion s'en présenta, je m'empressai de profiter de mes poches. Quant au gardien, il ne s'aperçut pas de mon larcin sacrilége, tout occupé qu'il était à surveiller mes compagnons.

L'intérieur de la salle circulaire est en aussi mauvais état que la *Montagne Ronde*. Il s'y trouve un grand autel consacré au culte des ancêtres, et entouré d'autres plus petits dédiés au soleil, à la lune, aux nuages, à la pluie, au vent et au tonnerre. Il faut vraiment beaucoup de bonne volonté pour décorer du nom d'autel ces bahuts de bois vermoulu, rappelant un peu trop les autels dédiés à Bacchus, sous le nom de comptoirs, dans nos grandes villes d'Occident. Cependant, l'autel des ancêtres présente encore quelque chose de religieux, car il lui reste trois tablettes qui représentent les âmes des trépassés.

Le temps a bien un peu écaillé le vernis laqué qui les recouvre, et effacé les caractères qu'elles portaient; mais, malgré ces dégradations, les tablettes n'en sont pas moins là, tandis que les autels voisins ne portent que des débris informes, ensevelis sous une épaisse couche de poussière.

La salle circulaire me retient peu de temps. J'ai hâte

de fuir cet air, chargé de la poussière des temps, que l'on y respire. La lourde coupole qui la sépare de la divinité à laquelle elle est consacrée la rend si mesquine! Et ces barrières de bois qui l'entourent y créent une atmosphère si stagnante et si malsaine! Aussi, une fois dehors, il me semble renaître à la vie, après une descente dans l'empire des morts. Je m'attarde à errer dans ces sentiers qui n'ont rien de céleste, mais qui n'en sont pas moins charmants. Lorsque j'arrive à la porte de sortie, le soleil darde ses rayons si bien d'aplomb sur l'immense place qui sépare le temple du Ciel de celui de la Terre, que j'hésite à traverser ce Sahara en miniature.

Je remonte dans ma charrette; mais cette fois je me mets à l'ombre de la capote, ce qui fait que je ne puis voir le mouvement de la rue. Je vais profiter de l'ennui du chemin parcouru, enfermé entre les trois écrans en loque d'un équipage pékinois, pour ennuyer le lecteur en faisant un peu le pédant.

Et d'abord, quel est le véritable nom du temple que je viens de visiter?

Les Chinois l'appellent *Tien-tan*, mot à mot, autel du Ciel.

Mais qu'est-ce que le Ciel auquel on dédie des autels?

C'est ici que l'auteur s'embarrasse, et pour cause. Les écrivains chinois, dont le style est toujours si peu clair pour nous autres Européens, à force de trop viser à l'effet, deviennent absolument obscurs lorsqu'ils s'occupent de métaphysique. Aussi, pour essayer de donner une idée de la divinité que les jaunes appellent *Ciel,* je me servirai uniquement de mes souvenirs, au risque de prendre sous ma responsabilité des faits qui m'ont été racontés par mes nombreux collaborateurs anonymes.

En résumé, le *Ciel* est la seule divinité que reconnaissent les nombreux sectateurs de la *Jou-kiao,*—religion de Jou, — qui est connue en Europe sous le nom de religion des lettrés ou de Confucius. Cette dernière désignation lui est venue du fait que les membres de la *Jou-kiao* adorent en effet Confucius presque à l'égal d'un dieu. Ils lui élèvent des temples, lui offrent des sacrifices. Cependant, ces cérémonies n'ont point tout à fait le sens qu'on leur a donné en Europe. Les lettrés, en offrant des sacrifices à Confucius, ne lui reconnaissent pas pour cela un caractère divin; ils ne font que lui rendre, avec un peu plus de pompe peut-être, le même culte qu'à leurs ancêtres, et cela parce qu'ils considèrent que l'auteur des admirables ouvrages dont la connaissance crée un abîme entre le savant et l'ignorant, est l'ancêtre de tous les lettrés.

Ceux-ci, comme leur souverain, adorent le *Ciel.* Empereur, mandarins et lettrés ont donc une seule et même religion qui a pour divinité le Ciel, et dont les membres reconnaissent pour ancêtre commun le saint Confucius, le sage par excellence.

Et maintenant, quelle est l'origine du culte au Ciel?

Un savant lettré, auquel je posais cette question, me répondit sans sourciller :

« Ce culte était pratiqué par mes ancêtres, ainsi que

par les ancêtres de mes ancêtres; il a donc existé de toute antiquité.»

Cette façon bien chinoise de répondre à une question fort nette me décida à en chercher par moi-même la solution dans la littérature chinoise. Je suis arrivé de la sorte à un maigre résultat, étant donné le nombre d'heures que j'ai consacrées à cette étude; mais je ne puis résister au désir de le reproduire ici, à seule fin de montrer au lecteur que les études chinoises sont loin d'être faciles.

Le culte du Ciel se perd, à la Chine, dans la nuit des temps. C'est ainsi que les annales rapportent que le fameux Fou-hi, qui régnait vers l'an 2900 avant Jésus-Christ, était un adorateur zélé de la puissance céleste.

Qu'il y ait eu des hommes en Chine deux mille neuf cents avant notre ère, je le crois sans peine: les habitants des stations lacustres de la Suisse ou de Solutré peuplaient l'Europe à une époque bien plus reculée. Seulement, j'ai peine à croire que la tradition de ces temps fabuleux ait pu se transmettre, en conservant quelque valeur, durant des siècles, jusqu'à la venue des savants historiens qui l'ont recueillie.

Ce fameux Fou-hi, dont les historiens chinois sont si fiers, m'a tout l'air d'un type légendaire auquel on attribue toute invention, bonne ou mauvaise, dont l'origine se perd dans la nuit des temps.

S'il fallait en croire les lettrés, Fou-hi aurait laissé bien loin derrière lui un Edison, tant il avait l'esprit inventif, car on lui prête toutes les découvertes les plus nécessaires à l'homme, telles que la charrue, le métier à tisser, le calendrier et bien d'autres encore, dont l'énumération seule formerait un volume.

Que la renommée est triste chose! Si le pauvre Fou-hi a réellement existé, n'est-il point pénible de voir l'existence même de ce bienfaiteur de l'humanité mise en doute, par un obscur écrivain, quelques mille ans après sa mort! O homme! qui brûlez du désir de rendre votre nom célèbre à travers les continents et à travers les âges, que cet exemple vous serve de leçon! Trois mille ans après votre mort, un méchant écrivain se permettra de nier que vous ayez existé, sans qu'un affreux supplice le punisse d'un semblable sacrilége.

Quoi qu'il en soit, les Chinois attribuent l'établissement du culte du Ciel à Fou-hi; ce qui n'est point un bien grand titre de gloire, car la religion qu'il a fondée ne se fait remarquer par aucune qualité. Elle n'a ni les dogmes consolateurs du christianisme, ni l'ardent zèle du mahométisme, ni les théories mystiques du bouddhisme. Sous tous les rapports, le culte du Ciel est une religion incomplète, ne satisfaisant ni les sens ni l'imagination.

Et maintenant, qu'est-ce que la divinité appelée plus communément *Ciel* par les Chinois? Sur ce point, ces derniers ne sont guère d'accord. D'abord les attributions de cette divinité semblent aussi restreintes que sont nombreux les titres qu'on lui donne : ce qui n'est pas peu dire. Les lettrés, toujours à la recherche du poétique, ont donné au Ciel une quantité d'appellations aussi originales les unes que les autres. Les uns l'appellent le *Dais immense,* d'autres le *Dais royal,* le *Dais azuré,* les *Cieux azurés,* l'*Azur glorieux,* etc.

La donnée la plus précise que l'on possède au sujet de la divinité du Ciel a pour auteur Kan-chi. Les missionnaires jésuites qui s'en furent, durant son règne, évangéliser ses sujets, avaient grand intérêt à connaître la valeur exacte que les Chinois donnaient au mot *Tien* — Ciel — en tant que divinité. Ils adressèrent donc à l'Empereur, leur protecteur, une supplique dans laquelle ils lui demandaient de vouloir bien les éclairer sur ce sujet. Kan-chi répondit comme les Fils du Ciel ont l'habitude de répondre aux requêtes de leurs sujets, c'est-à-dire fort laconiquement :

« *Tien* désigne le vrai Dieu. »

Quant à l'opinion des Européens sur le dieu *Tien,* elle varie avec la situation des individus. Les uns y ont vu un équivalent de notre mot Jéhovah, tandis que d'autres soutiennent que Tien est une idole qu'il faut briser comme les autres.

Quant au culte du *Tien,* il consiste en de pompeux sacrifices qui lui sont offerts, chaque année, au solstice d'hiver.

Au *Tien-tan* de Pékin, les fonctions de grand prêtre devraient être remplies par l'Empereur en personne. Mais depuis nombre d'années le souverain a délégué ses pouvoirs à de grands dignitaires, trouvant sans doute que les fonctions de grand pontife imposaient de trop grandes privations, pour le moins une fois l'an.

En effet, trois jours avant l'époque fixée de par les rites pour la cérémonie, le ministère compétent publie un décret ordonnant à tous les mandarins chargés d'assister aux sacrifices de commencer un jeûne qui consiste dans l'abstention de la viande et des boissons fermentées. A partir de cette ordonnance, ces mêmes mandarins doivent vivre complétement séparés de leurs femmes; et, le matin de la cérémonie, ils doivent se laver des pieds à la tête, avant de se rendre au temple. Vu le peu d'habitude des ablutions, chaudes ou froides, qu'ont les Chinois, cette dernière prescription doit paraître certainement la plus dure à observer.

Outre la cérémonie du solstice d'hiver, des sacrifices extraordinaires sont aussi offerts au Ciel à certaines époques : à l'avénement d'un souverain, par exemple, afin que son règne soit glorieux, ou pour remercier le Ciel d'avoir favorisé les armées chinoises sur les champs de bataille.

Puis, lorsqu'une calamité quelconque ravage le Céleste Empire, c'est encore au Ciel que l'on s'adresse pour demander la cessation du fléau. La pluie, le vent, la neige et la peste ont cependant des divinités particulières auxquelles des temples sont consacrés; mais, dans l'esprit des jaunes, se rendre le Ciel propice, c'est s'attirer les bonnes grâces de l'*Olympe,* où il joue un peu le rôle de Jupiter.

Pour montrer la diversité des attributions du *Tien,* il me suffira de citer le décret suivant, qui parut dans la *Gazette officielle* du 23 février 1866 :

« Ouan-choo-tse a fait savoir à l'Empereur que, vu

la petite quantité de neige qui était tombée cette année-là dans la capitale, il était urgent de réformer le mode de gouvernement. Il fait ensuite remarquer que durant la deuxième lune, la mortalité a été si considérable parmi les prisonniers incarcérés par le ministère de la justice, qu'il est à craindre que cela ne soit le fait des geôliers qui s'approprient les vivres et les vêtements que le gouvernement donne aux prisonniers. Il fait en outre remarquer que dans les localités récemment occupées par les troupes impériales, qui ont chassé les rebelles, les ossements des insurgés tués restent sans sépulture, et qu'il est absolument nécessaire de faire cesser cet état de choses, à seule fin que la bénédiction du Ciel puisse être demandée. Maintenant, Sa Majesté fait remarquer qu'il est absolument nécessaire de punir par l'emprisonnement ceux qui se sont rendus coupables de semblables sacriléges; mais en somme, ils ne sont peut-être coupables que de négligence. Il sera donc seulement recommandé aux magistrats de veiller à ce que les prisonniers ne meurent ni de froid ni de faim, etc. »

Voilà donc le *Tien* qui s'occupe de la neige, et aussi des ossements abandonnés sans sépulture. Cet exemple suffit pour me montrer la diversité de ses attributions. Aussi bien, car me voici arrivé chez moi.

Mon cocher me demande si j'aurai besoin de ses services le lendemain; et sur ma réponse négative, il se met à m'énumérer toutes les belles excursions qu'il me reste à faire, en m'engageant fort à profiter du beau temps.

Et dire que l'on s'imagine, en Europe, que Pékin est un pays sauvage où l'on ne sait même *pas encore exploiter les étrangers !*

Cependant on y trouve des automédons sachant tout aussi bien faire l'article que leurs collègues de Naples, qui vous poursuivent de leurs : Pompéi ! Signor ! Baïa ! Capo Misène !

CHAPITRE V

PÉKIN MILITAIRE.

Ce matin, mon *boy* est venu me réveiller à cinq heures, et une demi-heure après, j'étais en route pour le champ de manœuvre.

Malgré l'heure matinale, les rues de Pékin et les routes extérieures présentent déjà un aspect pittoresque et animé. Les soldats, cavaliers et fantassins, y cheminent isolément ou par petits groupes, se rendant au Champ de Mars, situé dans la vaste plaine qui s'étend vers le nord, sous les murs de la ville. Là, ils se massent autour des bannières de leurs régiments, plantées aux postes qu'ils doivent occuper. Leurs uniformes sont, pour la plupart, dans un état de vétusté dont il est difficile de se faire une idée, et leurs armes, fusils à mèche, sabres rouillés, arcs et lances, paraissent en aussi mauvais état que leur équipement.

A l'autre extrémité du terrain de manœuvre s'élèvent huit tentes sous lesquelles les mandarins se trouvent réunis, placés d'après les rangs de la hiérarchie chinoise. La tente principale est occupée par le général en chef et quelques officiers supérieurs en grand uniforme ; derrière sont groupés les chevaux, les mulets, les voitures, les domestiques et la garde particulière du général. A la suite sont formées deux batteries d'artillerie de campagne, dont les canons singuliers méritent une mention spéciale : ils ont la forme et la longueur de nos anciens fusils de rempart, mais leur calibre est celui des espingoles. Ces bizarres engins sont montés sur des affûts en bois, traînés par des hommes, et semblables aux charrettes à bras ordinaires des Chinois; ils se chargent par la culasse, au moyen d'une boîte mobile qui s'y rapporte par un procédé assez primitif pour nous laisser supposer que les servants, appelés à les faire fonctionner, ne sont pas toujours du côté le moins dangereux de leur pièce.

A huit heures, trois coups de canon appellent les troupes à leurs rangs. Elles constituent, dans leur ensemble, une brigade complète de trois mille hommes, appuyée par deux batteries d'artillerie et un petit escadron de cavalerie.

La brigade entière se déploie en ligne de bataille, face aux tentes de l'état-major, l'artillerie aux ailes, et la cavalerie, formant deux détachements d'éclaireurs, à huit cents mètres environ en avant de la ligne.

A cent mètres du front des troupes, se tiennent, également espacés sur la ligne, cinq officiers munis chacun d'un guidon rouge. Ces officiers répètent les signaux qui leur sont faits par un aide de camp du général, debout devant la tente de son chef, au moyen d'un fanion semblable. Le signal d'exécution est ensuite donné, avec son guidon, par l'officier placé au centre de la ligne et répété par les quatre autres; la manœuvre ordonnée commence aussitôt, grâce à ce déploiement extraordinaire de drapeaux, qui fait ressembler une armée chinoise à un cortége de cavalcade.

L'ensemble des mouvements exécutés dans cette matinée avait pour but de simuler toutes les phases d'un combat, depuis l'attaque jusqu'à la retraite, en faisant donner successivement, en première ligne, pour en faire apprécier l'instruction militaire, les détachements des différentes armes.

Au signal du commandant en chef, les détachements de cavalerie en éclaireurs font une décharge de leurs mousquets et se replient sur les deux ailes; l'artillerie se déploie en avant de la ligne et ouvre le feu, couvrant tout le front de la brigade qui se forme en arrière en colonne flanquée par deux détachements à distance de déploiement des ailes. Toute la brigade s'ébranle et se por.e en avant dans cet ordre, l'artillerie exécutant des feux de batterie au commandement, avec assez d'ensemble.

A un second signal, l'artillerie se replie rapidement sur les ailes et démasque l'infanterie, déployée de nouveau en bataille, qui ouvre le feu, à son tour, en exécutant des tirs à volonté et au commandement. Ces ploiements et déploiements sont faits rapidement sur le centre; les détachements qui ont le plus de chemin à faire, pour atteindre leur poste, courent à toutes jambes sans que cette allure, fort peu martiale, mette le désordre dans les rangs.

Après ces évolutions commence une véritable représentation théâtrale, sorte de carrousel où figurent par détachements, isolément ou simultanément, les hommes armés de sabre, de bouclier et de lance, exécutant avec ensemble et en cadence tous les mouvements de l'escrime contre l'infanterie et la cavalerie. Ils forment les figures les plus variées en se déployant ou en se massant par groupes, et en se dissimulant entièrement derrière leurs boucliers qu'ils réunissent et serrent devant eux comme les écailles de la carapace d'une tortue.

Malheureusement, je n'avais personne auprès de moi pour m'expliquer ces évolutions, et ce ne fut que deux ans plus tard, à Canton, qu'il me fut donné d'en *approfondir le sens caché,* dont je ferai part aux lecteurs lorsque j'aurai l'honneur de le guider dans le sud de l'Empire du Milieu.

Chacun des signaux qui règlent la marche de ce ballet militaire est suivi d'un cri d'ensemble poussé par tous les exécutants.

Ensuite, dix jeunes gens d'un aspect distingué et revêtus d'uniformes de couleur grise, d'une excellente tenue, sont présentés au général par un officier supérieur. Après avoir salué leur chef, ils tirent successivement, avec assez d'habileté, trois flèches sur une cible placée à cinquante pas environ. Ces jeunes gens sont, paraît-il, des candidats au rang d'officier.

Enfin, une vingtaine d'enfants d'une dizaine d'années, portant l'uniforme militaire, jouent, devant la tente du général, une pantomime assez originale, en simulant un combat et en tirant des coups de fusil.

Ce dernier intermède terminé, la brigade se reforme en ligne de bataille et bat lentement en retraite, jusqu'à ses positions primitives, en renouvelant à peu près, dans l'ordre inverse, les différents exercices auxquels elle s'est livrée dans sa marche en avant. Cette retraite s'effectuant, l'infanterie déployée s'arrête pour exécuter des feux d'ensemble à chaque centaine de mètres, faisant échelons avec l'artillerie qui flanque ses ailes. Dans ce mouvement, tout le front de la ligne d'infanterie est couvert contre la cavalerie par les hommes armés de sabre, de bouclier et de lance, appelés *tigres de guerre,* qui mettent le genou en terre sous les feux; et chaque batterie d'artillerie est soutenue par un détachement de cette même troupe.

En résumé, vingt ans après la marche triomphale jusqu'à Pékin, à travers toutes les forces militaires du nord de la Chine, de cette poignée de soldats français et anglais dont les succès foudroyants furent dus incontestablement à la supériorité de leur organisation et de leur armement, bien plus qu'à leur valeur, l'armée chinoise, destinée à défendre la capitale même du Céleste Empire et le palais impérial, continue, comme autrefois, à parader en guenilles, avec les armes rouillées et démodées d'un autre âge, et cette même assurance naïve et superbe de sa valeur invincible.

Cependant, tous ces mouvements de ballet me parurent des réminiscenses de notre tactique occidentale, lorsque je pus dans la suite les comparer aux manœuvres du jaune le plus pur des milices provinciales. Il y a eu progrès, mais ce progrès est si imperceptible qu'il est à peine appréciable *à l'œil nu,* pour un Européen qui n'a que des points de comparaison européens.

Heureux peuple chinois! qui savez conserver assez votre sang-froid, aussi bien dans les ivresses de la victoire que dans les tristesses de la défaite, pour ne jamais oublier les sages préceptes du plus grand des législateurs, de Confucius! Grâce à lui, vous avez appris à regarder la force comme un fait brutal qui peut primer le droit pour un instant, mais jamais le détruire. Voilà pourquoi, en dépit de leurs défaites, les pacifiques sujets du Fils du Ciel n'en ont pas moins continué à cultiver les arts et l'industrie, au lieu de transformer *l'Empire des Fleurs* en une vaste caserne.

FIN.

PARIS. TYP. DE E. PLON, NOURRIT ET Cie, [illegible]

www.ingramcontent.com/pod-product-compliance
Ingram Content Group UK Ltd.
Pitfield, Milton Keynes, MK11 3LW, UK
UKHW021100220726
13924UKWH00005B/2171